Claudia Seibold | Gisela Würfel (Hrsg.)
Soziale Arbeit mit jungen Geflüchteten in der Schule

Claudia Seibold | Gisela Würfel (Hrsg.)

Soziale Arbeit
mit jungen Geflüchteten
in der Schule

BELTZ JUVENTA

Dieses Buch ist erhältlich als:
ISBN 978-3-7799-3455-4 Print
ISBN 978-3-7799-4521-5 E-Book (PDF)

1. Auflage 2017

© 2017 Beltz Juventa
in der Verlagsgruppe Beltz · Weinheim Basel
Werderstraße 10, 69469 Weinheim
Alle Rechte vorbehalten

Herstellung und Satz:
Druck und Bindung: Beltz Bad Langensalza GmbH, Bad Langensalza
Printed in Germany

Weitere Informationen zu unseren Autoren und Titeln finden Sie unter: www.beltz.de

Inhalt

Vorwort

Sehr geehrte Leserinnen und Leser,

dieses Buch soll Ihnen als sozialpädagogische Fachkraft wesentliche Informationen und Hinweise für Ihre Arbeit mit jungen Geflüchteten in der Schule geben.

Erlauben Sie uns jedoch vorweg eine grundsätzliche Anmerkung. Die Planungen für dieses Buch reichen zurück in die Zeit, als täglich sehr viele Menschen neu in Deutschland angekommen sind. In der Öffentlichkeit und in den Medien wurde dies häufig mit einer Wortwahl kommentiert oder auch beschrieben, die wir hier nicht wiedergeben möchten, weil wir wissen, dass Worte das Denken beeinflussen und prägen. Wir wollen uns in diesem Buch dem Thema sachlich nähern und die jungen Menschen mit ihrer Lebenswirklichkeit in den Mittelpunkt des Interesses stellen. Daher bemühen wir uns um eine Sprache, die möglichst wenig etikettiert oder gar stigmatisiert. Dass wir zur Vereinfachung trotzdem auch Begriffe wählen müssen, die der eigentlich notwendigen Reflexivität nicht voll umfänglich gerecht werden, ist uns dabei bewusst. Ausführlich wird dieses Dilemma im zweiten Beitrag des Buches aufgegriffen.

Zum Inhalt: Der erste Teil enthält Beiträge verschiedener Autorinnen und Autoren, die aus soziologischer, genderreflektierter, psychologischer und ethnologischer Sicht die Lebenswirklichkeit der jungen geflüchteten Menschen beschreiben. Rechtliche Basisinformationen sollen Ihnen helfen, die grundlegenden Eckpunkte der relevanten Rechtsbereiche zu verstehen.

Vier Texte beschäftigen sich mit den grundsätzlichen ethischen und menschenrechtlichen Fragen der sozialen Arbeit, die sich im Kontext der Arbeit mit jungen Geflüchteten in der Schule zwangsläufig stellen. Sie geben Impulse und sollen Sie anregen, Ihre eigene Position und Motivation zu klären und immer wieder neu zu reflektieren. Auch die Frage nach Normen und Werten stellt sich sowohl den Fachkräften in der sozialen Arbeit als auch den Lehrkräften und Eltern immer wieder. Wie es gelingen kann, in der Arbeit mit jungen Geflüchteten eine Haltung zu entwickeln, die nicht starr auf einem vermeintlich richtigen Standpunkt beharrt, sich aber auch nicht in der Beliebigkeit verliert, erörtern Beiträge an mehreren Stellen in diesem Buch. Dabei wird auch das Thema Religion angesprochen.

Nach einem kurzen Einblick in die schulischen Angebote und Regelungen in Deutschland folgt eine Darstellung von Auftrag, Rolle und Angeboten der sozialpädagogischen Fachkräfte an der Schule. Vor welchen Anforderungen Sie dabei in der Arbeit mit jungen Geflüchteten stehen und wie die Fachkräfte befähigt werden können, diesen gerecht zu werden, wird in einem weiteren Beitrag beschrieben.

Im zweiten Teil werden Herangehensweisen, Projekte und Erkenntnisse aus der Praxis vorgestellt. Hier haben wir aus dem gesamten Bundesgebiet Beispiele zusammengetragen, die die bunte Vielfalt der Praxis zeigen und Ihnen hilfreiche Hinweise für Ihre eigene Arbeit geben können. Die Beispiele weisen über die Praxis an der Schule direkt hinaus, denn eine gute soziale Arbeit erfordert unbedingt die Einbindung in das soziale Umfeld und Gemeinwesen. Für die Integration der jungen Menschen braucht es nicht nur die Schule sondern gewissermaßen „das ganze Dorf".

Dieses Buch trägt ganz bewusst nicht den Titel „Schulsozialarbeit mit jungen Geflüchteten". Wir sprechen von „Sozialer Arbeit an Schulen mit jungen Geflüchteten", denn wir haben die Einschätzung, dass die Schulsozialarbeit bereits so viele Aufgaben an Schulen wahrnehmen muss, dass sie nicht noch Weiteres „on top" leisten kann. Für die wichtige Aufgabe der Begleitung und Aufnahme neu zugewanderter junger Menschen in der Schule sind zusätzliche Fachkräfte erforderlich, die sich explizit mit dieser Aufgabe beschäftigen können.

An dieser Stelle danken wir all denen, die dieses Buch möglich gemacht haben. Das sind an erster Stelle die Autorinnen und Autoren der einzelnen Beiträge, die mit uns der Überzeugung waren, dass es gut und sinnvoll ist, zu dieser gesellschaftlich wichtigen Aufgabe ein Buch zu schreiben. Das sind aber auch all diejenigen, die immer wieder bereit waren, Texte gegenzulesen und uns für die weitere Arbeit Rückmeldung zu geben.

Wir wünschen Ihnen eine anregende Lektüre!

Claudia Seibold und Gisela Würfel, Stuttgart im August 2016

Geflüchtete Kinder und Jugendliche in der Schule

Was sie mitbringen und was sie brauchen

Burkhardt Wagner

Wir leben in einer medialen, global vernetzten Welt, in der TV-, Internet- und Handynetze überall verfügbar sind. Auch Menschen in Krisenregionen kommunizieren mit ihren Familien, Freunden und Verwandten, die in friedlicheren Teilen der Welt leben. Nachrichten, Fotos und Telenovelas gelangen innerhalb weniger Sekunden bis in den letzten Winkel der Welt. Menschen überall auf der Welt haben eines gemeinsam: Sie träumen von einer besseren, sichereren Zukunft für sich und ihre Kinder. Ganz besonders die Menschen, die von Natur- und Hungerkatastrophen[1] und von kriegerischen Auseinandersetzungen[2] mit dem Leben oder vom Entzug ihrer Lebensgrundlagen bedroht sind. Wer es sich leisten kann, geht und verkauft oft Haus und Hof sowie sämtlichen Besitz und macht sich auf die Flucht. Viele bleiben Binnenvertriebene im eigenen Land oder sie flüchten in die Nachbarländer. Und manche weiter bis nach West- und Nordeuropa.

Wenn sie in Deutschland ankommen, brauchen sie, unabhängig von ihrer Bleibeperspektive, ab dem ersten Tag der Einreise Un-

---

1   „Natur- und Hungerkatastrophen" sind nicht nur natürlichen Ursprungs. Mitverantwortlich für die teils verheerenden Folgen mit dem Wegfall der Überlebensgrundlage und Perspektivlosigkeit in den Entwicklungsländern ist u. a. die EU-Wirtschafts- und Außenhandelspolitik, aufgezwungene Freihandelsabkommen, EU-Subventionen, die einheimische Märkte in Afrika zerstören (Beispiel EU-Geflügel), der Aufkauf von fruchtbarem Ackerboden durch multinationale Konzerne, der Anbau von Biotreibstoff auf diesen Flächen sowie der Kauf der Fischereirechte vor Westafrika durch die EU.

2   Gründe sind u. a.: Entzug überlebensnotwendiger Süßwasserressourcen, multiethnische Konflikte, zerbrechende autokratische Regime, Kampf um Ressourcen.

terstützung in ihrer schulischen, sozialen und beruflichen Integration.

Dauerhafte
Aufgabe

Es zeichnet sich ab, dass Deutschland und die EU-Staaten auch zukünftig stärkeren Fluchtbewegungen ausgesetzt sein werden und Fluchtmigration bzw. die Integration von geflüchteten Menschen zu einer dauerhaften gesellschaftlichen Aufgabe wird. Deshalb ist es für Einrichtungen und Fachkräfte, die mit geflüchteten jungen Menschen an der Schule und im Bildungsbereich arbeiten, wichtig, sich über die Länder und Lebensbezüge, aus denen die geflüchteten Menschen kommen, zu informieren. Es gilt die Frage zu klären, wie ihre „virtuellen Rucksäcke" gefüllt sind.

1 Flucht und Vertreibung – ein weltweites Phänomen

2015 kamen die meisten minderjährigen Geflüchteten aus Syrien, Afghanistan, Eritrea und dem Irak. Dem folgenden Überblick über die weltweiten Krisenherde und die damit verbundenen prekären Situationen der Geflüchteten liegen Angaben des UNHCR[3] zugrunde.

Naher Osten und
Nordafrika

Der Syrien-Konflikt bleibt weiterhin die Hauptursache für Flucht und Vertreibung und dem damit verbundenen Leid im Nahen Osten. Der UN-Nothilfekoordinator (OCHA) berichtet 2016 allein von 13,5 Millionen. Menschen (inkl. 6 Miollionen. Kinder), die aufgrund der Entwicklungen von humanitärer Hilfe abhängig sind, von denen viele in schwer zugänglichen Gebieten leben. Millionen Syrer benötigen gesundheitliche Versorgung, suchen Schutz, eine Unterkunft, brauchen sauberes Wasser und Nahrungsmittel. Fast 6 Millionen syrische Kinder haben keinen adäquaten Zugang zu Bildung. Seit Beginn des Krieges sank die Lebenserwartung der Syrer um mehr 20 Jahre. Der Zugang zu Schulen und Bildung sank um 50 Prozent.[4] Diese Flüchtlingszah-

---

3   www.unhcr.de/home/artikel/c906bc21d49c562889eee3d63909b4be/flucht-und-vertreibung-2015-drastisch-gestiegen.html (15.07.2016).

4   www.unocha.org/syrian-arab-republic/syria-country-profile/about-crisis (15.07.2016).

len entsprechen in etwa der Hälfte der Bevölkerung Syriens vor Ausbruch der Kampfhandlungen.

Der Konflikt im Irak hat bis Ende 2015 4,4 Millionen Menschen innerhalb des eigenen Landes vertrieben, 250.000 haben das Land verlassen und sind Flüchtlinge. Der 2015 im Jemen ausgebrochene Bürgerkrieg hatte bis Jahresende 2,5 Millionen Menschen zur Flucht gezwungen. Das ist die weltweit größte Fluchtbewegung aufgrund eines neuen Konfliktes. Wenn man die 5,2 Millionen palästinensischen Flüchtlinge unter dem Mandat von UNRWA berücksichtigt, sowie die rund 500.000 Binnenvertriebenen in Libyen, sind im Nahen Osten und Nordafrika mehr Menschen auf der Flucht als irgendwo sonst auf der Welt (19,9 Millionen).

Sub-Sahara Afrika

Neben der Nahost-Region und Nordafrika gab es 2015 in Sub-Sahara Afrika die höchste Zahl an Fluchtbewegungen und Vertreibungen. Andauernde Konflikte im Süd Sudan, der Zentralafrikanischen Republik und Somalia sowie neue und anhaltende Massenvertreibungen in und aus Ländern wie Nigeria, Burundi, Sudan, der Demokratischen Republik Kongo, Mosambik sind hierfür verantwortlich. UNHCR schätzt die Gesamtzahl der Vertriebenen in Afrika auf rund 15,4 Millionen. Davon sind 9 Millionen sogenannte Binnenflüchtlinge, also Personen, die innerhalb ihres Heimatlandes Zuflucht fanden. Hinzu kommen rund 4,5 Millionen Flüchtlinge, die in andere afrikanische Staaten geflohen sind[5].

Asien und Pazifikregion

Einer von sechs Flüchtlingen und Binnenvertriebenen weltweit kommt aus der Region Asien und Pazifik. 2,7 Millionen Schutzsuchende unter vom Mandat von UNHCR sind afghanische Staatsbürger; 1,2 Millionen Menschen sind dort zudem Binnenvertriebene. Auch aus Myanmar, Pakistan und dem Iran sind viele Menschen auf der Flucht.

Nord- und Südamerika

Die wegen zunehmender Bandenkriminalität und Gewalt in Zentralamerika aus El Salvador, Guatemala und Honduras fliehenden Menschen suchen mehrheitlich in Mexiko oder in den Vereinigten Staaten Zuflucht. Deren Zahl wurde 2015 auf 110.000 ge-

---

5   Vgl. UNHCR (2015): Mid Year Trends 2015, www.unhcr.org/56701b969.htm
    (15.07.2016).

schätzt. Dies ist ein Anstieg um 17 Prozent. Mit 6,9 Millionen
bleibt Kolumbien weiter das Land mit den meisten Binnenvertriebenen.

Europa und Türkei Aus europäischen Ländern kamen insgesamt 593.000 Flüchtlinge,
die meisten von ihnen aus der Ukraine. Der größte Teil der
Schutzsuchenden lebt in der Türkei.

1.1   Neue Heimat: Flüchtlingslager

Das Leben im Aktuell leben damit weltweit 17 Millionen Menschen in Flücht-
„Dazwischen" lingslagern. Sie leben gewissermaßen im Ausnahmezustand, im
„Dazwischen". Das Flüchtlingshilfswerk der Vereinten Nationen
sorgt mit einem gewaltigen Apparat dafür, dass diese Menschen
vor allem am Rande der Konfliktherde oder am Rande humanitärer Naturkatastrophen „gemanaged" werden. Es sind Menschen,
die in den reichen Ländern oft unerwünscht sind. Doch wie ergeht
es den geflüchteten Menschen? Das können wir uns in der westlichen Welt kaum vorstellen. Daher sollen an dieser Stelle diejenigen zu Wort kommen, die die Situation in den Flüchtlingslagern
gut kennen. Die folgenden Zitate sind einer Dokumentation über
Flüchtlingslager entnommen, die von dem Fernsehsender arte
ausgestrahlt wurde. „Stellen sie sich vor, sie mussten gerade alles
aufgeben. Bis vor kurzem hatten sie ein zu Hause, eine Familie,
einen Beruf. Doch sie mussten fliehen vor einem Krieg, einem
Diktator oder vor Massakern. Nur weg! Stellen sie sich vor, sie haben es über die Grenze geschafft oder zumindest bis in ein sicheres
Gebiet. Damit werden sie zum Flüchtling, zu einem Vertriebenen
[...] und ihr Leben wird sich von nun an in einem Lager abspie-
len."[6] „Sie" [die Flüchtlinge] „haben ein Paralleluniversum betre-
ten, in dem sie für den Rest der Welt unsichtbar sind. Das Prinzip
des Lagers lautet: Unsichtbarkeit. Diese Orte sind für Menschen
gemacht, die in der weltweiten Geopolitik überflüssig sind. Was
fängt man mit denen an? Das Lager ist eine technische Lösung,
verursacht durch fehlende Politik. Es wird weder sozial noch politisch darüber nachgedacht, wo all diejenigen hingehören, die

---

6   Aus: arte-Dokumentation „Neue Heimat Flüchtlingslager, 2016.

irgendwann bei einer Staatskrise in einem Land, bei einem Konflikt „überzählig" sind. Das Prinzip des Lagers besteht darin, das Problem zu lösen, bevor es politisch wird."[7]

> Flüchtlinge leben im Durchschnitt 17 Jahre in Flüchtlingslagern. Dort werden sie zu „Bezugsnehmern": Sie sind nicht mehr Bürgerin oder Bürger eines Nationalstaates, mit eigener Kultur und Identität, sondern sie sind ab jetzt Flüchtlinge, entrechtet und chancenlos, ausgestattet mit Decke, Seife, Schlafmatte, einem Eimer und Nahrung etc.[8] Hier fühlen sie sich sicher. Aber sie können nicht nach Hause, weil die Konflikte in den Herkunftsstaaten weiterhin andauern, weil ihnen das Geld für die Rückkehr oder zur Flucht nach Europa fehlt. Nur die wenigsten können diese Orte verlassen.

2 Geflüchtete aus unterschiedlichen Sozialisations- und Bildungskontexten

Diese kurze Zustandsbeschreibung zeigt, dass Flucht und Vertreibung kein europäisches, sondern ein weltweites Phänomen ist. Hinter jedem Einzelschicksal, hinter jedem geflüchteten Menschen stehen neben Flucht und Vertreibung die unterschiedlichsten Erfahrungen. Aber häufig sind es Erfahrungen von Tod, Elend, Angst und monate- bzw. jahrelange Entbehrungen und das jahrelange (Über-)Leben in den Flüchtlingslagern.

Weltweites Phänomen

Allerdings gibt es hinsichtlich der individuellen Bildungsbiographien und ihrer Sozialisations- und Bildungskontexte der Geflüchteten große Unterschiede, die von zahlreichen Faktoren abhängen. Ist ein Geflüchteter im Herkunftsland in die Schule gegangen? Wie lange lebte er/sie in Flüchtlingslagern oder als Flüchtling in einem Anrainerstaat? Gab es dort überhaupt Schulbildung? Hat die Sorge um Freunde und Verwandte, der Kampf ums Überleben oder die Versorgung mit den Grundbedürfnissen dazu geführt, dass der/die Geflüchtete überhaupt für Bildung

Individuelle Bildungs- biographien

---

7   Michel Agier (Ethnologe, Direktor des Forschungsinstituts für Entwicklung und Direktor der Hochschule für soziale Studien – EHESS) in der Arte-Dokumentation „Neue Heimat Flüchtlingslager, 2016.

8   So genannte „Core Relief Items" (CRI) sorgen weltweit für die gleichen Standards in den Lagern.

offen waren? Konnte man sich die Schulbildung für die Kinder leisten? Wie lange dauerte die Flucht etc.?

*Bildungssysteme
der Herkunfts-
länder*
Fakt ist: Jeder Geflüchteter hat ganz unterschiedliche Erfahrungen, Strapazen und Entbehrungen, unterschiedliche Fluchtwege und Fluchtverläufe hinter sich, so dass man nicht sagen kann: „Die Kinder dieser syrischen Familie, die aus den von Assad beherrschten Gebieten stammt, sind gut gebildet" oder „Das eritreische Flüchtlingskind ist sicher ein Analphabet!". Hier erscheint es zwingend notwendig, individuell auf den einzelnen Menschen zu schauen.

Informationen über die Bildungssysteme der Herkunftsländer können auf den Seiten des Auswärtigen Amtes abgerufen werden. Jedoch ist davon auszugehen, dass diese Beschreibungen nicht immer die aktuelle Lage wiedergeben. In einem Land, in dem Krieg herrscht, funktioniert i.d.R. auch die Schule nicht mehr. Diese Informationen geben aber Hinweise darauf, welche Bildung die Eltern erhalten haben und welche Ideen und Bildungsziele deshalb zu erwarten sind. Dort ist auch nachzulesen, wie hoch die Alphabetisierungsrate in den Ländern ist oder ob die Bildungszugänge für Mädchen und Jungen unterschiedlich sind.

3   Einwanderungsland Deutschland

*Kein neues
Phänomen*
Deutschland ist von neun Ländern umgeben und befindet sich – geographisch gesehen – am östlichsten Rand des europäischen Wohlstandsgürtels. Zuwanderung nach Deutschland ist kein neues Phänomen. Deutschland ist schon seit langem Einwanderungsland und Migrationsgesellschaft. Im Jahr 2015 kamen insgesamt mehr als 2,04 Millionen. Menschen nach Deutschland. Im selben Jahr verließen es aber auch 1,09 Millionen. Menschen wieder. Migrationsbewegungen von Deutschland weg und nach Deutschland sind also keine „Katastrophe", keine „Flüchtlingswelle" und auch keine „Flut", sondern seit Jahren der Normalfall in unserer pluralen Migrationsgesellschaft.

Zuzug von Menschen auf der Flucht gab es in der Geschichte Deutschlands schon oft. Anfang der 1990er Jahr kamen zum Beispiel schon einmal mit dem Ausbruch des Bosnienkrieges viele Flüchtlinge nach Deutschland, vgl. Grafik.

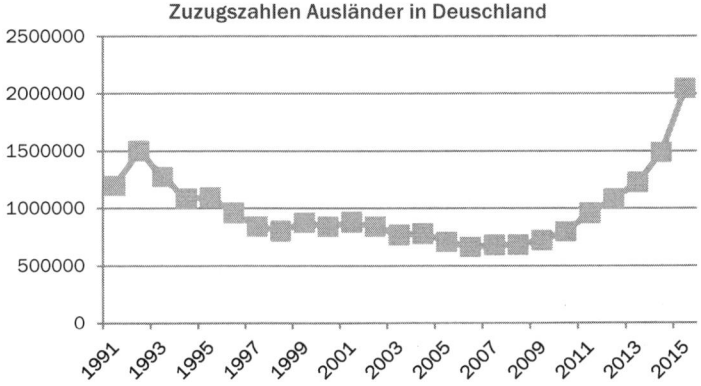

© *Burkhardt Wagner nach Zahlen des Statistischen Bundesamtes*

Zeitgleich schaffte es Deutschland aber auch, die hohe Zahl von Spätaussiedlerinnen und Spätaussiedlern aus der russischen Föderation und Kasachstan zusätzlich – gewissermaßen „on top" – aufzunehmen und nachhaltig zu integrieren. Aber auch damals wurden Fehler in der Unterbringung in den sogenannten Spätaussiedler-Wohnheimen gemacht. Doch heute sind viele der damals Zugewanderten ein wichtiger Teil der deutschen Gesellschaft geworden. *(Teil der Gesellschaft)*

Geflüchtete Menschen stellen im Bereich der Zuwanderung von Menschen aus dem Ausland dennoch eine besondere Gruppe dar. Denn diese haben von ihrem Asyl- und Aufenthaltsstatus abhängige Teilhaberechte in der deutschen Gesellschaft. Obwohl alle nach Deutschland zugewanderten jungen Menschen dieselben Integrationsanstrengungen unternehmen müssen (Sprache lernen, Suche nach einem gelingenden Leben, Aufbau von neuen sozialen Beziehungen und Kontakten etc.) und sich die Bevölkerung gleichermaßen auf zugewanderte Menschen einstellen muss, haben junge Geflüchtete doch wesentlich andere Voraussetzungen, die sich auch auf den Lern- und Lebensort Schule auswirken. *(Teilhaberecht)*

Ein komplexes Asyl- und Ausländerrecht prägt ihre Situation, die oftmals mit einer unsicheren Zukunfts- und Bleibeperspektive, der Angst vor Abschiebung und langen Wartezeiten im Asylverfahren verbunden ist. Sie machen sich Sorgen um ihre Familienangehörigen und Freunde in den Herkunftsländern. Häufig müssen sie auch schlimme Erfahrungen im Herkunftsland oder auf der Flucht verarbeiten und trauern über den Verlust von ihnen nahestehenden Menschen.

Ausnahme-situation
Hier treffen sie auf ein ihnen bisher unbekanntes Schul-, Ausbildungs- und Gesundheitssystem, in dem sie sich nun zurechtfinden müssen. Die Unterbringung in Asyl- oder auch in Notunterkünften unter teils prekären Wohn- und Lebensbedingungen erschwert eine nachhaltige Integration deutlich. Es fehlen Rückzugsräume und Ruhephasen, die aber notwendig sind, um die an sie gestellten Anforderungen wie Hausaufgaben, Lernen und Arbeiten überhaupt bewältigen zu können. Das Leben auf engstem Raum mit sehr vielen Menschen führt zu Stress (z. B. durch einen ständigen Lärmpegel, auch nachts) und bewirkt ein Gefühl der Unsicherheit – insbesondere bei Frauen und Kindern.

Psychische Situation
Viele Studien weisen darauf hin, dass vor allem Kinder und Jugendliche, die direkt aus Bürgerkriegsgebieten kommen, psychische Belastungsstörungen mitbringen oder, wenn sie hier in Deutschland das erste Mal in Sicherheit sind und zur Ruhe kommen können, psychische Störungen auftreten.

Diese psychischen und physischen Belastungsfaktoren sowie das Leben in der manifestierten Vorläufigkeit, das Leben im „dazwischen" mit dem Gefühl, nicht dazu zu gehören und der ständigen Angst vor Abschiebung haben einen wesentlichen Einfluss auf die Bemühungen, ein selbstbestimmtes Leben zu führen. Hier kann ein „sicherer Ort" mit guten Zukunftsaussichten, insbesondere die Schule als Lebens- und Lernort, die auch auf die Belange geflüchteter Kinder und Jugendlicher eingeht, sicherlich wesentlich zu ihrer gelingenden sozialen, schulischen und gesellschaftlichen Integration beitragen.

Einfluss auf Schulbesuch
Die hier genannten Einflussfaktoren führen mitunter dazu, dass geflüchtete Kinder in der Schule unkonzentriert, müde, aggressiv, passiv, vergesslich oder ängstlich sind. Lernschwierigkeiten und sozial auffälliges Verhalten können die Folge sein. Auf diese Kinder muss sich Schule zukünftig einstellen. Insbesondere scheint es wichtig, hier das aus traumatischen Erlebnissen herrührende Verhalten von „normalen" alterstypischen Verhalten zu unterscheiden und entsprechende Angebote machen zu können (siehe dazu den Beitrag von Boris Friele in diesem Band).

Abgesehen vom rechtlichen Status und der Perspektive für mehr Teilhabe an Bildung und Arbeit ist die Lebenslage junger Menschen, die nach Deutschland geflohen sind, häufig von Armut und sozialer Ausgrenzung geprägt[9]. Ihre psychische Situation kann durch vielfältige Erfahrungen belastet sein. Einige haben jede Nacht Alpträume, z.B. von der Bootsfahrt über das Mittelmeer. Viele haben Schlimmes gesehen und erlebt, was sie nicht verstanden haben. Sie haben Krieg erlebt, Hunger und Angst verspürt. Sie wurden unter Umständen auf der Flucht von den Eltern getrennt. Sie leben in Sorge um ihre Familien und Freunde, von denen sie nicht wissen, wo sie sind und wie es ihnen geht. Sie haben große Sehnsucht nach ihrer Heimat und nach ihren Freunden. Sie haben vielleicht noch nie oder nur ab und zu eine Schule besucht. Möglicherweise wurden sie von ihren Eltern völlig unvorbereitet auf die Flucht mitgenommen und wissen bis heute nicht warum. Und hier in Deutschland werden sie möglicherweise von anderen angefeindet, ausgegrenzt und beschimpft.

Andererseits verfügen sie auch über wichtige Ressourcen: Sie haben viel Energie und eine hohe Motivation, ihr Leben zu gestalten. Ihre Erfahrungen, sich auf der Flucht behauptet und existentielle Nöte gemeistert zu haben, haben sie gestärkt. Manche haben im Heimatland studiert, sprechen häufig verschiedene Sprachen – aber noch kein Deutsch. Und zum Teil stehen sie auch unter dem Druck und den Erwartungen der Familie, schnell Geld zu verdienen und die „Daheimgebliebenen" zu unterstützen. Manche hatten in ihrem Herkunftsland schon einen Beruf ausgeübt, für den es aber hier keine Verwendung oder Entsprechung gibt.

Motivation
Energie
Ressourcen

---

9   Um sich einen Eindruck von der Lebenssituation der jungen Menschen zu machen, verweise ich an dieser Stelle auf vielfältige Dokumentationen in Funk und Fernsehen. Besonders empfehlen kann ich den Film „Leben in Deutschland – aus der Sicht von Flüchtlingen (Film-Projekt 2015), der von einer Vorbereitungsklasse in Baden-Württemberg selbst produziert wurde. Das Projekt wird in diesem Band im Beitrag von Helena Sauter vorgestellt. Die Lebenssituation junger Flüchtlinge in Deutschland beschreibt auch eindrücklich die Studie „In erster Linie Kinder – Flüchtlingskinder in Deutschland" von UNICEF/Bundesfachverband UMF. Diese ist auf der Internetseite der Diakonie unter www.diakonie.de/fluechtlinge zu finden. Das Leben in Flüchtlingslagern beschreibt die arte-Dokumentation „Neue Heimat Flüchtlingslager" aus dem Jahr 2016.

*Eigene
Wertvorstellungen*

Sie kommen aber auch mit eigenen Wertvorstellungen, eigener Kultur, eigener Religion und Traditionen, die zum Teil bereits mit denen anderer Flüchtlinge in den Unterkünften, aber auch mit denen der deutschen Mehrheitsgesellschaft kollidieren. Dies kann u.a. in der Schule zu Konflikten führen. Um die Heterogenität der Ausgangsbedingungen reflektiert im Integrationsprozess bearbeiten und eine positive Lebensperspektive entwickeln zu können, ist eine intensive Förderung und Begleitung, gerade im Kontext schulischer Bildung, unabdingbar.

Es gilt, an den Ressourcen, insbesondere an den hoffnungsvollen und motivierten jungen Menschen, anzusetzen und dabei die Herausforderungen im Umgang mit neu zugewanderten jungen Menschen (und deren Eltern) zu meistern. Dies ist die Aufgabe aller an der Schule arbeitenden Menschen.

*Motivation
erhalten*

Es geht darum, den jungen geflüchteten Menschen, die mit unterschiedlichen Hoffnungen, Wünschen und Motiven in Deutschland ankommen, ihre hohe Motivation im Integrationsprozess zu erhalten. Jenen, die aufgrund individueller Belastungen und Erfahrungen von Kontrollverlust und dem vielfältigen Erleben von Schwäche und Ausgeliefertsein im Herkunftsland/ auf der Flucht/ in den Asylunterkünften diese Motivation verloren haben, gilt es, in ihrer Handlungsbefähigung zu unterstützen und zu stärken. Hilfreich für die Arbeit mit jungen Geflüchteten in der Schule ist hier das Theoriemodell aus der Motivationsforschung von McClelland[10], das drei Grundmotive der individuellen Motivation (Zugehörigkeit, Macht und Leistung) identifiziert.

*An den
Ressourcen
ansetzen*

Gerade junge Geflüchtete (und ihre Eltern) sind aufgrund ihrer zahlreichen Erfahrungen und Fluchtgründe vor allem mit Ängsten und Befürchtungen konfrontiert. Insofern bedarf es hier einer starken Verlagerung und Hinwendung zu den individuellen Motiven, Wünschen und Hoffnungen. Wir müssen an ihren Ressourcen ansetzen. Wir müssen sie teilhaben und partizipieren lassen, also in alle sie betreffenden Entscheidungen einbinden und wir müssen ihre Leistungen, ihren Erfolg anerkennen und wertschätzen. So fühlen sich die Kinder und Jugendlichen in der Schule –

---

10   Mc Clelland, David C. (1987): Human Motivation. Cambridge University Press.

als Teil ihrer neuen Heimat – zugehörig, erleben Selbstwirksamkeit, die sowohl ihre psychische Widerstandsfähigkeit (Resilienz) als auch ihre Gesundheit und ihr Wohlbefinden (Salutogenese) und damit ihre individuelle Handlungsbefähigung stärken. Dies sollte das Ziel aller an der Schule tätigen Menschen sein, die mit jungen Geflüchteten und generell mit allen jungen Menschen arbeiten.

Motive, Wünsche, Hoffnungen

Zugehörigkeit
(Sicherheit, Zuwendung, Geborgenheit, Freundschaft)
→ **Beitrag beachten und integrieren**

Macht
(Kontrolle, Dominanz, Bedeutung, Status, Einfluss, Kampf/ Wettbewerb)
→ **in Entscheidungen einbinden**

Leistung
(Erfolg, Fortschritt, Kreativität, Abwechslung, Neugier, Fantasie)
→ **Leistungen anerkennen**

Darauf müssen wir achten!

Ängste, Befürchtungen

Unbeliebt, zurückgewiesen, isoliert, ausgeschlossen, allein gelassen
→ **Gefühl: Wertlosigkeit**

Kontrollverlust, unwichtig, abhängig, unbedeutend, missachtet
→ **Gefühl: Ohnmacht**

Unfähig, schwach, erniedrigt, nutzlos, dumm, „Verlierer", „Versager"
→ **Gefühl: Versagen**

Das müssen wir vermeiden!

Die Macht der Sprache

Ein Plädoyer für einen sensiblen und reflektierten Umgang

Christine Lohn

Ethik der
Sozialen Arbeit

„Das persönliche Gewissen eines Menschen verlangt, dass es in eine dialogische Entdeckungs- und Erwägungskultur eingebunden ist; oder anders formuliert: dass es sich kontinuierlich berät." (Lob-Hüdepohl 2007, S. 155) Dieser Satz aus der Ethik sozialer Arbeit ist heute aktueller denn je: Wenn Ethik begriffen wird als Reflexionstheorie der Moral ist ein wichtiger Aspekt im notwendigen Diskurs die Frage, wie das „Machtmittel" Sprache im professionellen Alltag Sozialarbeitender in der Bildungsinstitution Schule verantwortlich und im Interesse professioneller sozialer Arbeit für die Zielgruppen genutzt wird.

Wenig hinterfragt

Sprache als Kommunikationsmittel ist immer noch das Haupt-Arbeitsinstrument von Sozialarbeitenden – und gleichzeitig eins der am wenigsten hinterfragten. Dabei geht es einerseits darum, sich den Geflüchteten gegenüber klar und verständlich auszudrücken und andererseits auch darum, die eigene Sprache zu reflektieren und auf ihre impliziten Gehalte hin zu hinterfragen. Auch Gespräche von Sozialarbeitenden untereinander, mit Lehrenden und Bezugspersonen haben Auswirkungen auf ihre Arbeit mit den Geflüchteten. Hier muss Bewusstsein geschärft und der eigene Sprachgebrauch professionsethisch hinterfragt werden.

Handeln wird
beeinflusst

Nicht selten beinhalten genutzte Begriffe implizite Zuschreibungen, die das Denken und damit auch das Handeln direkt beeinflussen. Elisabeth Wehling hat in ihrem Buch „Politisches Framing. Wie eine Nation sich ihr Denken einredet – und daraus Politik macht" anschaulich herausgearbeitet, wie schnell sich gerade AkademikerInnen durch geschickte Wortwahl beeinflussen lassen. Mit Blick auf den Begriff der Islamophobie beschreibt sie beispielsweise, wie allein die Nutzung des Phobie-Begriffes (phobisch = krank) sowohl eine Religion und ihre Anhänger zu Angstauslösern (sogenannten Triggern) profiliert als auch offensives Agieren gegen Muslime rechtfertigt bis bagatellisiert. Dabei würden wichtige Aspekte ausgeblendet: „Herabwürdigung, Ausgrenzung, tätliche Übergriffe und andere Formen sozialer und zwischenmenschlicher Aggression [...]. Islamfeindliches Denken ist eine Geisteshaltung, keine klinische Angststörung. Und gegen Muslime gerichtetes Handeln geschieht nicht im Affekt." (Wehling 2016, S. 158/159.) Somit rechtfertigt die Rede von Islamophobie implizit solches Handeln – und weist gleichzeitig die Verantwortung von sich.

Ähnliche Effekte werden erzielt, wenn Fluchtbewegungen verbal mit Naturkatastrophen gleichgesetzt werden. Ob Welle oder Flut, das Bild von Wassermassen, die ein Land überrollen, wirkt beängstigend. JedeR hat bereits Bilder von Überschwemmungen gesehen, die Wassermassen hinterlassen zerstörte Landschaften und machen Menschen obdachlos. Flüchtende als Wassermassen zu imaginieren macht sie zur Gefahr für die, die sie unter sich zu begraben drohen und spricht ihnen gleichzeitig jede Individualität und Menschlichkeit ab: „Niemand denkt bei einer Welle, einer Flut oder gar einem Tsunami als erstes an eine astronomisch hohe Zahl kleinster Wassermoleküle. In dem Frame von den Flüchtlingen als Wassermassen ist die einzige von Menschen besetzte Rolle die der Opfer." (Wehling 2016, S. 174/175). Das sind in diesem Bild nicht die Flüchtenden, sondern die, die hier leben – und etwas zu verlieren haben. Gleichzeitig suggeriert der Begriff der Naturkatastrophe ein plötzliches Ereignis, das nicht von Menschen beeinflusst werden kann. Etwas, das Angst macht, ebenso wie eine Krankheit.

Bilder, die Angst machen sollen

Sprache als wichtiges Arbeitsmittel sozialer Arbeit hat immer auch eine politische Dimension, denn sie ist ein Mittel zur Kommunikation unserer demokratischen Werte. Und Kommunikation ist bekanntlich nicht das, was gemeint war, sondern das, was ankommt beim Gegenüber. Wie Sozialarbeitende mit Menschen über Menschen reden hat direkte Auswirkungen auf die Bewusstseinsbildung ihrer Zielgruppen: Demokratisch agieren heißt auch, die hart erkämpften und täglich neu zu verteidigenden Werte sprachlich so umzusetzen, dass sich ihr Inhalt nicht durch die

Auswirkungen auf Bewusstseinsbildung

Wahl der Worte, das Setting oder das verwendete Kommunikationsmittel verändert oder gar umkehrt.

Literatur

Lob-Hüdepohl, Andreas/Lesch, Walter (Hrsg.) (2007): Ethik Sozialer Arbeit. Ein Handbuch. Paderborn.

Wehling, Elisabeth (2016): Politisches Framing. Wie eine Nation sich ihr Denken einredet – und daraus Politik macht. Köln. Halem Verlag, Köln.

Der geschlechterbezogene Blick

Weder differenzblind
noch differenzfixiert sein

Susanne Käppler und Gisela Würfel

Obwohl 70 Prozent der geflüchteten Menschen weltweit weiblich sind, sind über 80 Prozent der in Deutschland ankommenden männlich. Die Mehrheit ist jung, zwischen zwanzig und dreißig Jahre. Bei den unter 16-Jährigen, die die Grund- und weiterführenden Schulen besuchen, ist das Geschlechterverhältnis ausgeglichen. In der Altersspanne von 16 bis unter 30 Jahren besteht ein Verhältnis von ca. einem Fünftel weiblicher zu vier Fünfteln männlicher AsylbewerberInnen[1]. Somit sind in den Vorbereitungsklassen in den Schulen und Berufsschulen hauptsächlich männliche Geflüchtete. Noch geringer ist der Anteil weiblicher unbegleiteter Geflüchteter an der Gesamtzahl der unbegleiteten minderjährigen Geflüchteten mit etwa 10 Prozent (vgl. Statistisches Bundesamt 2015). Dieses Verhältnis wirkt sich auf die Arbeit mit jungen Geflüchteten in der Schule aus.

Zahlen zum Geschlechterverhältnis

In diesem Text beschreiben wir die Situation/Lebenslagen und Kriterien für die pädagogische Arbeit mit geflüchteten Mädchen und jungen Frauen. Zur Arbeit mit jungen männlichen Geflüchteten befragten wir im zweiten Teil des Beitrags drei Fachkräfte aus ihrer Praxis. Daraus leiten wir ab, was zu tun ist und prüfen,

---

1   Im Zeitraum Januar bis Mai 2016 lag die Gesamtzahl der Asylanträge bei 302.209, davon waren 33,6 % weiblich und 66,4 % männlich. Die Gesamtzahl der Asylbewerber/innen im Alter von 16 bis unter 18 Jahren betrug 13.687, davon waren 23,2 % weiblich und 76,8 % männlich. Ähnlich ist das Verhältnis bei den 18- bis unter 25 Jährigen: Von insgesamt 75.134 waren wiederum 23,2 % weiblich und 76,8 männlich. Bei den 25- bis unter 30-Jährigen beträgt die Gesamtzahl 44.143, davon 28,1 % weiblich und 71,9 % männlich (Quelle: Aktuelle Zahlen zu Asyl, Ausgabe Mai 2016 www.bamf.de).

ob auf erprobte Handlungsansätze der geschlechterbezogenen sozialen Arbeit zurückgegriffen werden kann.

*Übertragungs-
möglichkeiten*

Die Informationen, Hinweise und Einschätzungen sollen dazu beitragen, dass die geschlechterbezogenen Belange von jungen Geflüchteten Aufmerksamkeit erhalten. Unsere Hinweise und Erkenntnisse beziehen sich zum Teil nicht explizit auf die soziale Arbeit an Schulen. Vieles kann aber übertragen werden.

> Einleitend ist festzustellen, dass es <u>die</u> junge weibliche Geflüchtete und <u>den</u> jungen männlichen Geflüchteten nicht gibt, so wie ein junger Mensch auf der Flucht auch viel mehr ist als ein „Flüchtling".

*Gefahr von
Zuschreibungen*

Insbesondere bezogen auf junge männliche Geflüchtete, ist die Gefahr von pauschalen Zuschreibungen groß: So werden hochmotivierte junge Flüchtlinge mit guter Schulbildung, oder junge Männer mit einem sexistischen Frauenbild erwartet. Andererseits werden jungen geflüchteten Frauen, die Kopftuch tragen oder sich männlichen Verwandten unterordnen, weitere Eigenschaften wie z.B. Rückständigkeit zugeschrieben. Nicht alle Menschen denken in solchen Stereotypen, jedoch besteht immer die Gefahr, sich in Dominanz- und Ausgrenzungsgedanken zu verstricken. Daher ist es wichtig, dass jedeR junge Geflüchtete als Mensch mit einer eigenen (Flucht)Geschichte, mit individuellen Voraussetzungen und insbesondere Ressourcen und Kompetenzen (Sprachkompetenzen, Bildungserfahrung, Schulerfahrung, oder informellen Kompetenzen) und Werten gesehen wird.

1 Geflüchtete Mädchen und junge Frauen

*Fluchtgründe und
Erfahrungen*

Junge Geflüchtete haben meist einen langen Fluchtweg hinter sich, auf dem sie Gewalt und (lebens-)bedrohliche Situationen erlebt haben. Ein Teil von ihnen ist traumatisiert. Gründe für die Flucht sind bei allen Geflüchteten zum Beispiel Krieg, politische Verfolgung, wirtschaftliche Not, sexuelle Gewalt, Bedrohung wegen sexueller Identität, Fremdbestimmung in Bezug auf Lebenskonzepte, keine freie PartnerInnenwahl. Einige Fluchtgründe betreffen aber ausschließlich oder überwiegend Mädchen und junge

Frauen. Dies sind: Vergewaltigung, Genitalverstümmelung, Zwangssterilisation, Zwangsverschleierung und -entschleierung, sexuelle Gewalt und Schwangerschaft. Insbesondere Frauen und Mädchen auf der Flucht müssen fürchten, sexuell missbraucht oder vergewaltigt zu werden oder für Schutz mit Geld oder dem eigenen Körper bezahlen zu müssen.

1.1 Ihre Situation bei der Ankunft in Deutschland

In Deutschland angekommen, sind die Mädchen und jungen Frauen einem männlich dominierten Umfeld ausgesetzt. Sie treffen auf Wohnsituationen, die ihnen derzeit nicht immer einen sicheren Ort zum Leben bieten. Ein sehr kleiner Teil, die minderjährigen unbegleiteten Geflüchteten, wird vom zuständigen örtlichen Jugendamt – wenn alles nach Plan läuft – in Obhut genommen und in der Jugendhilfe untergebracht.

Wohnsituation

Mädchen in Begleitung und über 18-jährige junge Frauen leben zuerst in den allgemeinen Erstaufnahmeeinrichtungen, später oft in Gemeinschafts- und Sammelunterkünften. Auf ihre speziellen Bedarfe wird wenig Rücksicht genommen, auch wenn es die Standards der EU-Aufnahmerichtlinie anders vorsehen. Geschlechtshomogene Unterbringung für Alleinreisende oder Schutzräume für weibliche Geflüchtete und ihre Kinder, die für Männer nicht zugänglich sind, sind die Ausnahme. Dies birgt die Gefahr von Übergriffen. Auch das Wachpersonal ist in der Regel vorrangig männlich. Die Schwelle, bei Übergriffen Hilfe zu suchen, ist sehr hoch.

Hilfebedarf

Aus Angst vor Übergriffen leben die Mädchen und jungen Frauen oft zurückgezogen und sehr isoliert. So treten sie nicht in Erscheinung und ihre Bedarfe werden kaum wahrgenommen. Es fehlt ihnen an Sprach- und Strukturkompetenz für ein Leben in Deutschland. Infolgedessen dauert es oft sehr lange, bis Hilfebedarfe artikuliert und adäquate Hilfe organisiert werden kann. Hier ist auch die soziale Arbeit an Schulen gefordert.

Bildungsniveau

Des Weiteren muss davon ausgegangen werden, dass der Bildungshintergrund/das Bildungsniveau der geflüchteten Mädchen oft geringer ist als das der Jungen/jungen Männer.[2] Dies ist eine bedenkliche Schieflage, wenn man zugrunde legt, dass Bildung und Beschäftigung als Schlüssel zur Integration gilt.

1.2 Hinweise für die Arbeit mit geflüchteten Mädchen und jungen Frauen

Schneller Zugang zu Bildung

Bei der Berücksichtigung der Bildungsbedürfnisse von jungen weiblichen Geflüchteten kommt der Schule eine zentrale Bedeutung zu. Es gilt, so schnell wie möglich Zugang zu Alphabetisierung und Sprachförderung zu gewährleisten und den Mädchen und jungen Frauen den Besuch an (allgemeinbildenden) Schulen zu ermöglichen. Dies gilt, auch wenn dies eventuell die Frauenrolle in den Herkunftsländern nicht vorsieht. Die Fachkräfte müssen sich daher einerseits mit Weiblichkeitskonzepten der Herkunftskulturen auseinandersetzen, kulturellen Regeln, Werten und Ritualen des Miteinanders. Andererseits müssen sie ihren neuen Schülerinnen Unterstützung beim Zugang zu Teilhabemöglichkeiten und Bildung bieten und eine tragfähige Orientierung für die eigene Rolle im Ankunftsland. Dies ist eine sehr anspruchsvolle Aufgabe (siehe dazu auch den Beitrag von Nausikaa Schirilla in diesem Buch).

Besondere Aufmerksamkeit

Aus einem Gefühl der Ohnmacht und Angst heraus schirmen die Familien geflüchtete Mädchen und junge Frauen häufig von der Umwelt ab. Es ist daher wichtig, dass die Fachkräfte in der Schule besonders auf geflüchtete Schülerinnen achten. Sie bedürfen einer besonderen Aufmerksamkeit, gleich, ob sie alleine oder in Begleitung bzw. mit ihren Familien geflüchtet sind. Nur so kann verhindert werden, dass sie isoliert leben und ihre Bedürfnisse nicht wahrgenommen werden.

---

2 In einer Antwort der Bundesregierung auf eine Kleine Anfrage der Grünen heißt es: „Frauen aus den betrachteten Herkunftsländern (Afghanistan, Irak, Syrien) weisen einen deutlich geringeren schulischen und beruflichen Bildungsstand auf als Männer aus diesen Ländern. Dies gilt insbesondere für Frauen aus dem Irak, die zu 35,1 Prozent keine Schule besucht haben und bei denen 82 Prozent (noch) keine berufliche Qualifikation erworben haben.“

Angekommen in der Flüchtlingsunterkunft in Metzingen

Hier sind weibliche Bezugspersonen besonders wichtig. Dies kön- *Weibliche*
nen Lehrerinnen und sozialpädagogische Fachkräfte sein. Die *Bezugspersonen*
Fachkräfte achten auf Anzeichen von geschlechtsspezifischer Gewalt. Dies können sexuelle Belästigung, Übergriffe, Vergewaltigung oder Zwang von sexuellen Dienstleistungen als Bezahlung,
Menschenhandel, Zwangsehen und Ausbeutung sein. Um den
neu angekommenen Schülerinnen die Möglichkeit zu geben, sich
zu öffnen und ggf. ihren Hilfebedarf zu äußern, sind geschlechtergetrennte Schutz- und Rückzugsräume notwendig, auch in der
Schule.

Über die Schule hinaus empfiehlt sich die Kooperation mit Bera- *Externes*
tungsstellen, in denen Therapeutinnen und Übersetzerinnen mit *Know-how*
Mädchen mit Trauma- und Ausbeutungserfahrungen professionell arbeiten. Geschulte Ärztinnen, die Erfahrungen mit Opfern
von Gewalt haben, können bei einer mädchenbezogene Gesundheitsversorgung, helfen, insbesondere bei Gewalterfahrungen,
nach Vergewaltigung, Genitalverstümmelung und bei Schwangerschaft.

In der Schule – und hier vor allem in den Vorbereitungsklassen – *Mädchen-*
können mädchenspezifische Themen wie z.B. Gesundheit und *spezifische*
Körper aufgegriffen werden. In einem vertrauensvollen, geschütz- *Themen*
ten Setting können die Mädchen und jungen Frauen darin unter-

stützt werden, eigene Vorstellungen, Wünsche und Träume zu artikulieren und Orientierung für ihre eigene Lebensplanung zu gewinnen.

Lernen im Alltag   Zur Unterstützung in der Bewältigung des (Familien-)Alltags können in der Schule niedrigschwellige Aktivitäten initiiert werden, die in die Lebenswelt außerhalb der Schule hineinreichen, so z. B. das Einüben von Einkäufen und Ämtergängen. Sind Kinder oder kleinere Geschwister vorhanden, ist es sinnvoll, parallel zur Schule eine Kinderbetreuung zu organisieren. Aber auch Aktivitäten im Freizeitbereich, die die Orientierung und Mobilität in der neuen Umgebung fördern, helfen geflüchteten Mädchen und jungen Frauen dabei, in der neuen Heimat anzukommen.

2 Geflüchtete Jungen und junge Männer: Fachkräfte berichten aus ihrer Praxis

Auch in der Arbeit mit jungen männlichen Geflüchteten gilt es, jeden einzelnen mit seiner Persönlichkeit und Geschichte wahrzunehmen, um in der sozialen und pädagogischen Arbeit einen Zugang zu finden.

Hoher Erwartungsdruck   Die Fluchtgründe wie Krieg, politische Verfolgung, wirtschaftliche Not, sexueller Gewalt, Verfolgung wegen der sexuellen Identität wurden bereits genannt. Auf alleine geflüchteten jungen Männern, deren Flucht oft unter großen Mühen durch die Familie finanziell ermöglicht wurde, lastet ein hoher Erwartungsdruck. Sie sollen die Familie im Heimatland finanziell unterstützen oder sich darum kümmern, dass Familienmitglieder nachkommen können. Im Gespräch mit **Goran Ekmescic** (bis Ende Mai 2016 bei der Volkshochschule München im Projekt „Flüchtlinge in Beruf und Schule" tätig), Wolfgang Cramer (Jugendmigrationsdienst Lübeck) und **Olaf Jantz** (Transkulturelle Jungenarbeit bei mannigfaltig e.V., Hannover) haben wir erkundet, mit welchen Themen und Herausforderungen Fachkräfte in der sozialen Arbeit mit jungen männlichen Geflüchteten konfrontiert sind und welche Herangehensweisen sich für sie als hilfreich erwiesen haben. Dabei zeigte sich, wie unterschiedlich die Jungen und jungen Männer sind und dass es immer gilt, den Zugang zu den einzelnen zu finden.

BAG EJSA: Typisch weiblich, typisch männlich: Was bringen junge männliche Geflüchtete aus ihren Herkunftsländern an Rollenbildern mit?

Wolfgang Cramer: Viele meiner Jungs kommen aus patriarchalen, männlichkeitsdominierten Gesellschaften, in denen das dort herrschende traditionelle Männlichkeitsbild nicht hinterfragt wird. Da wird zum Beispiel das Äußern von Gefühlen als absolut unmännlich („weibisch" – arabisch: „afefi/unthawi") angesehen. Lediglich der eigenen Mutter und dem eigenen Vater gegenüber würden sie sich öffnen.

Goran Ekmescic: Es ist wichtig, offen zu sein für jeden einzelnen. Nur so kann Vertrauen entstehen und Vertrauen ist die Grundlage für alles Weitere. Natürlich gibt es Draufgänger, es gibt aber auch Schüchterne. Sie oszillieren zwischen den verschiedenen Typen. Ich habe die Erfahrung gemacht, dass jeder seine eigene Geschichte mitbringt.

Olaf Jantz: Bei den geflüchteten Jungen und jungen Männern ist eine Vielfalt an Rollenbildern sichtbar, doch sie reduzieren sich oft auf klassische Vorstellungen oder werden darauf reduziert, weil rigide Männlichkeitsvorstellungen der Überwindung von Verunsicherungen und daraus resultierenden inneren Spannungen dienen können. Erst bei einer gewissen Sicherheit und wenn zugelas-

Männlichkeits-bilder

sen wird, dass sie sich anders zeigen, kommen auch andere Vorstellungen zum Ausdruck.

*Glatteis der
Kulturalisierung*

Es ist wichtig, solche Anpassungsleistungen sichtbar zu machen und zu betonen, welche Bewältigungsformen bereits vorliegen, um sich nicht auf das Glatteis der Kulturalisierung zu begeben. Das fehlende Zeigen von Gefühlen bzw. der scheinbar schlechte Kontakt zu den eigenen Gefühlen z. B. dient möglicherweise dem Schutz vor Überschwemmung von Gefühlen, die auch aus Traumatisierungen resultieren können.

BAG EJSA: Wie kann Vertrauen aufgebaut werden?

*Vertrauen
aufbauen*

Goran Ekmescic: Meiner Erfahrung nach sind junge Geflüchtete zuerst sehr misstrauisch. Wenn sie merken, dass ihnen jemand gut tut, öffnen sie sich allmählich und vorsichtig. Das merke ich zum Beispiel daran, dass ein junger Mann sagt: „Da habe ich Angst gehabt" oder „Da war ich traurig". Vertrauen zu gewinnen, braucht Zeit. Und wenn Vertrauen aufgebaut wurde, kann Hilfe angenommen werden. Schwierig ist, wenn ich ihm in manchen Dingen nicht helfen kann (z. B. wenn ich selbst nicht zuständig bin, etwas nicht beeinflussen kann). Das wird manchmal sogar als Zurückweisung empfunden und führt zum Rückzug.

Es braucht Zeit

Wolfgang Cramer: Wir Berater und Begleiter im Jugendmigrationsdienst sind anfangs für sie Fremde. Erst nach einer langen Zeit intensiver Kontakte durch die Beratungs- und Begleitungsarbeit, Freizeitangebote und Gruppenarbeit entsteht ein Vertrauen vergleichbar dem zu ihren Eltern. Dies erlaubt ihnen dann zum Beispiel über ihr Selbstverständnis als Mann zu sprechen. Aber das dauert viele Jahre, in denen die meisten längst woanders sind und ihre eigenen Wege gehen.

Olaf Jantz: Wir müssen an vielen Stellen erst einmal unsere Vertrauenswürdigkeit in Form von „Beziehungstests" beweisen, z. B. ob das, was wir anzubieten haben, auch für den konkreten Alltag für Geflüchtete relevant ist. Was nützt ein langer, sicher sinnvoller, Bildungsweg, wenn ich akut den Druck verspüre, Geld für die Familie verdienen zu müssen?

BAG EJSA: Gibt es Konflikte zwischen den jungen männlichen Geflüchteten und auch mit den Fachkräften?

Wolfgang Cramer: In meiner Arbeit habe ich die Erfahrung gemacht, dass unterschiedliche kulturelle Wertesysteme, darunter
auch ein unterschiedliches Verständnis der Geschlechterrollen,
erhebliches Konfliktpotenzial bergen. So trifft die westliche, auf
friedliche, gleichberechtigte Umgangsformen und Konfliktlösun-
gen bedachte Lebensweise bei vielen jungen Männern und Jungen,
die beispielsweise in Syrien oder Eritrea Krieg und Waffengewalt
zur Konfliktlösung erlebt und sich dem Waffendienst entzogen
haben, auf Unverständnis. Sie befinden sich aber auch gleichzeitig
in einem Zwiespalt: Vor dem Wehrdienst sind sie geflohen, um
nicht am Krieg beteiligt zu sein, bzw. um nicht selbst zu Tätern zu
werden. Als Konfliktlösung kennen sie aber oft nur verbale, kör-
perliche oder Waffengewalt, auch wenn sie diese selbst nicht prak-
tiziert haben. Das macht sie hilflos, und Hilflosigkeit macht nicht
selten aggressiv.

Konfliktpotenzial

Olaf Jantz: Ich würde eher sagen, dass Jungenwelten auf Erwach-
senenwelten treffen und diese folgen anderen Logiken. Das interkulturelle Moment besteht vor allem darin, dass pädagogisch motivierte Erwachsene auf Identität suchende, junge männliche
Jugendliche und junge Erwachsene treffen.

Goran Ekmescic: In der Schule mit und unter jungen Geflüchteten
nehme ich nicht mehr Konflikte wahr als unter anderen Schülern
und Schülerinnen. Wenn zwischenmenschliche Konflikte vor-
kommen, sind sie wenig körperbetont. Eher werden Beleidigun-
gen ausgesprochen. Besonders Grenzverletzungen müssen ge-
schlechtsbezogen aufgegriffen werden: Zum Beispiel stehen
mögliche Schwangerschaften durch Vergewaltigungen versus Ta-
buisierung sexualisierter Gewalt an Jungen.

Viele unserer jungen Geflüchteten waren Kindersoldaten in Westafrika oder sie sind, wie Wolfgang Cramer schon erwähnte, in
Eritrea dem Militärdienst entflohen. Es ist daher erstaunlich, wie
wenig Gewalt vorkommt. Diese Jungs sind unglaublich stark, sie
stecken ihre Erlebnisse so weg, dass sie ganz normal in die Schule
gehen können.

Unglaublich stark

BAG EJSA: Wie verarbeiten sie dann ihre Fluchterlebnisse?

Goran Ekmescic: Meistens tragen sie die Folgen ihrer Erlebnisse mit sich selber aus. Häufig haben sie Bauchschmerzen oder Kopfschmerzen. Vordergründig „funktionieren" sie, nur manchmal kommen ihre Erfahrungen in Form von Ängsten und Störungen an die Oberfläche. Eine Folge ist sicher auch, dass es ihnen schwer fällt, sich auf das viele Neue hier einzustellen und damit umzugehen. Viele sind in Therapie. Bei Therapeuten herrscht großer Andrang. In der Volkshochschule München sind drei Viertel der jungen Geflüchteten in der Jugendhilfe. Sie haben die Möglichkeit, schon vor dem Schulstart in eine Therapie zu gehen.

Wolfgang Cramer: Ich erlebe gerade bei meinen jungen Klienten sehr verschiedene Arten, Fluchterlebnisse zu bewältigen: Die Spanne reicht von kopflos aktiv, über depressiv, überangepasst, bis zu aufgeladen aggressiv, radikal und selbstaufgeberisch verwahrlosend.

Olaf Jantz: Es gibt wenige Räume, um die Vielzahl an Eindrücken zu verarbeiten. Eine unserer Aufgaben ist es, ihnen ressourcenaktivierende Räume der Verarbeitung (jenseits der therapeutischen) zur Verfügung zu stellen.

BAG EJSA: Welche Unterschiede sehen Sie bei der Berufswahl von jungen männlichen Flüchtlingen zu den weiblichen jungen Flüchtlingen?

Goran Ekmescic: Bei uns werden die Mädchen am häufigsten in die Berufe Krankenpflegehelferin, medizinische Fachangestellte, zahnmedizinische Fachangestellte und Einzelhandelskauffrau/ Verkäuferin vermittelt. Die meisten haben den Wunsch, eine Ausbildung zur Bürokauffrau zu machen. Die Jungen werden überwiegend in andere Berufe und Tätigkeiten vermittelt: Kfz-Mechatroniker, Elektriker, Vulkaniseur, Industrie- oder Anlagenmechaniker. Da es in München in allen Branchen einen Fachkräftemangel gibt, sind die Chancen gut, einen Ausbildungsplatz zu bekommen oder eine Anstellung. Der Berufswunsch stimmt jedoch nicht immer mit dem Angebot überein. Da ist Flexibilität gefragt. Aber das sind die meisten. Sowohl junge Frauen als auch Männer.

Olaf Jantz: Die (familiären) Aufträge an männliche Jugendliche gestalten sich meist anders als diejenigen an weibliche Jugendliche. Aufträge für Jungen und junge Männer sind zum Beispiel, Geld für die Familie bereitzustellen oder deren Nachzug zu ermöglichen.

Wolfgang Cramer: Die Jungen sind in aller Regel frei in der Entscheidung bei der Berufswahl und bevorzugen überwiegend technische Berufe. Junge Frauen stoßen hingegen häufig, innerfamiliär und aufgrund der kulturellen Traditionen im Herkunftsland, an harte Grenzen.

Beratung im Jugendmigrationsdienst Lübeck

BAG EJSA: Welche spezielle Betreuung und Unterstützung brauchen die jungen männlichen Flüchtlinge in der Schule und dann später in der Berufsausbildung? Welche Herangehensweisen eignen sich?

Wolfgang Cramer: In der Jugendmigrationsarbeit beraten und begleiten wir unsere Klientel mit der Methode des Case-Managements. Das setzt voraus, dass auch unserer Klientel eine solche Arbeits- und Umgangsweise bekannt ist. Ich habe Jungs bei mir aus Kriegsgebieten, schwer traumatisiert, die es gewohnt sind von einem Tag auf den nächsten zu leben und denen Ziele und Pläne, wie wir sie verstehen, fremd sind und die Termine und Vereinbarungen als unverbindliche Empfehlungen verstehen.

Case-Management

Goran Ekmescic: Im Umgang mit jungen männlichen Geflüchteten müssen Pädagogen viel Kraft einsetzen, konsequent sein, wenn es um die Durchsetzung von Regeln geht. Die Betreuung muss intensiv und engmaschig sein. Man muss ihnen oft hinter-

Intensiv und engmaschig

herrennen, zum Beispiel um eine regelmäßige Teilnahme an einem Nachhilfeangebot zu erreichen. Oft besteht eine große Diskrepanz zwischen ihrer Selbsteinschätzung und dem, was tatsächlich gefordert wird. Man darf ihnen keinen roten Teppich ausrollen, sondern muss Tacheles reden wo es notwendig ist. Gleichzeitig ist es aber auch wichtig, ihnen zu signalisieren, dass man an sie glaubt, auch wenn die Ziele möglicherweise hoch gesteckt sind. Oft ist dabei ein humorvoller Umgang hilfreich. Körperbetonte Angebote wie zum Beispiel Sporttage kommen gut an.

Olaf Jantz: Eines der hauptsächlichen Themen ist die Übernahme der Verantwortung für ihr Leben. Dabei braucht es sehr viel Konkretion bei der Betreuung und Unterstützung der jungen männlichen Geflüchteten. Sie wollen wissen, wofür das, was sie tun sollen hilfreich ist und ob es einen schnellen unmittelbaren Nutzen hat. Die Balance sollte gelingen, das Individuum mit seinem Eigensinn zu sehen und andererseits offen zu sein für Prägungen durch Flucht und Migration.

Bewährte Ansätze nutzen

Wolfgang Cramer: Nach meinem Dafürhalten kann die migrationsspezifische, geschlechterbezogene Jungenarbeit auf die Ansätze der klassischen offenen Jugendarbeit wie Freizeit-Treffs, Jugendcafés, „Teehäuser", wie sie Jungs/Männer es aus ihren Ländern kennen, zurückgreifen (geschlechtshomogene Räume). Dazu gehören auch Spiel- und Gesprächsangebote. Das alles muss geschehen mit dem Wunsch bzw. dem Ziel im Hinterkopf, die Jungs/jungen Männer zu öffnen und für sich selbst zu sensibilisieren. So können sie erkunden, was für sie Männlichkeit bedeutet, und ihre eigene Rolle als Mann finden.

BAG EJSA: Braucht es männliches Personal als Bezugspersonen?

Autoritäts-personen

Olaf Jantz: Wichtiger ist es, als Autoritätspersonen auftreten zu können, die nicht richtend, beschämend, sondern klar und deutlich sind. Jungen und junge Männer brauchen emotionale Zuwendung für ihre Opferseite wie auch Konfrontation zur Verantwortungsübernahme für ihre Täterseite. Sie brauchen emotionale Zuwendung, Verständnis, Anteilnahme, Solidarität und alltagspraktische Hilfen. Männliche Fachkräfte müssen sich schulen, um nicht in männlichkeitstypische Konkurrenzverhältnisse zu kommen.

3   Fazit

Junge Geflüchtete dürfen nicht hinter dem scheinbar geschlechtslosen Begriff „Flüchtling" verschwinden: Sie müssen in ihrer Vielfalt und Unterschiedlichkeit in den Blick genommen werden, damit ihre Situation nachhaltig verbessert und eine förderliche Zukunftsperspektive für sie geschaffen werden kann.

Zur geschlechterbezogenen pädagogischen Arbeit gibt es in der Jugendsozialarbeit seit vielen Jahren Handlungsansätze und Methoden, die auch für die soziale Arbeit in Schulen hilfreich sind (siehe dazu die Hinweise bei den Literaturangaben).

Ein zentraler Aspekt in der Arbeit mit jungen Geflüchteten unterschiedlicher Geschlechter ist eine Frage der Haltung: interaktionsfreudig, fehlerfreundlich, authentisch und emphatisch sowie grenzachtend neugierig sein, so lautet die notwendige Mischung, um gemeinsam mit den jungen Menschen Gesprächsräume zu schaffen. Es gilt, die jungen Menschen als Expertinnen und Experten ihrer Lebenswelt zu akzeptieren und gemeinsam mit ihnen herauszufinden, wann und wozu es dem einzelnen wichtig erscheint, Differenzen zu betonen. Die Fachkräfte dürfen dabei die Macht der Zuschreibung nicht wiederholen und gleichzeitig weder differenzblind noch differenzfixiert sein. Die Herausforderung ist dabei, die eigene Befremdung zuzulassen und ein eigenkulturelles (Selbst)-Bewusstsein zu entwickeln; die Position des Gesichert-Seins zu verlassen und gleichzeitig eine Klarheit zu entwickeln ohne autoritär und anmaßend zu sein. Ansätze aus der rassismuskritischen sowie aus der geschlechterbezogenen Arbeit müssen in diesem Lernprozess zusammengeführt werden.

Entscheidend: die Haltung

Angesichts der Leistungsorientierung von Schule und der Ökonomisierung der Jugendhilfe stellt sich allerdings die Frage, wo und wie diese Gesprächsräume gefunden werden, in denen die Ressourcen der Fachkräfte und der geflüchteten jungen Menschen gemeinsam entwickelt und aktiviert werden können.

Literatur

Bundesarbeitsgemeinschaft Evangelische Jugendsozialarbeit (2015): Junge Frauen und Mädchen nach der Flucht – vom Regen in die Traufe!? (www.bagejsa.de/publikationen-und-downloads/downloads/positionierungen/, 05.07.2016).

Bundesarbeitsgemeinschaft Evangelische Jugendsozialarbeit (2013): Junge, Junge! - Pädagogische Arbeit mit Jungen und jungen Männern in der Jugendsozialarbeit. Stuttgart.

Bundesarbeitsgemeinschaft Evangelische Jugendsozialarbeit (2012): Mädchensozialarbeit heute – eine Standortbestimmung (www.bagejsa.de/publikationen-und-downloads/downloads/positionierungen/, 05.07.2016).

Bundesarbeitsgemeinschaft Evangelische Jugendsozialarbeit (2005): Dringend – Zwingend – Notwendig: Evangelische Mädchensozialarbeit, Lebenslagen von Mädchen und jungen Frauen und Handlungsempfehlungen. Materialheft 3/2005   (www.bagejsa.de/publikationen-und-downloads/publikationen/, 05.07.2016).

Bundesarbeitsgemeinschaft Mädchenpolitik (2015): Mehr Aufmerksamkeit für geflüchtete Mädchen und junge Frauen (www.maedchenpolitik.de, 05.07.2016).

Das Bundesjugendkuratorium (Januar 2015): Kinder und Jugendliche auf der Flucht: Junge Menschen mit Ziel (www.bundesjugendkuratorium.de, 05.07.2016).

Cramer, Wolfgang u.a. (2015): Jahresbericht Jugendmigrationsdienst Lübeck (http://78.46.45.52/userfiles/File/JahresberichtBAGEJSA2015.pdf, 05.07.2016).

Generalversammlung der Vereinten Nationen (1989): Übereinkommen über die Rechte des Kindes (Convention on the Rights of the child, Artikel 22 bekannt unter „UN Kinderrechtskonvention").

Jantz, Olaf (2013): Transkulturelle Jungenarbeit. Wie kompetentes Handeln in der Einwanderungsgesellschaft Jungen erreicht. In: FORUM Sexualaufklärung und Familienplanung Nr. 1/2013.

Mecheril, Paul (2008): Thematisierung des Interkulturellen im (pädagogischen) Migrationsdiskurs. In: Reader zum Fachgespräch „Rassismus bildet"- Bildungsperspektiven unter Bedingungen rassistischer Normalität. 5/6. Dezember 2008 in Bonn (www.ida-nrw.de/cms/upload/PDF_tagungsberichte/Reader_2009.pdf, 05.07.2016).

Winter, Reinhard (2016): Jungenarbeit mit unbegleiteten minderjährigen männlichen Flüchtlingen. In: Brinks, Sabrina/Dittmann, Eva/Müller, Heinz (Hrsg.): Handbuch unbegleitete minderjährige Flüchtlinge in der Kinder- und Jugendhilfe. Regensburg.

Die psychische Situation nach der Flucht

Zur Bedeutung von Fluchterfahrungen für die Integration und Identitätsentwicklung

Boris Friele

1 Identitätsentwicklung unter Bedingungen der Exilierung und pädagogische Anforderungen

Junge Geflüchtete befinden sich wie alle anderen jungen Menschen in alterstypischen Entwicklungsprozessen. In Jugend und Adoleszenz spielen sich komplexe Prozesse ab, die nicht nur für die jungen Menschen selbst herausfordernd sind. Für die in der psychosexuellen, körperlichen und geistigen Entwicklung entstehenden Energien und Emotionen müssen Ausdrucks- und Befriedigungsmöglichkeiten geschaffen werden. Die jungen Menschen bestimmen in dieser Phase ihre Beziehungen untereinander und zu den Erwachsenen neu, indem sie mehr Autonomie beanspruchen, eigene Formen der Lebensführung sowie eigene Vorstellungen für ihre Zukunft entwickeln. Sie erleben heftige seelische Unruhe, suchen weiterhin nach Halt und Orientierung und grenzen sich zugleich aggressiv ab. Die Peers gewinnen als Sozialisationsinstanz an Gewicht. Das verändert die Bedeutung der zentralen Sozialisationsinstanzen Familie und Schule. Ihnen kommt verstärkt die Funktion von Antagonisten zu, deren Autorität herausgefordert und auf die Probe gestellt wird.

Entwicklungsphase Jugend

All dies trifft auch auf jugendliche Geflüchtete zu. Aber die radikal veränderten Lebensumstände drücken dieser Entwicklungsphase ihren Stempel auf. Die Liste der belastenden Einflussfaktoren ist lang. Sie reicht von der Notwendigkeit, sich in einer fremden kulturellen Umgebung zurechtfinden zu müssen, über beeinträchtigte Familienbeziehungen bis zu seelischen Störungen infolge unbewältigter Gewalt- oder Verlusterfahrungen (ausführlicher: Weiss 2009).

Belastende Einflussfaktoren

Als Familie geflüchtet

PädagogInnen erleben die intensiven Emotionen und Verhaltensweisen, die diese Bedingungen mit sich bringen, oft hautnah. Sie
werden mit der Suche nach Halt, Sicherheit und Orientierung, mit
Hoffnungen und Enttäuschungen konfrontiert, die sich mitunter
auch in aggressiven Übersprunghandlungen, Rückzug und offen
bekundeter Mutlosigkeit und Verzweiflung ausdrücken.

Professionalität
der PädagogInnen

Pädagogische Institutionen sind in ihrer Professionalität sehr herausgefordert, diesem Druck mit einer angepassten und klaren Be-
stimmung des eigenen Auftrags und des pädagogischen Bezie-
hungsangebots standzuhalten. Wenn jugendliche Geflüchtete
mehr als ihre Altersgenossen Halt und Orientierung in der für sie
fremden und unsicheren Welt benötigen, müssen die Fachkräfte
sich ihrer eigenen Handlungsorientierungen umso sicherer sein.
Dafür ist es auch hilfreich, die Grenzen der eigenen Einflussmög-
lichkeiten zu erkennen und sich zu vergegenwärtigen, dass Kinder
und Jugendliche über beachtliche Fähigkeiten verfügen, sich auch
unter schwierigen Bedingungen einigermaßen gesund zu entwickeln.

Identitäts-
entwicklung
in der Adoleszenz

Gemäß klassischen entwicklungspsychologischen Vorstellungen
führt die jugendliche Entwicklung zur Adoleszenz, in der sich eine
stabile Identität für das erwachsene Leben ausbilden soll. Die Erfahrungen früherer Lebensphasen sollten zu einem kohärenten

Entwurf für familiäre Beziehungen, berufliche Orientierung und weltanschauliche Verortungen transformiert werden. Inwieweit das gelingen kann, ist angesichts pluralisierter und spannungsgeladener Lebens- und Wertewelten sowie unter Vorzeichen schwer zu entwerfender Erwerbsbiographien, kritisch zu sehen (Mey 2011). Junge Geflüchtete erleben diese Situation in zugespitzter Weise. Sie müssen viel größere, existenzielle Unsicherheiten aushalten. Von enormem Gewicht ist die aufenthaltsrechtliche Ungewissheit, die das noch nicht ausgestandene Asylverfahren mit sich bringt. Die Angst vor Ausweisung und deren Konsequenzen untergräbt eine fokussierte Zukunftsorientierung (Behrens/Westphal 2009, S. 48 f.).

Junge Geflüchtete brauchen eine bedingungslose pädagogische Solidarität. Wenn die Betroffenen spüren, dass andere an ihre Zukunft – gerade auch mit Blick auf ihre aufenthaltsrechtliche Situation – glauben und sich für diese engagieren, schöpfen sie daraus Mut, sich strapaziösen Entwicklungs- und Bildungsaufgaben zu stellen. PädagogInnen und Angehörige anderer helfender Berufe müssen nicht zur Asylpolitik Stellung beziehen und sie müssen sich auch nicht schuldig fühlen für die Schicksalsschläge, die die Geflüchteten bislang erlitten haben. Sie sollten nicht über mutmaßlich gute oder schlechte Fluchtmotive bzw. Überlebensstrategien räsonieren. Als Fachkräfte unterstützen wir Menschen individuell, sich eine sichere Zukunft zu schaffen und fördern sie in der Entfaltung ihrer Persönlichkeit – etwa im Geiste eines Kinder- und Menschenrechts auf Bildung (vgl. die Beiträge in Krappman et al. 2009 und den Beitrag „Das Grundrecht auf Bildung" von Christine Lohn in diesem Band). Diese Grundhaltungen erleichtern es, die Gefühle von Leid, Trauer und Angst, die aggressiven Impulse und mitunter irritierenden Denk- und Handlungsweisen junger Geflüchteter auszuhalten. Hilfreich und notwendig ist es überdies, auch sich selbst falsche Erwartungen, Fremdheitsgefühle und Enttäuschungen zuzugestehen.

Bedingungslose pädagogische Solidarität

2   Migrationspädagogisches Handeln
für die Inklusion junger Geflüchteter

*Doppelte Trans-
formations-
leistung*

Sobald die akute Überforderung nach dem Ankommen abklingt und die Ungewissheit ob eines möglichen Verbleibs in Deutschland vorläufig in den Hintergrund tritt, sind die Themen der Identitätsfindung bei jungen Geflüchteten sehr präsent. Die erwähnte adoleszente Transformationsleistung bleibt auch unter vielfach veränderten gesellschaftlichen Vorzeichen als Entwicklungsaufgabe bestehen. Junge Menschen, die aus Sozialisationskontexten stammen, die mit der westlich-deutschen Mehrheitskultur stark kontrastieren, haben insofern eine doppelte Transformationsleistung zu erbringen (vgl. Geisen 2010). Sie müssen sich auf der Basis ihrer bisherigen Erfahrungen einen Weg in die Zukunft erarbeiten und gleichzeitig eine kulturelle Neuanpassung leisten. In diesem Prozess entstehen auch Formen hybrider oder transkultureller Identitäten und einige können sich zuvor ungeahnte Entwicklungsmöglichkeiten erobern (vgl. z.B. Günter/Wischmann/Zölch 2010).

*Unterschiede
nicht einebnen*

Immer bleiben aber bedeutsame, spürbare kulturelle Differenzen. Weder für die Individuen noch für die gesellschaftlichen Institutionen ist es möglich oder wünschenswert zu versuchen, diese Unterschiede einzuebnen. Vielmehr verlangen Andersheiten etwa der religiösen Orientierung aber gerade auch des Habitus nach Anerkennung, sie müssen akzeptiert, respektiert und wertgeschätzt werden. Die Mehrfachzugehörigkeiten (Mecheril 2004, S. 55 f.), die junge Geflüchtete in Bezug auf Sprachkompetenz, kulturelle Prägung, nationale, ethnische und politische Zuordnungen mit der Zeit aufbauen, können starke zwischenmenschliche und innere Spannungen mit sich bringen. Typischerweise spielt sich dies im Konflikt zwischen familialer Loyalität bzw. Identifikation mit der eigenen ethnisch-kulturellen Community auf der einen Seite und Normen bzw. Wertvorstellungen der Mehrheitsgesellschaft oder bestimmter Milieus auf der anderen Seite ab.

*Bedeutung von
Dazu-Gehören*

Stoff für kulturelle Friktionen sind auch abwertende Zuschreibungen, die Ablehnung identitätsrelevanter Eigenheiten und offen rassistische Diskriminierung, die von lebensweltlich relevanten

Gruppen oder politisch definitionsmächtigen Akteuren verantwortet werden. Nicht zuletzt hat der asyl- bzw. aufenthaltsrechtliche Status für die reale und subjektive Zugehörigkeit große Bedeutung. Die mit der Statusunsicherheit zunächst verbundene Angst vor Ausweisung bei jungen Geflüchteten kann sich über die Jahre zu einem Stigma des Nicht-Dazugehörens wandeln. Aus den Untersuchungen der Sozialisationsbedingungen junger MigrantInnen ist gut bekannt, dass jahrelange aufenthaltsrechtliche Diskriminierung sich negativ auf Integration, Bildungserfolg und die seelische Gesundheit auswirkt (Friele 2014). Generell gilt, dass die zu konstatierenden Mehrfachzugehörigkeiten immer auch auf Zugehörigkeitskonflikte und einen dauernden Kampf um Zugehörigkeit verweisen. Gerade mit Blick auf die emotional aufgeladene Verfassung junger Geflüchteter kommt es für pädagogische Institutionen darauf an, Diskriminierungen aller Art gerade auch zwischen verschiedenen Herkunftsgruppen zu unterbinden.

In den vergangenen Jahr(zehnt)en fand eine intensive Auseinandersetzung mit den pädagogischen Konsequenzen kulturell und weltanschaulich pluralisierter Lebenswelten statt (Hamburger 2009). Mit Blick auf eine interkulturelle Pädagogik war bald auch das Problem der Kulturalisierung sozioökonomischer Problemlagen, Restriktionen und Ungleichheiten thematisiert (Kalpaka 2005). Dies gilt in besonderer Weise auch für die Situation junger Geflüchteter. Wie die Erwachsenen erleben auch sie, insbesondere wenn sie bereits im adoleszenten Alter sind, mit der Exilierung Statuseinbußen, die in der noch unentwickelten Sprachkompetenz (Deutsch), der eingeschränkten Beherrschung des neuen kulturellen Codes sowie in der Entwertung von formellen und informellen Bildungsprozessen und erworbenen Fertigkeiten gründen. Junge Geflüchtete stehen vor der Aufgabe eines langjährigen Akkulturationsprozesses, der nur gelingen wird, wenn die Aufnahmegesellschaft ihnen entsprechend differenzierte und effiziente Akkulturationsangebote macht.

Statuseinbußen im Exil

Die Entwicklung einer eigens migrationspädagogischen Perspektive (Mecheril 2004) trägt der Einsicht Rechnung, dass die beschriebene Konstellation – kulturelle Diversität, Kampf um Anerkennung und Zugehörigkeit, Akkulturationsnotwendigkeiten – für unsere Gesellschaft und ihre Sozialisationsinstanzen von zunehmender Bedeutung ist. Die pädagogischen Herausforderun-

Migrations-spezifische Perspektive

gen, die aus dem Zuzug junger Menschen in der Gegenwart erwachsen, bestätigen das einmal mehr.

Mecheril sensibilisiert mit seinem Ansatz nicht nur für die Bedeutung der erläuterten Situationsdeterminanten. Er macht auch deutlich, dass Anerkennung von Andersheit (Differenz), die Infragestellung diskriminierender Zugehörigkeitsordnungen und Akkulturationsarbeit nicht einfach sich ergänzende integrationspolitische und pädagogische Imperative sind, sondern zueinander in einem nicht auflösbaren Spannungsverhältnis stehen. Wenn Regeln für das Zusammensein in der Schule oder einer Freizeiteinrichtung auf kulturelle und religiöse Bedürfnisse Rücksicht nehmen, ist das per se nicht ohne Kompromiss möglich. Doch greift jeder Kompromiss ja schlechterdings auf differenzierende Kategorien (die Muslime, die Deutschen …) zurück und reproduziert jene natio-ethnisch-kulturellen Zuschreibungen, die eigentlich überwunden werden sollen. Mit diesen Spannungen achtsam umzugehen, ist eine zentrale und dauerhafte pädagogische Herausforderung.

3   Umgang mit traumatischen Belastungen

Das geballte Auftreten der beschriebenen Faktoren von Postmigrationsstress oder „Resettlement-Stress" (Weiss 2009, S. 65) allein kann eine ausreichende Erklärung für Verhaltensauffälligkeiten oder psychosomatische Symptome sein, die bei jungen Geflüchteten beobachtbar sind. Schon die beschränkten materiellen Lebensbedingungen, also beispielsweise das Wohnen auf engem Raum in der Notunterkunft oder im Wohnheim, beeinträchtigen einen erholsamen Schlaf und bieten nur eingeschränkte Rückzugs- und Lernmöglichkeiten. Sorge um die Zukunft und nachlassende Kräfte der Eltern, das Familienleben zu regulieren, können bei Kindern und Jugendlichen zu Konzentrationsproblemen, Grübeln, Ängstlichkeit, sozialem Rückzug oder aggressiven Verhaltensweisen führen.

Dieselben Symptome können auch auf traumatische Erfahrungen verweisen. Als psychisch traumatisierend werden Erlebnisse angesehen, die das Bewältigungsvermögen des Individuums übersteigen und schmerzhafte seelische Verletzungen hinterlassen.

Dabei ist an dieser Stelle nicht von Traumatisierungen die Rede, die man – je nach theoretischer Auffassung – als notwendigen Teil der kindlichen Entwicklung begreifen mag (etwa die ödipale Konstellation in der Freud'schen Theorie) und die in der ein oder anderen Weise die Persönlichkeit fortan prägen. Hier sind Erfahrungen extremer Angst und Ohnmacht angesichts existenzieller Bedrohungen gemeint. Mitzuerleben wie der Bruder ‚abgeholt' wird, zu wissen, dass man ihn ins Gefängnis bringt, und später zu erfahren, dass er tot ist, ist ein potenziell traumatisierendes Erlebnis. Während der Flucht, als man sich schon fast in Sicherheit wähnt, ohnmächtig mitansehen zu müssen, wie die eigene Mutter beleidigt und geschlagen wird, kann traumatisierend sein. Zu sehen, wie andere Menschen durch Granaten zerfetzt werden, ist potenziell traumatisierend. Keine dieser Erfahrungen wird ohne Spuren und ohne seelische Schmerzen an einem Menschen vorübergehen.

Sie sind jedoch insofern „potenziell" traumatisierend, als keineswegs alle Betroffenen in der Konsequenz eine klinisch relevante Symptomatik entwickeln, also *posttraumatisch erkranken*. Viele Menschen erholen sich im Verlauf einiger Wochen oder Monate von solchen Erlebnissen zumindest soweit, dass sie wieder beziehungs- und arbeitsfähig sind bzw. einen Schulalltag bewältigen können. Kinder und Jugendliche sind verletzlicher als Erwachsene; aber gerade sie haben auch nicht zu unterschätzende Fähigkeiten der Anpassung und Selbstregulation.

Potenziell traumatisierende Erlebnisse

Psychisches Trauma heißt übersetzt so viel wie seelische Verwundung und ist im Grunde eine Metapher, die sich auf eine Reihe von psychischen Funktionsbeeinträchtigungen und ggf. auf Veränderungen der Persönlichkeit bezieht, die die Betroffenen bekunden und die von anderen beobachtet werden können. Eine solche posttraumatische Symptomatik ist in erster Linie durch das kaum zu kontrollierende Wiedererleben der traumatisierenden Situation(en) und der damit verbundenen Gefühle der Angst, der Ohnmacht und des Schreckens verbunden. Dazu gehören Alpträume, Erinnerungsbilder oder Erinnerungen an Schreie oder Gesagtes von Menschen, die als Täter oder Opfer beteiligt waren. Diese Erinnerungen drängen sich oft permanent mit großer Kraft auf (Intrusionen), so dass sich die Betroffenen nicht durch konzentrierte Anstrengung auf etwas Anderes oder durch Ablenkung von ihnen entlasten können.

Posttraumatische Symptomatik

*Auslöser für
angstbesetzte
Erinnerungen*

Angstbesetzte Erinnerungen können auch durch äußere Anlässe mobilisiert werden, was Außenstehende dann oft schwer einordnen können. Eine zuknallende Tür kann wie ein Gewehrschuss wirken, Flugzeuggeräusche oder Feuerwerkskörper die Erinnerungen an einen Bombenangriff auslösen. Im Extremfall kann es durch Verquickung äußerer Anlässe und innerer Prozesse zu sogenannten Flashbacks kommen, also einer weitgehenden Entkoppelung des inneren Erlebens und sogar der Wahrnehmung von der realen äußeren Situation. Dies kann sich in Erstarren, Weinen, sinnlos anmutendem Verhalten, erkennbarer Angst und Ähnlichem ausdrücken. Als eine Schulklasse ins Schwimmbad eintrat, geriet ein Mädchen in Angst und fing an zu weinen, als es ans Wasser trat. Später stelle sich heraus, dass sie auf der Überfahrt über das Mittelmeer miterlebt hatte, wie jemand ertrunken ist. Das Mädchen hatte selbst nicht erwartet, auf die Annäherung an ein Schwimmbecken so heftig zu reagieren.

*Handlungs-
sicherheit
demonstrieren*

Auch in extremen Fällen psychischer Dekompensation schaffen es die Betroffenen in aller Regel, nach einer Weile wieder zurück in das Hier und Jetzt zu finden. Wer als Erwachsener bzw. verantwortliche Fachkraft solch eine heftige Dekompensation miterlebt, darf vor allem nicht selbst in Panik geraten sondern sollte Handlungssicherheit demonstrieren. Entscheidend ist es, die Situation zu strukturieren, Zuschauende ggf. wegzuschicken, zu dem betroffenen Menschen auf Augenhöhe zu gehen und mit beruhigender Ansprache, geduldig, ohne ihn zu bedrängen mit ihm wieder in Kontakt zu kommen.

*Sprachlosigkeit
und Fremdheit*

Traumatische Erlebnisse sind schmerzhaft, daher versuchen Betroffene, die Erinnerung an sie zu vermeiden. Insbesondere kurzfristig und wenn die Erinnerungen das gesamte Seelenleben immer wieder dominieren, sind Vermeidung und Ablenkung (überlebens-)wichtige Bewältigungsstrategien. Traumatisierte Menschen können daher sehr irritiert, verärgert oder aggressiv reagieren, wenn sie nach ihren Erlebnissen befragt werden. Im Alltag leiden junge Geflüchtete allerdings eher unter dem Gefühl, niemand interessiere sich für sie und die Einheimischen wollten oder könnten nicht ertragen zu hören, was innerlich in ihnen vorgehe. Menschen, die traumatisch belastet sind, leiden unter den widerstrebenden Impulsen, sich nicht an ihre Erlebnisse erinnern zu wollen und zugleich wegen eben dieser Erfahrungen sich von ihrer Umwelt wie durch eine Wand abgetrennt zu fühlen. Shah (2015, S. 13 f.) verweist auf die "doppelte Sprachlosigkeit", die die kulturelle Fremdheit und die traumatische Belastung erzeugen.

Fachkräfte spüren häufig diese Verfassung jugendlicher Geflüchteter, doch es ist keineswegs leicht, eine Verhaltensrichtschnur dafür zu entwickeln. Die Angst davor 'etwas auszulösen', mit dem man anschließend nicht zurechtkommt, scheint mir jedoch genau das zu blockieren, was für die Betroffenen von existenzieller Bedeutung ist: in ihrer Situation gesehen zu werden. Ein Jugendlicher, der über Alpträume klagt, kann keinE LehrerIn und keinE SozialarbeiterIn – unter Umständen auch keinE PsychotherapeutIn – von diesem nächtlichen Schrecken befreien. Aber ihm deutlich zu machen, dass man sich wünscht, er komme trotzdem jeden Tag zur Schule (weil er zur Klasse gehöre, weil er einem wichtig ist …) kann großen Eindruck auf ihn machen (Weiteres dazu bei Shah 2015, S. 26 ff.) und entscheidend zur psychischen Stabilisierung beitragen.

Den Jugendlichen sehen

Traumatisierungen können zu seelischen Erkrankungen führen, von denen die sogenannte Posttraumatische Belastungsstörung (PTBS) die prominenteste und bedeutsamste ist. Sie wird durch ein breites Spektrum an Beschwerden definiert, die in vielfältiger Weise kombiniert sein können. Über die eben erläuterten Symptome hinaus sind dies insbesondere auch emotionale Zustände wie Niedergeschlagenheit und Sinnleere sowie ein erhöhter psychophysiologischer Erregungslevel, der sich in Reizbarkeit, Schreckhaftigkeit und chronischen An- und Verspannungen niederschlägt. Generell, aber vor allem bei Kindern und Jugendlichen, treten weitere psychiatrisch klassifizierte Erkrankungen in der Folge von traumatischen Erfahrungen auf. Dazu gehören Depressionen und Somatisierungsstörungen, bei Kindern auch Einnässen und Einkoten, gestörtes Bindungsverhalten und andere mehr (vgl. Adam 2016).

Posttraumatische Belastungsstörung

Die Frage, ob oder wie man als Laie eine Traumatisierung erkennen kann, führt nicht sehr weit. Ohne Zweifel haben viele junge Geflüchtete traumatisierende Erfahrungen gemacht. Wie sehr und in welcher Weise sie durch diese belastet sind und ob sie als seelisch erkrankt anzusehen sind, steht auf einem anderen Blatt. Ob einem jungen Menschen medizinische oder psychologische

Kriterien für Therapiebedarf

Hilfe angeraten werden sollte, entscheidet sich in erster Linie daran, ob er mit den Anforderungen einer Lern- oder Freizeitgruppe zurechtkommt und wie stark der subjektive Leidensdruck ist. Ob die Belastung traumatischer Art im hier beschriebenen Sinne ist, ob die Anpassungsleistungen des Exils einen jungen Menschen überfordern, ob er um die Trennung von Angehörigen trauert oder ob ihn vielleicht ganz andere Probleme belasten, ist zunächst nachrangig. Ohnehin vermischen sich diese Prozesse in der Realität und traumatische Symptome imponieren unter anderem dann verstärkt, wenn weitere Belastungen das Sicherheits- und Selbstwertgefühl untergraben.

Traumatisierte Personen reagieren jedenfalls sensibler auf Unsicherheit und andere Stressfaktoren wie Diskriminierung und tatsächlich entwickeln sich traumatische Belastungen mitunter durch eben solche Bedingungen erst zu seelischen Erkrankungen (Bakker/Dagevos/Engbersen 2013; Friele 2017).

4   Resümee

Inklusives Handeln ist auch Prävention

Junge Geflüchtete sind junge Migranten und Migrantinnen. Aber nicht nur deshalb ist es angezeigt, sich pädagogischer Leitlinien und Konzepte zu vergewissern, die in der Auseinandersetzung mit einer zunehmend von Einwanderung und kultureller Vielfalt geprägten Gesellschaft entwickelt worden sind. Akzeptanz und Anerkennung von Andersheit, Akkulturationsangebote, mit denen engagiert auf junge Menschen zugegangen wird, sowie inklusives Handeln, das ausgrenzenden Zugehörigkeitsordnungen den Boden entzieht, sind migrationspädagogische Maximen. Doch sie sind gleichermaßen das pädagogische Programm, um seelische Belastungen infolge von Exilierung und traumatischen Erfahrungen gering zu halten und aufzufangen.

Faktoren für den Schutz der seelischen Gesundheit

Traumatisierte und trauernde Jugendliche sind mehr als ihre seelisch weniger belasteten Gleichaltrigen davon abhängig, sich angenommen, respektiert und unterstützt zu fühlen. Wenig Orientierung in einer fremden Umgebung, unzureichende Strukturen oder unklare Regeln, wenig Zuversicht für die Zukunft, sich herabgesetzt oder minderwertig zu fühlen – all das verkraften sie schlechter als andere. Umgekehrt gilt aber auch, dass menschliche

Zuwendung, fachliche Unterstützung und eine professionelle pädagogische Haltung kaum zu unterschätzende Faktoren für den Schutz der seelischen Gesundheit sind. Die Institution Schule hat als „Stabilitätsanker" für junge Geflüchtete (Möller/Adam 2009, S. 91) ein erhebliches gesundheitsprotektives Potenzial (vgl. Möhrlein/Hoffart 2014).

Literatur

Adam, Hubertus (2016): Krieg, Terror, Flucht - die seelische Belastung der Kinder. In: Trauma – Zeitschrift für Psychotraumatologie und ihre Anwendungen 17, H. 1, S. 24–30.

Bakker, Linda/Dagevos, Jaco/Engbersen, Godfried (2013): The Importance of Ressources and Security in the Socio-Economic Integration of Refugees. In: Journal of International Migration and Integration, 2013, S. 1–18.

Behrensen, Birgit/Westphal, Manuela (2009): Junge Flüchtlinge - ein blinder Fleck in der Migrations- und Bildungsforschung. In: Krappmann, Lothar/Lob-Hüdepohl, Andreas/Bohmeyer, Axel/Kurzke-Maasmeier, Stefan (Hrsg.): Bildung für junger Flüchtlinge - ein Menschenrecht. Erfahrungen, Grundlagen und Perspektiven. Bielefeld: W. Bertelsmann. S. 45–58.

Friele, Boris (2014): Soziale Arbeit für Menschen in aufenthaltsrechtlicher Unsicherheit. In: dreizehn. Zeitschrift für Jugendsozialarbeit 12 (2014), S. 14–17.

Friele, Boris (2017, im Druck): Funktionen von Psycholog*innen in der Unterstützung von Geflüchteten mit Gewalterfahrungen. Die Arbeit mit traumatisierten Asylsuchenden zwischen menschenrechtlichem Engagement und Kompensation struktureller Mängel. In: Bruder, K. J. et al. (Hrsg). Migration und Rassismus. Die Politik der Menschenfeindlichkeit. Gießen: Psychosozial.

Geisen, Thomas (2010): Neue Perspektiven auf Jugend und Migration: Zugehörigkeit(en), doppelte Adoleszenz und prekäre Identifikationen. In: Bundesverband Unbegleitete Minderjährige Flüchtlinge e.V.: Flüchtling – Mensch - Bürger: Perspektiven im Umgang mit jungen Flüchtlingen. München. S. 21–42.

Günther, M./Wischmann, A./Zölch, J. (2010): Chancen und Risiken im Kontext von Migration und Adoleszenz. Eine Fallstudie. In: Diskurs Kindheits- und Jugendforschung 2010, H. 1, S. 21–32.

Hamburger, Franz (2009): Abschied von der Interkulturellen Pädagogik. Weinheim und München.

Kalpaka, Annita (2005): Pädagogische Professionalität in der Kulturalisierungsfalle – Über den Umgang mit 'Kultur' in Verhältnissen von Differenz und Dominanz. In: Leiprecht, Rudolf/Kerber, Anne (Hrsg.): Schule in der Einwanderungsgesellschaft. Schwalbach/Ts. S. 387–405.

Krappmann, Lothar/Lob-Hüdepohl, Andreas/Bohmeyer, Axel/Kurzke-Maasmeier, Stefan (Hrsg.) (2009): Bildung für junge Flüchtlinge – ein Menschenrecht. Erfahrungen, Grundlagen und Perspektiven. Bielefeld: W. Bertelsmann.

Mecheril, Paul (2004): Einführung in die Migrationspädagogik. Weinheim und Basel.

Mey, Günter (2011): Identität, Anerkennung, Inklusion. Manuskript zum Vortrag im Panel 4 „Herstellung von Identität" auf der Praxisorientierten Tagung II „Aufstiege ermöglichen. Wie muss eine chancengerechte Integrationspolitik aussehen?" 25.5.2011, Friedrich-Ebert-Stiftung, Berlin.

Möhrlein, Gerald/Hoffart, Eva-Maria (2014): Traumapädagogische Konzepte in der Schule. In: Gahleitner, Silke B./Hensel, Thomas/Baierl, Martin K./ Schmid, Marc (Hrsg.): Traumapädagogik in psychosozialen Handlungsfeldern. Ein Handbuch für Jugendliche, Schule und Klinik. Göttingen: Vandenhoeck & Ruprecht. S. 91–102.

Möller, Birgit/Adam, Hubertus (2009): Jenseits des Traumas: die Bedeutung von (schulischer) Bildung aus psychologischer und psychotherapeutischer Perspektive. In: Krappmann, Lothar/Lob-Hüdepohl, Andreas/Bohmeyer, Axel/ Kurzke-Maasmeier, Stefan (Hrsg.): Bildung für junge Flüchtlinge – ein Menschenrecht. Erfahrungen, Grundlagen und Perspektiven. Bielefeld: W. Bertelsmann.

Ruf, Martina/Schauer, Maggie/Elbert, Thomas (2010): Prävalenz von traumatischen Stresserfahrungen und seelischen Erkrankungen bei in Deutschland lebenden Kindern von Asylbewerbern. In: Zeitschrift für Klinische Psychologie und Psychotherapie 39, H. 3, S. 151–160.

Shah, Hanne (2015): Flüchtlingskinder und jugendliche Flüchtlinge. In Schulen, Kindergärten und Freizeiteinrichtungen. Broschüre des Zentrums für Trauma- und Konfliktmanagement. Köln.

Leben auf der Schwelle

Ein ethnologischer Zugang

Judith Jünger

1 Jung. Bunt. Hier.

Wollte man die heterogene Gruppe der geflüchteten Kinder, Jugendlichen und jungen Erwachsenen auf einen Nenner bringen, so wären das die knackigen drei Begriffe. Sie sind alleine oder mit ihrer Familie geflohen und in Deutschland „gelandet" – dem Ziel oder einer Zwischenstation ihrer Flucht. Im Laufe des Asylverfahrens kommen die schulpflichtigen Kinder nach der Überwindung von mehr oder weniger hohen Hürden im deutschen Schulsystem an. Dort werden sie vereinfachend als einheitliche Zielgruppe betrachtet: „Flüchtlingskinder". Dabei beschreibt die Klammer der drei Begriffe die Vielfalt und Unterschiedlichkeit dieser jungen Menschen viel besser: Jung. Bunt. Hier.

Heterogenität der Zielgruppe

Sie sind **jung**, aber ihr tatsächliches Alter entspricht oft nicht den Lebenserfahrungen, die sie in ihrem Herkunftsland und auf der Flucht gemacht haben. Es gibt frühreife Kinder mit traumatisierenden Erinnerungen, Jugendliche, die ihre Pubertät scheinbar ausgelassen haben, weil sie sehr früh erwachsen sein mussten sowie junge Erwachsene ohne Schulerfahrung – diese Beispiele umreißen beispielhaft die Bandbreite der Lebenswelten von jungen Menschen, die durch die Fluchtursachen und die Flucht geprägt worden sind.

Lebensphase Kindheit und Jugend

Die Alters- und Sozialisationsmuster der deutschen Aufnahmegesellschaft passen nur selten auf die Situation der jungen Menschen mit Fluchthintergrund. Die Volljährigkeit mit dem 18. Lebensjahr stellt für die Biografien dieser jungen Fluchtmigranten eine völlig willkürliche Zäsur dar. Das danach ausgerichtete deutsche System von Schule und Jugendhilfe erweist sich für die Neuankömmlinge als ein Gewirr von Fallstricken und Sackgassen.

Die Lebensphase von Kindheit und Jugend ist aber der determinierende Faktor zur Charakterisierung dieser jungen Menschen. Diese haben ein in der UN-Kinderrechtskonvention verbrieftes Recht auf Bildung.

Bunte Vielfalt　Die Gruppe der jungen Menschen mit Migrations- und Fluchterfahrung, die neu in Deutschland ankommen, ist **bunt** – genauso bunt und heterogen wie die sonstige Schülerpopulation an deutschen Schulen. Entgegen des allgemeinen Eindrucks nimmt die Diversität im Bildungssystem mit der Gruppe der neu zugewanderten jungen Menschen nicht eklatant zu, sie bekommt lediglich eine neue Aufmerksamkeit. Die Verschiedenheit der von außen kommenden Seiteneinsteiger nach Herkunftsländern, Ethnien, Religionszugehörigkeiten und Fluchtgründen findet in den Medien und der öffentlichen Wahrnehmung ein größeres Echo als die Differenzlinien der Bildungsinländer, wie bildungsferne Elternhäuser, prekäre Lebenslagen, Behinderung, Migrationshintergrund und Diskriminierungserfahrung.

Zunächst
undurchschaubar　Mit der Ankunft von Geflüchteten und MigrantInnen im deutschen Bildungssystem wird der Entwicklungsbedarf hin zu einer inklusiven Schule für alle noch greifbarer. Der bunte Vielfaltsmix bei geflüchteten Kindern scheint zunächst gänzlich undurchschaubar, da viele Faktoren und Erfahrungswelten den Fachkräften unbekannt sind. Die Situation in den Herkunftsländern, die vielfältigen Gründe für Flucht, die Stationen und Wege der Flucht

können bei den geflüchteten Kindern und Jugendlichen allein in einer Klasse sehr unterschiedlich sein. Die Erfahrungen auf der Flucht mit Abschied, Trennung, Gewalt oder Tod und die möglicherweise damit verbundene Traumatisierung sind nicht bei allen Geflüchteten vergleichbar. Wichtige Rahmenfaktoren während der Flucht sind die Begleitung oder aber Trennung und Verlust von der Familie. Diese wichtigen Umstände der Fluchterfahrung werden erst im näheren Kennenlernen der Kinder deutlich.

Zu den psychologisch wirksamen Faktoren kommen beim Sortieren der Buntheit dann im System Schule auch die schulrelevanten Fragen wie Bildungsstand, Beschulungserfahrung, Muttersprache sowie Fremdsprachenkenntnisse. Der entscheidende Faktor von bunt ist allerdings schwarz oder weiß, nämlich der Aufenthaltsstatus. Tatsächlich gibt es hier eine große „Grauzone". Geflüchtete Kinder und junge Menschen leben in der Spannbreite von Illegalität, Duldung, drohender Abschiebung, unsicherer oder sicherer Bleibeperspektive oder der ersehnten Anerkennung für sie und ihre Familie.

Schulrelevante Fragen

„Hier sein" heißt für die Neuzugewanderten nur scheinbar „in Ruhe hier ankommen". De facto waren die geflüchtete Kinder und jungen Menschen, die in Deutschland die Schule besuchen, bereits „hier und dort". Sie haben dabei unterschiedlichste Erfahrungen mit Unterbringung gemacht, die je nach Bundesland, Herkunftsland, Status, Zufall oder Bürokratie völlig unterschiedlich sein können. Massenunterkünfte ohne Privatsphäre in Landeserstaufnahmelagern, Abschiebezentren für „sichere Herkunftsländer", Gemeinschaftsunterkünfte in den Landkreisen, dezentrale Unterbringung, Anschlussunterbringung in den Kommunen, eigene Wohnung – immer wieder heißt es für die Familien und die jungen Menschen, sich auf Übergangslösungen einzulassen, nicht wissend, wie und wohin es weitergeht.

Übergangslösungen

Kinder und Jugendliche, auch unbegleitete Minderjährige oder junge Volljährige haben ihre Flucht in der Regel nicht selbst bzw. nicht alleine entschieden. Ihre Kindheit und Jugend waren bereits durch die Situation im Herkunftsland zum Teil extrem beeinträchtigt. Für sie stellt sich neben dem Wohnraum vor allem die Frage, wo und wie ihre altersspezifischen Bedürfnisse hier Raum zur Entfaltung finden.

Raum für altersspezifische Bedürfnisse?

Oft war der Wunsch nach einer besseren Zukunft für die Kinder der ausschlaggebende Grund für die Flucht und so ruht die Hoffnung der Eltern auf den Anpassungs- und Integrationserfolgen der Kinder. Gleichzeitig müssen diese miterleben, wie die Eltern Schwierigkeiten haben mit dem Realitätsabgleich zwischen den Erwartungen und den Rahmenbedingungen der Aufnahme.

Integrations-pioniere

Auf dem Berg der Integration gehen in den Familien die Kinder und Jugendlichen voraus. Mit ihrem Quereinstieg ins deutsche Bildungssystem sind sie die Integrationspioniere der Familien. Damit stehen sie in der Tradition aller EinwanderInnen weltweit.

Zwischen hier und dort

Für die jungen Menschen, die ohne Familienangehörige nach Deutschland gekommen sind, stellt das Hier-Sein eine besondere Herausforderung dar, gilt es doch, dieses „hier" mit dem „dort" zu kommunizieren. Die Spannungen, die sich daraus ergeben können, haben Auswirkungen auf das Lernverhalten, die Berufs- und Lebenswegeplanung. Den unbegleiteten Minderjährigen wurde von den Schleppern zum Teil eine neue Familie in Deutschland versprochen – als Motivation für die gefährliche, entbehrungsreiche und teure Reise ins Unbekannte. Der Traum vom Familienanschluss verwandelt sich in Deutschland in der Regel in die Unterbringung in einer Einrichtung der Erziehungshilfe, auf die unbegleitete minderjährige Ausländer (UMA) bis zum 18. Geburtstag Anspruch haben. Die unbegleitet Geflüchteten wissen, dass die Übersetzung des deutschen Sozialsystems in die kulturellen Codes der Herkunftsländer unmöglich ist und wählen in der Kommunikation mit ihren Familien Bilder, die diese verstehen können.

Missverständnisse, Enttäuschungen

So wird der gesetzliche Vormund und die Einrichtungsleitung von den UMA als „neue Eltern" tituliert und die anderen Jugendlichen als „Geschwister" bezeichnet. Die Beendigung der Maßnahme der Hilfen zur Erziehung mit Vollendung des 18. Lebensjahrs wird von der Familie folgerichtig als Rauswurf aus der deutschen Familie dekodiert. Mit diesen Fehlübersetzungen und Missverständnissen müssen die jungen Menschen leben. Die Hoffnung, bedürftige oder kranke Familienmitglieder finanziell versorgen zu können, muss nicht selten aufgegeben werden. Junge Menschen, die hier die Schulbank drücken sollen, sind in der zwiespältigen Situation, ihrer Familie vorgaukeln zu müssen, dass es ihnen gut geht und dass das Geld bald kommt.

2   Hier und doch nicht hier

Angesichts des Wartezustandes, den die Geflüchteten in vielerlei *Auf der Schwelle*
Hinsicht nach ihrer Ankunft erleben, stellt sich die Frage, ob der
Begriff des „Hier" im Sinne von „angekommen" der Richtige ist.
Die Geflüchteten sind hier und doch nicht hier. Sie befinden sich
in einer Schwellensituation, die von vielen Unsicherheiten geprägt
ist: das laufende Asylverfahren, die unsichere Perspektive auf einen Ausbildungs- und Arbeitsplatz, die Suche nach dem passenden Schulplatz, der Quereinstieg ins deutsche Schulsystem.

Für die Schwellenphase hat der Ethnologe Victor Turner (1929– *Ethnologische*
1983), ein Vertreter der symbolischen Anthropologie, den Begriff *Herangehens-*
der Liminalität geprägt. In Anlehnung an das Modell der Über- *weise*
gangsriten von Arnold van Gennep hat Turner die drei Phasen
von Trennung, Schwelle und Angliederung unterschieden und
dabei vor allem die zweite Phase untersucht. Die interdisziplinäre
Verwendung des Begriffs der Liminalität kann hilfreich sein, um
die Situation von Menschen nach der Flucht zu analysieren. Der
Schwellenzustand ist in den Forschungen Turners in afrikani-
schen Gesellschaften mit bestimmten Gemeinschaftsritualen verbunden und erlaubt den Individuen oder Gruppen, innerhalb einer Gesellschaftsordnung einen neuen Status und Rang zu
erlangen.

Übertragen auf die Geflüchteten in Deutschland ist die Schwellen- *Mehrdeutiger*
phase insofern verschieden, dass es gilt, in einer neuen Gesell- *Zustand*
schaft einen sicheren Status zu erlangen. Allerdings lässt sich die
Feststellung Turners, dass sich die Individuen in einem mehrdeu-
tigen Zustand befinden, in dem sie weder die Eigenschaften ihres
vorherigen Zustands noch welche des zukünftigen besitzen (vgl.
Victor Turner 1969), für Geflüchtete unterstreichen. Liminalität
bedeutet „betwixt and between" zu sein. Direkt übersetzt heißt das
„zwischen und dazwischen" im Sinne von „weder das eine noch
das andere" oder „zwischen den Stühlen". Diese Realität erleben
alle jungen Menschen während ihrer Adoleszenz und für die geflüchteten jungen Menschen trifft dies in doppelter Weise zu.

Für die Analyse der Lebenssituation von jungen Menschen nach
der Flucht scheint folgende Aussage besonders aufschlussreich:
„Liminalität bedeutet für das Individuum den Austritt aus der

gesellschaftlichen Ordnung, es ist schlicht gesagt ohne Rang, Status, Besitz und Geschlecht."[1]

Ohne Rang — Der gesellschaftliche Rang, den eine Familie vor der Flucht in ihrem Herkunftsland hatte, spielt nach der Flucht zunächst keine Rolle mehr. Selbst wenn Vermögen und Bildungsstand den Zeitpunkt und die Art der Fluchtroute beeinflusst haben, so ist die Situation nach der Ankunft in Deutschland nicht mehr vom vormaligen gesellschaftlichen Rang geprägt.

Ohne Besitz — Der Verlust von Besitz wird – verstärkt von den medialen Bildern des reichen Westens – teilweise kompensiert durch explizite Konsumwünsche und die Fixierung auf Markenprodukte. Man könnte dieses Verhalten als nachvollziehbare Assimilationsstrategie an unseren Lebensstil interpretieren, in der Realität wird dieses Streben nach Besitz aber eher negativ als „konsumorientiert" bewertet.

Ohne Geschlecht — Den Verlust des Geschlechts hat Turner der Erforschung der Initiationsriten in archaischen Gesellschaften festgestellt. Übertragen auf die Schwellensituation von geflüchteten Menschen wirkt diese These zunächst provokativ. Wenn man die Erfahrungen von sexueller Gewalt und Zwangsprostitution während und nach der Flucht in Betracht zieht, lässt sich zumindest feststellen, dass die betroffenen jungen Geflüchteten die sexuelle Selbstbestimmung und damit die Deutungsmacht über ihre sexuelle Identität eingebüßt haben. Ein weiterer Aspekt ist, dass für Jugendliche und junge Erwachsene durch die Flucht in eine westliche Gesellschaft ihr kulturell kodiertes soziales Geschlecht keine Gültigkeit mehr hat und somit verloren ist und sie sich ihrer kulturellen Deutungsmuster beraubt fühlen. Die jungen Männer und Frauen müssen das Frauen- und Männerbild sowie die Nichtdiskriminierung von sexuellen Orientierungen in den westlichen Gesellschaften verstehen lernen und dabei ein neues soziales Geschlecht für sich konstruieren.

Ohne Status — Die Schwellensituation des „betwixt and between" ist am offensichtlichsten an der Statusfrage abzulesen. Wenn man das Asylverfahren als großes Ritual beschreibt, sind die Geflüchteten in der

---

1 Siehe auch
   http://userwikis.fu-berlin.de/pages/viewpage.action?pageId=23167031.

Wartephase nur scheinbar gleich. Während die einen in wenigen Monaten die wichtigen Papiere haben, sind die anderen oft jahrelang in der Duldungsschleife und befürchten die Abschiebung. Aufgrund der Ungleichheit der Zukunftsperspektiven kann zwischen den verschiedenen Gruppen geflüchteter Menschen keine tiefgreifende Verbundenheit entstehen, die für andere Übergangsphasen kennzeichnend ist. Weitere Trennlinien verlaufen zwischen den Gruppen anhand von Kulturen, Sprachen sowie von Abgrenzungen gegenüber „Anderen".

Ein interdisziplinärer Blickwinkel kann den Fachkräften der sozialen Arbeit an Schule neue Einblicke in die Schwellensituation nach der Flucht gewähren. In dem Bemühen um rasche Integration darf nicht vergessen werden, von wo die Menschen abgeholt werden müssen. Die Geflüchteten befinden sich im Bild gesprochen auf einer Schwelle, deren Ausmaß sie selbst nicht kennen. Sie wissen auch nicht, ob sich die Tür hinter der Schwelle öffnet und sie Zugang zu Deutschland erhalten oder ob sie mit einer Abschiebung rechnen müssen. Im Modell von David Becker und Barbara Weyermann (2006) folgt nach der Anfangszeit am Ankunftsort die vierte Sequenz mit der „Chronifizierung der Vorläufigkeit" (vgl. Becker, D./Weyermann, B. 2006). In den Begrifflichkeiten von Turner könnte man analog von einer Chronifizierung der Liminalität sprechen.

Liminalität als Lesebrille

Für geflüchtete Kinder ist der Schwellenzustand der ganzen Familie prägend, für Jugendliche und Heranwachsende ist die Überlappung von altersspezifischen und fluchtbedingten Liminalitäten bestimmend. Der Übergang in eine neue gesellschaftliche Ordnung ist für sie doppelt prekär und erfordert enorme Anpassungsleistungen.

Doppelter Schwellenzustand

3 Einwanderungsland Deutschland – eine Gesellschaft an der Schwelle zu neuen Realitäten

Nach der Übertragung des Schwellen-Konzeptes auf die Situation von jungen Menschen nach der Flucht, ist die Frage interessant, inwiefern es sich auch für die Analyse der Aufnahmegesellschaft

Deutschland eignet. Nach Turner können mit Liminalität auch Schwellenzustände von Gesellschaften beschrieben werden, die sich in einem Veränderungsprozess befinden.

Veränderungen und Herausforderungen

Die mediale Berichterstattung und der politische Diskurs erwecken den Anschein, dass die Ankunft von mehr als einer Million Flüchtlingen unsere Gesellschaft in eine neue Phase versetzt, der oft mit dem Begriff der Krise belegt wird. Die hohen Zuzugszahlen haben strukturelle Probleme, unter anderem im Schulwesen aber auch im Wohnungsbau, der Städteplanung und der sozialen Arbeit wie unter einem Brennglas vergrößert. Die deutsche Gesellschaft hat in dieser Schwellenphase in den vergangenen zwei Jahren bereits sehr unterschiedliche Gesichter gezeigt: von der „Willkommenskultur", über Demonstrationen pro und kontra, bis hin zu Anschlägen auf Flüchtlingsheime. Zu den gesellschaftlichen Verwerfungslinien kommen asylrechtliche Grenzziehungen, die verwaltungsrechtlich klären, was menschlich und ethisch oft nicht nachvollziehbar ist.

Disparitäten

So lassen sich zwei gegenläufige Entwicklungslinien von Disparität und Diversität diagnostizieren, die die Rahmenbedingungen für Soziale Arbeit auch an Schule beeinflussen (vgl. Fischer, Veronika u. a., 2015).

Rassismus ist in der Mitte der Gesellschaft angekommen und wird gesamteuropäisch zunehmend gesellschaftsfähig. Auch in Deutschland wird dies Auswirkungen auf die demokratische Kultur haben. Spätestens seit den NSU-Morden gibt es ein Bewusstsein für die zunehmende rechte Gewalt, die sich nicht nur in den sozialen Netzwerken sondern auch in konkreten Gewaltakten äußert.

Trotz wirtschaftlichem Aufschwung schreitet die Armutsentwicklung in Deutschland weiter voran. Die Schere zwischen Arm und Reich wird immer größer und betrifft vor allem Kinder. Studien diagnostizieren, dass die Anzahl von entkoppelten Jugendlichen, die 10 % aller jungen Menschen in Deutschland ausmachen, trotz demografischem Wandel und boomender Wirtschaft gleich bleibt.

Erfahrungen von Exklusion, Desintegration und Disparität prägen das Lebensgefühl von vielen Menschen in Deutschland.

Im aktuellen Schwellenzustand lassen sich aber auch positive und Mut machende Aspekte eines gesellschaftlichen Wandels entdecken. Die Willkommenskultur ist mehr als nur ein guter Marketingbegriff. Die Breite des zivilgesellschaftlichen Engagements ist sehr groß. Die damit einhergehenden Lernprozesse von Ehrenamtlichen und Hauptamtlichen sind nicht gering zu schätzen. Denn nur im direkten Kontakt mit Geflüchteten können Erkenntnisse gewonnen werden, die zu neuen Integrationsanstrengungen von beiden Seiten führen.

Diversitäten

Zwei ganz unterschiedliche Generationen tragen zum ehrenamtlichen Engagement bei: eine kosmopolitische Jugendgeneration, die selbst bereits viele internationale Erfahrungen gemacht hat, sowie eine Rentnergeneration, die Flucht und Vertreibung nach dem 2. Weltkrieg in ihrer eigenen Familie erlebt hat. Für beide Generationen gilt, dass sie sich ebenfalls in einer Schwellensituation befinden. Während die eine noch einen beruflichen und sozialen Status anstrebt, muss die andere ihre Rolle jenseits des Erwerbslebens finden und öffnet dabei ihre Türen für geflüchtete Menschen.

Menschen mit eigener Flucht-/Migrationserfahrung gehören ebenfalls zu den ehrenamtlichen AkteurInnen, die in der Arbeit mit Geflüchteten einen unverzichtbaren Beitrag leisten. Oft wird ihre Rolle technokratisch mit dem Begriff des Dolmetschens abgehandelt. In der Schwellensituation sind sie aber in der Tat die einzigen, die ähnliche eigene Schwellenerfahrung haben. Sie haben erlebt, was hinter und was vor der Schwelle liegt. Sie sind Lotse, Pionier und Vorbild. Sie müssen Sprach- und KulturmittlerInnen sein. Diese Rolle ist gleichzeitig mit Erwartungen überfrachtet, sowohl von den Einheimischen als auch von den neu Zugewanderten, so dass Selbstschutzstrategien sehr wichtig sind. Peers mit Fluchterfahrung sind nicht nur ExpertInnen für gelebte Integration, sondern teilweise auch für erlittene Diskriminierung. Wenn aus beidem eine reflektierte Haltung und ein positiver Gestaltungswille erwachsen, sind diese AkteurInnen im Sinne von Teilhabe und Teilgabe wesentlich für das Integrationsgeschehen.

Teilhabe und Teilgabe

Die Renaissance des Integrationsbegriffes lässt hoffen, dass der gesellschaftliche Wandel als positive Herausforderung begriffen wird, die Anpassungs- und Gestaltungswillen von allen Beteiligten

Renaissance des Integrationsbegriffs

erfordert. Gleichzeitig Mut machend und mahnend sind die UN-Behindertenrechtskonvention sowie die UN-Kinderrechtskonvention, die zunehmend ins Bewusstsein der Öffentlichkeit dringen. Inklusion und Kinderrechte müssen die Messlatte sein, wenn es um geflüchtete Kinder in der Schule geht.

Die Notwendigkeit, mit Diversität fruchtbar umzugehen, ist ins Bewusstsein der Fachkräfte eingedrungen, auch wenn es an der konkreten Umsetzung oft noch mangelt. Angesichts von Abschottungs- und Radikalisierungstendenzen in Teilen der Bevölkerung muss soziale Arbeit an Schule die Integrationsaufgabe sehr ernst nehmen. Dabei kann helfen, die Schwellensituation von jungen Menschen genau in den Blick zu nehmen und gleichzeitig die Gesellschaftsanalyse nicht zu vergessen.

Individuell die Schwellensituation begleiten

Um nochmals auf das Konzept der Liminalität zurückzukommen: Es braucht den Gestaltungswillen von sozialer Arbeit an Schule, um individuell die Schwellensituation der geflüchteten Kinder und jungen Menschen zu begleiten und ihnen Türen für ein gelingendes Leben zu öffnen, aber auch um gesamtgesellschaftlich an einer positiven Zukunft mitzuwirken.

Basierend auf den Menschenrechten und der UN-KRK muss soziale Arbeit an Schule Methoden entwickeln, die auf den Leitlinien von Anerkennung, Partizipation, Demokratiebildung, Antidiskriminierung und Antirassismus basieren.

Jung. Bunt. Hier. Für geflüchtete junge Menschen ist dies zunächst eine Vision. Schule und soziale Arbeit an Schule muss ihren Teil dazu beitragen, dass „Hier" Synonym für Ankommen und gesellschaftliche Teilhabe wird.

Literatur

Becker, D./Weyermann, B. (2006). Gender, Konflikttransformation und der psychosoziale Ansatz. Direktion für Entwicklung und Zusammenarbeit (DEZA) & Eidgenössisches Departement für auswärtige Angelegenheiten (EDA). Bern: DEZA.

Bundesweite Arbeitsgemeinschaft der psychosozialen Zentren für Flüchtlinge und Folteropfer (Hrsg.) (2014): Begutachtung traumatisierter Flüchtlinge: Eine kritische Reflexion der Praxis, Karlsruhe.

Fischer, Veronika/Genenger-Stricker, Marianne/Schmidt-Koddenberg, Angelika (Hrsg.) (2015): Diversität und Disparität. Referenzrahmen für Soziale Arbeit in Schule, Wochenschau-Verlag/Debus-Pädagogik, Schwalbach am Taunus.

Lennertz, Ilka (2011): Trauma und Bindung bei Flüchtlingskindern: Erfahrungsverarbeitung bosnischer Flüchtlingskinder in Deutschland, Göttingen.

Turner, Victor (1969): The Ritual Process. Structure and Anti-Structure, New York

Velho, Astride (20159: Alltagsrassismus erfahren. Prozesse der Subjektbildung-Potenziale der Transformation, Frankfurt am Main.

Links mit weiterführenden Informationen

Mehr Informationen zu Victor Turner:

https://de.wikipedia.org/wiki/Victor_Turner

Mehr Informationen zu dem Begriff der „Communitas", dem Gemeinschaftsgefühl in der Liminalität:

http://userwikis.fu-berlin.de/display/sozkultanthro/Communitas".

Aufenthalt und Schulbesuch

Basisinformationen zu rechtlichen Fragen

Barbara Weiser

Das Leben von Schülerinnen und Schülern, die mit oder ohne Eltern ihr Herkunftsland verlassen mussten und in Deutschland
Schutz gesucht haben, ist in hohem Maße von den rechtlichen
Rahmenbedingungen geprägt. Bezugspunkt dieser Regelungen ist
der jeweilige Aufenthaltsstatus. Von ihm hängen sowohl die Auf-
enthaltsperspektive als auch die Teilhabechancen ab. Kennzei-
chen des Aufenthaltsstatus ist das jeweilige Aufenthaltsdokument,
wie die Aufenthaltsgestattung oder die Aufenthaltserlaubnis, deren Bedeutung und Folgen in diesem Kapitel dargestellt werden.
Dabei geht es zunächst um aufenthaltsrechtliche Fragen, ob die
SchülerInnen voraussichtlich dauerhaft in Deutschland bleiben
können, ob sie umziehen und, z.B. im Rahmen von Klassenfahrten, reisen dürfen und wie sie untergebracht sind. Anschließend
wird auf die Schulpflicht bzw. das Schulbesuchsrecht sowie auf so-
zialrechtliche Fragen eingegangen, also welche Sozialleistungen
geflüchtete SchülerInnen erhalten, ob sie krankenversichert sind
und ob sie das Bildungs- und Teilhabepaket nutzen können.

1 Aufenthaltsrechtliche Rahmenbedingungen

1.1 Die Bedeutung der verschiedenen Aufenthaltsdokumente

Bescheinigungen und Asylantrag

Wenn Menschen die Flucht vor politischer Verfolgung oder vor
bewaffneten Konflikten etc. gelungen ist und sie in Deutschland
um Asyl nachsuchen, erhalten sie gegenwärtig zunächst eine **Bescheinigung über die Meldung als Asylsuchende** (§ 63a Asylgesetz, AsylG), die auch als BüMA oder Ankunftsnachweis bezeichnet wird. Diese Bescheinigung wird solange verlängert, bis die
Asylsuchenden bei einer Außenstelle des Bundesamts für Migra-

tion und Flüchtlingen (BAMF), das für die Durchführung des Asylverfahrens zuständig ist, einen förmlichen Asylantrag stellen können. Nach der Antragstellung wird eine Bescheinigung über die **Aufenthaltsgestattung** ausgestellt, die maximal sechs Monate lang gültig ist (§ 61 AsylG). Bei der späteren **persönlichen Anhörung** bei der Außenstelle des BAMF müssen die Asylsuchenden glaubhaft machen, warum sie bei einer Rückkehr Verfolgung oder einen ihnen drohenden ernsthaften Schaden befürchten. Auf der Grundlage dieser Anhörung entscheidet das BAMF über den Asylantrag sowie über das Bestehen von Abschiebungsverboten.

Aufenthaltsdauer

Während der Dauer des Asylverfahrens beim BAMF und – falls der Asylantrag als unbegründet abgelehnt wurde – auch für die Zeit eines eventuellen Klageverfahrens vor den Verwaltungsgerichten wird die Aufenthaltsgestattung jeweils verlängert. Das bedeutet, dass die auf der Aufenthaltsgestattung angegebene Geltungsdauer keinen Hinweis auf die zu erwartende Aufenthaltsdauer gibt; die Asylverfahren können, je nach Herkunftsland, bis zu **mehreren Jahren** dauern.

Kommen Asylsuchende aus den **sogenannten sicheren Herkunftsstaaten**, den Westbalkanstaaten, Ghana oder Senegal und künftig ggf. auch Marokko, Algerien und Tunesien (Gesetzentwurf, Bundestagsdrucksache 18/8039 vom 06.04.2016) wird vermutet, dass keine politische Verfolgung zu befürchten ist. Deshalb wird der Asylantrag ganz überwiegend - nach einem meist kurzen Verfahren – als offensichtlich unbegründet abgelehnt (§ 29a AsylG). Sind die Schutzsuchenden nachweisbar über einen anderen EU-Mitgliedstaat eingereist, ist nach der Dublin III Verordnung dieser Staat für die Durchführung des Asylverfahrens zuständig, weshalb die Betroffenen in vielen Fällen in dieses Land zurückgeschoben werden können (§ 27a AsylG).

Leben in Unsicherheit

Besitzen SchülerInnen eine BüMA oder eine Aufenthaltsgestattung, haben sie damit zunächst ein Aufenthaltsrecht für die Dauer des Asylverfahrens. Nach der Asylstatistik des BAMF lag die Anerkennungsquote Anfang 2016 bei 62%, sie hängt aber sehr von dem Herkunftsland ab (vgl. BAMF 2016, S. 6). Damit leben viele asylsuchende Kinder und Jugendliche oft jahrelang mit der Unsicherheit, ob sie dauerhaft in Deutschland bleiben können, wenn sie das möchten.

Trifft das BAMF oder ein Verwaltungsgericht im Asylverfahren eine positive Entscheidung, erhalten die SchülerInnen eine **Aufenthaltserlaubnis** für ein bis drei Jahre. Wenn sich die Situation im Herkunftsland nicht wesentlich verändert, ist von einer anschließenden Verlängerung der Aufenthaltserlaubnis auszugehen. Asylberechtigten und Flüchtlingen im Sinn der Genfer Flüchtlingskonvention wird in vielen Fällen nach drei Jahren eine **Niederlassungserlaubnis**, also ein unbefristetes Aufenthaltsrecht, erteilt (§ 26 Abs. 3 Aufenthaltsgesetz, AufenthG). Eine Aufenthaltserlaubnis unabhängig von einem Asylverfahren haben SchülerInnen, die etwa wegen des Krieges in Syrien aus den Anrainerstaaten aufgenommen wurden (§ 23 AufenthG) oder bei denen andere humanitäre Gründe hierfür vorliegen (vgl. §§ 22–25b AufenthG).

Duldung und Abschiebung

Wird der Asylantrag bestandskräftig abgelehnt, werden die geflüchteten SchülerInnen und ihre Familien zur freiwilligen Ausreise aufgefordert und es besteht eine Abschiebungsandrohung (§ 34 AsylG). Kann eine Abschiebung aus rechtlichen oder tatsächlichen Gründen, etwa wegen fehlender Papiere oder Rückreisemöglichkeiten nicht durchgeführt werden, erhalten die Betroffenen von der Ausländerbehörde für einen bestimmten Zeitraum, oft drei Monate, eine **Duldung**. Diese wird so lange verlängert bis eine Abschiebung erfolgen kann oder bis eine Aufenthaltserlaubnis erteilt wird – etwa wegen „guter Integration" oder wegen der Ausübung einer qualifizierten Beschäftigung nach dem Erwerb eines Ausbildungs- oder Studienabschlusses (§§ 25a; 18a AufenthG). Damit wissen auch SchülerInnen mit einer Duldung oft nicht, wie lange sie hier leben können. Anders als Asylsuchende können sie auch unmittelbar von einer Abschiebung bedroht sein, da nach Ablauf der Frist zur freiwilligen Ausreise der Termin der Abschiebung nicht mehr angekündigt werden darf (§ 59 Abs. 1 S. 8 AufenthG). Unbegleitete minderjährige Flüchtlinge können nur abgeschoben werden, wenn sichergestellt ist, dass sie im Herkunftsland von einem Familienmitglied oder einer Einrichtung etc. aufgenommen werden (§ 59 Abs. 1a AufenthG).

1.2 Unterbringung

Nach der Einreise werden junge Menschen, die mit ihrer Familie *Kein ruhiger Ort* nach Deutschland gekommen sind, für **maximal sechs Monate** in sogenannten zentralen **Erstaufnahmeeinrichtungen** unterge-bracht. Dies sind oft sehr große Unterkünfte, die von den einzel-nen Bundesländern betrieben werden. Schutzsuchende aus den sogenannten **sicheren Herkunftsstaaten** können **zeitlich unbe-grenzt** verpflichtet sein, in diesen Erstaufnahmeeinrichtungen zu wohnen (§ 47 Abs. 1 und 1a AufenthG). Anschließend werden die Asylsuchenden auf die einzelnen Kommunen verteilt und wohnen dort in Gemeinschaftsunterkünften oder auch in Privatwohnun-gen. Hier haben die einzelnen Gemeinden einen erheblichen Spielraum. Erfolgt die Unterbringung in Gemeinschaftsunter-künften, die oft dezentral liegen, bedeutet das vielfach, dass die Wohnverhältnisse sehr beengt sind und die SchülerInnen keinen ruhigen Ort für ihre Hausaufgaben haben.

Unbegleitete minderjährige Flüchtlinge werden nach der Einreise in Obhut genommen und nach einem Clearingverfahren häufig in stationären Kinder- und Jugendhilfeeinrichtungen untergebracht (§§ 42a; 34 SGB VIII).

1.3 Sonstige Rahmenbedingungen des Aufenthalts

Während der Zeit in der Erstaufnahmeeinrichtung und in den ers-*Residenzpflicht* ten drei Monaten ihres Aufenthalts in Deutschland – in Ausnah-mefällen auch länger – dürfen Asylsuchende und Geduldete einen bestimmten räumlichen Bereich wie den Landkreis oder das Bun-desland nur mit einer behördlichen Erlaubnis verlassen (Residenz-pflicht; §§ 56, 59a AsylG, § 61 AufenthG). Das ist etwa auch bei Schulausflügen und Klassenfahrten zu berücksichtigen.

Eine Teilnahme an **Klassenfahrten** ins Ausland kann möglich sein, wenn die SchülerInnen in sogenannten Schülersammellisten eingetragen sind. Damit brauchen sie für die Wiedereinreise kei-nen Aufenthaltstitel, wenn die Ausländerbehörde angeordnet hat, dass die Abschiebung nach der Wiedereinreise ausgesetzt wird. Diese Anordnung ist auf der Schülersammelliste zu vermerken (§ 22 Abs. 2 Aufenthaltsverordnung).

Daneben besteht bei geflüchteten SchülerInnen häufig eine sogenannte **Wohnsitzauflage**, die sie verpflichtet, an einem bestimmten Ort zu wohnen.

2   Schulrechtliche Rahmenbedingungen

2.1 Schulpflicht

Spezielle
Flüchtlingsklassen
In Deutschland sind die Schulpflicht und gegebenenfalls ein Schul-
besuchsrecht in den landesrechtlichen Schulgesetzen geregelt. Der
Begriff „Schulbesuchsrecht" meint, dass der Zugang zum Schulsys-
tem auf den entsprechenden Wunsch hin ermöglicht wird.

Besondere Förderung beim Einstieg in die Schule

Die meisten Bundesländer unterscheiden zwischen einer „Vollzeitschulpflicht" bzw. „allgemeinen Schulpflicht" im Primar- und
Sekundarbereich I und einer Berufsschulpflicht im Sekundarbereich II. In Bayern wurde die Schulpflicht von Flüchtlingen erweitert: Wenn kein in Deutschland anerkannter Schulabschluss vor-
liegt und auch bisher keine Möglichkeit bestand, hier einen
Schulabschluss zu erwerben, kann die Berufsschulpflicht bis zum
21., in Ausnahmefällen bis zum 25. Lebensjahr verlängert werden.
Der Unterricht erfolgt in speziellen Flüchtlingsklassen, wobei im
ersten Schuljahr der Fokus auf dem Spracherwerb und im zweiten
Jahr auf der Ausbildungsreife liegt (vgl. Staatsinstitut für Schulqualität und Bildungsforschung München, 2015, S. 8, 16).

Anknüpfungspunkt für die Schulpflicht in den Landesschulgesetzen ist vor allem der „gewöhnliche Aufenthalt" in dem Bundesland, genannt werden auch der „Wohnsitz" oder die „Wohnung". Geflüchtete junge Menschen mit einer **Aufenthaltserlaubnis** oder einer **Niederlassungserlaubnis** erfüllen diese Voraussetzungen und sind deswegen schulpflichtig.

Die Schulpflicht von **Asylsuchenden** haben die meisten Bundesländer mittlerweile durch Landesschulgesetze oder Verwaltungsvorschriften explizit geregelt, sodass eine Ableitung der Schulpflicht aus dem „gewöhnlichen Aufenthalt" etc. nicht mehr erforderlich ist.

Nach diesen Länderregelungen unterliegen Asylsuchende in zwei *Länderregelungen* Bundesländern (Berlin und Saarland) von Anfang an der Schulpflicht. In Bayern und Thüringen tritt die Schulpflicht drei Monate, in Baden-Württemberg sechs Monate nach Zuzug ein. Demgegenüber besteht in sieben Bundesländern (Brandenburg, Mecklenburg-Vorpommern, Hessen, Niedersachsen, Nordrhein-Westfalen, Rheinland-Pfalz und Sachsen-Anhalt) Schulpflicht, sobald ein Asylsuchender nicht mehr verpflichtet ist, in einer Erstaufnahmeeinrichtung zu wohnen und einer Gemeinde zugewiesen wurde (§ 47 Abs. 1, Abs. 1a AsylG), also nach sechs Wochen bis spätestens sechs Monaten. Da bei Kindern und Jugendlichen aus den **sogenannten sicheren Herkunftsstaaten** die Verpflichtung, in einer Erstaufnahmeeinrichtung zu wohnen, aber zeitlich unbegrenzt sein kann, können sie in diesen Bundesländern ggf. auch **nie schulpflichtig** werden. In Bremen, Hamburg, Sachsen und Schleswig-Holstein besteht Schulpflicht wegen des Wohnens in dem Bundesland (vgl. Massumi et al., 2015, S. 36 ff).

Für junge MigrantInnen mit einer Duldung ist die Schulpflicht in den einzelnen Bundesländern vergleichbar geregelt (Weiser, 2013, S. 24 ff).

2.2 Schulbesuchsrecht

In mehreren **völkerrechtlichen Verträgen**, die Deutschland rati- *Recht auf Bildung* fiziert hat und die damit in Deutschland geltendes Recht sind, ist das Recht von Kindern auf Bildung verankert. Alle Minderjähri-

gen haben insbesondere nach Art. 28 **UN-Kinderrechtskonvention** ein Recht auf Bildung, welches den Besuch der Grundschule sowie der weiterführenden allgemein- und berufsbildenden Schulen umfassen soll. Daher haben alle Minderjährigen, unabhängig von ihrem Aufenthaltsstatus aus höherrangigem Recht,
einen Anspruch auf den Schulbesuch, was durch die Schulverwaltung und Rechtsprechung berücksichtigt werden muss. Die praktische Durchsetzung kann aber dennoch schwierig sein.

2.3 Sprachförderung

*Länderspezifische
Unterschiede*

Die einzelnen Bundesländer haben in den Landesschulgesetzen
oder in Verwaltungsvorschriften geregelt, wie schulpflichtige Zugewanderte die deutsche Sprache erlernen sollen (Massumi et al.,
2015, S. 72). Hier werden etwa separate Sprachlernklassen,
Sprachförderkurse bzw. Intensivkurse eingerichtet oder die SchülerInnen begleitend zum Unterricht in der Regelklasse gefördert.

3   Sozialrechtliche Rahmenbedingungen

3.1 Leistungen zur Lebensunterhaltssicherung

AsylbLG

SchülerInnen mit einer BüMA, einer Aufenthaltsgestattung oder
einer Duldung, aber auch teilweise mit einer Aufenthaltserlaubnis
– vor allem wenn diese wegen des Krieges im Herkunftsland erteilt
wurde – können in den ersten 15 Monaten nur **Grundleistungen
nach dem Asylbewerberleistungsgesetz** (AsylbLG) erhalten und
haben keinen Zugang zu den Leistungen der JobCenter (§§ 1; 3
AsylbLG). Der Höhe nach entsprechen diese Leistungen zwar in
etwa den Leistungen nach dem SGB II; doch statt Geldleistungen
kann das Sozialamt aber auch nur Sachleistungen oder Wertgut-
scheine gewähren (§ 3 Abs. 1 und 2 AsylbLG). Unter bestimmten
Voraussetzungen, etwa wenn die Eltern bei der Passbeschaffung
nicht mitwirken, werden die Grundleistungen noch erheblich ge-
kürzt (§ 1a AsylbLG).

*Kranken-
versicherung*

Solange Grundleistungen bezogen werden, sind die SchülerInnen
nicht gesetzlich krankenversichert und erhalten überwiegend nur
die zur Behandlung akuter Erkrankungen und Schmerzzustände er-

forderlichen ärztlichen und zahnärztlichen Leistungen (§ 4 AsylbLG). Das kann bedeuten, dass sie vor einem Arztbesuch beim Sozialamt um die Ausstellung eines Behandlungsscheins nachsuchen müssen. Einige Bundesländer haben allerdings eine Gesundheitskarte eingeführt, die Asylsuchenden und anderen Leistungsberechtigten nach dem AsylbLG den gleichen Zugang zu Gesundheitsversorgung wie gesetzlich Krankenversicherten ermöglicht.

Ergänzend zu den Grundleistungen können sonstige Leistungen vor allem dann gewährt werden, wenn sie im Einzelfall zur Sicherung des Lebensunterhalts oder der Gesundheit zwingend erforderlich oder zur Deckung besonderer Bedürfnisse von Kindern geboten sind (§ 6 Abs. 1 AsylbLG), wozu u. a. therapeutische Behandlungen gehören können.

Besondere Bedürfnisse

Nach 15 Monaten in Deutschland erhalten asylsuchende und geduldete SchülerInnen etc. im Regelfall vom Sozialamt die gleichen Sozialleistungen zur Lebensunterhaltssicherung wie InländerInnen, die nicht erwerbsfähig sind (§ 2 AsylbLG i. V. m. SGB XII). Anerkannte Asylberechtigte und die meisten anderen MigrantInnen mit einer Aufenthaltserlaubnis oder einer Niederlassungserlaubnis können Leistungen vom JobCenter beziehen (§ 7 Abs. 1 SGB II, § 1 Abs. 1 AsylbLG).

3.2 Leistungen nach dem Bildungs- und Teilhabepaket

SchülerInnen an allgemein- und berufsbildenden Schulen, die Grundleistungen nach § 3 AsylbLG, Sozialleistungen nach § 2 AsylbLG oder nach SGB II/XII bekommen, haben einen Anspruch auf Leistungen nach dem **Bildungs- und Teilhabepaket** (§ 3 Abs. 3 AsylbLG). Gefördert werden der persönliche Schulbedarf (100 € pro Schuljahr), die Fahrtkosten zur nächstgelegenen Schule (ab 3 km) sowie die Teilnahme am Mittagessen an der Schule und an Ausflügen und Klassenfahrten. Für geflüchtete SchülerInnen, die verfolgungs- oder fluchtbedingt nicht regelmäßig zur Schule gehen konnten und denen noch Deutschkenntnisse fehlen, kann die **Lernförderung**, die gewährt wird, wenn dadurch ein gefährdetes Lernziel voraussichtlich erreicht werden kann, ein hilfreiches Instrument sein.

Teilhabe und Lernförderung

Literatur

Bundesamt für Migration und Flüchtlinge (2016): Asylgeschäftsstatistik für den Monat April 2016: www.bamf.de/SharedDocs/Anlagen/DE/Downloads/Infothek/Statistik/Asyl/201604-statistik-anlage-asyl-geschaeftsbericht.html?nn=1694460 (01.06.2016).

Massumi, Mona/von Dewitz, Nora, et al. (2015): Neu zugewanderte Kinder und Jugendliche im deutschen Schulsystem. Bestandsaufnahme und Empfehlungen. Köln: Mercator-Institut für Sprachförderung und Deutsch als Zweitsprache, Zentrum für LehrerInnenbildung der Universität zu Köln.

Staatsinstitut für Schulqualität und Bildungsforschung München (2015): Berufsschulpflichtige Asylbewerber und Flüchtlinge, www.isb.bayern.de/schulartspezifisches/materialien/baf_beschulung/ (01.06.2016).

Weiser, Barbara (2013): Recht auf Bildung für Flüchtlinge, Rahmenbedingungen für die Teilhabe an Bildungsangeboten (Schulbesuch, Sprachkurse, Nachholung von Schulabschlüssen, schulische Berufsausbildung und Studium)", Beilage zum ASYLMAGAZIN 11/2013.

Das Grundrecht auf Bildung

Begründungszusammenhang und
Grundsätze für die soziale Arbeit mit
jungen geflüchteten im Schulsystem

Christine Lohn

Wie das Bundesjugendkuratorium in seiner Stellungnahme im Januar 2016 zu Recht feststellt, „gilt die Schulpflicht auch für geflüchtete Kinder, jedoch tritt diese in vielen Bundesländern erst mit dem Verlassen der Erstaufnahmeeinrichtung oder nach einer Mindestaufenthaltsdauer ein." (BJK 2016, S. 6) Damit besteht die Gefahr, dass ein nicht unerheblicher Teil dieser jungen Menschen temporär oder ganz aus dem Bildungssystem ausgeschlossen wird – politisches Handeln ist hierzu dringend erforderlich, denn ohne den Zugang zu Bildung sind junge Menschen ohne Perspektive. Gleichzeitig ist der Bedarf der Betroffenen an individueller Förderung und Begleitung, sowohl beim Prozess der Aufnahme in eine Schule als auch bei dem der Integration in die Gesellschaft, sehr hoch. Sie müssen sich vor dem Hintergrund ihrer Fluchterfahrungen in einem ihnen fremden Land orientieren, von dem sie weder Sprache noch Kultur verstehen. Um das Erlebte aufzuarbeiten, bedarf es einer als sicher erlebten Umgebung ebenso wie des Gefühls, angekommen und angenommen zu sein. Die Schule ist für alle (schulpflichtigen) minderjährigen Geflüchteten der erste Ort außerhalb von Erstaufnahme und Gemeinschaftsunterkunft (bzw. Inobhutnahme und Wohngruppe für unbegleitete), an dem sie mit einem deutschen System und dessen verantwortlichen Akteuren in Berührung kommen, die nicht ausschließlich für sie als Schutzsuchende zuständig sind. Sie sind hier Schülerin und Schüler neben anderen.

Die Schule ist – neben der Kindertagesbetreuung für die unter Sechsjährigen – die erste Integrationsinstanz für junge Menschen nach ihrer Flucht und trägt damit eine hohe Verantwortung. Als

Ort der Gleichheit und Normalität im Miteinander Gleichaltriger
schafft sie Erfahrungsräume für gemeinsames Erleben ebenso wie
für das Lernen mit- und voneinander. Die Schulgesetze der Länder definieren neben dem Lehr- auch den konkreten Erziehungsauftrag für die Institution Schule. Soziale Arbeit in Schulen übernimmt einen nicht unerheblichen Teil dieser Verantwortung, sie
schafft Raum für vertrauensvolles Miteinander und moderiert die
notwendigen Kommunikationsprozesse zwischen den Schülerinnen und Schülern. In ihrer anwaltschaftlichen Funktion berät und
unterstützt sie die jungen Menschen und tritt gegenüber den Lehrenden für ihre Interessen ein. Im Folgenden sollen Begründungs-
linien für diesen Auftrag und Grundsätze für seine Umsetzung
herausgearbeitet werden.

1 Soziale Arbeit in Schulen als Schutzmaßnahme im Kontext völkerrechtlicher Verträge

Minderjährige während und nach ihrer Flucht sind gemäß Art. 21
der EU-Aufnahmerichtlinie schon aufgrund ihrer Minderjährig-
keit eine besonders schutzbedürftige Gruppe. Laut UNHCR liegt
diese Schutzbedürftigkeit begründet in ihrer Abhängigkeit, ihrer
Gefährdung und ihren besonderen Entwicklungsbedürfnissen:
„Sie sind physisch und psychisch weniger als Erwachsene in der
Lage, für ihre eigenen Bedürfnisse zu sorgen oder sich vor Schä-
den zu schützen. Deshalb müssen sie sich auf die Fürsorge und
den Schutz durch Erwachsene verlassen. Die mit Situationen, die
zu einer Entwurzelung führen, und mit Entwurzelung selbst verbundenen Traumata stellen für Kinder eine große psychologische
Gefährdung dar." (UNHCR 1994, S. 192 f.)

Mit Blick auf das Schulsystem sind, neben dem Recht auf Bildung
(Art. 28,29), vor allem die Beteiligungsrechte (Art. 12) und der
Schutz des Kindeswohls (Art. 3) sowie ganz grundsätzlich das
Recht auf Gesundheit (Art. 24) und soziale Sicherung (Art. 26) der
UN-Kinderrechtskonvention (UN-KRK) zu berücksichtigen, für
unbegleitete Minderjährige ist außerdem in Art. 20 „besonderer
Schutz und Beistand des Staates" garantiert. Damit geflüchtete
Kinder und Jugendliche ihre Rechte effektiv wahrnehmen kön-

nen, verlangt Artikel 22 Abs. 1 der UN-KRK für sie „angemessenen Schutz und humanitäre Hilfe". Die dazu notwendigen Maßnahmen sollen die jungen Menschen während und nach ihrer Flucht auch zur Wahrnehmung der Rechte, die in anderen internationalen Übereinkünften über Menschenrechte oder über humanitäre Fragen festgelegt sind, befähigen.

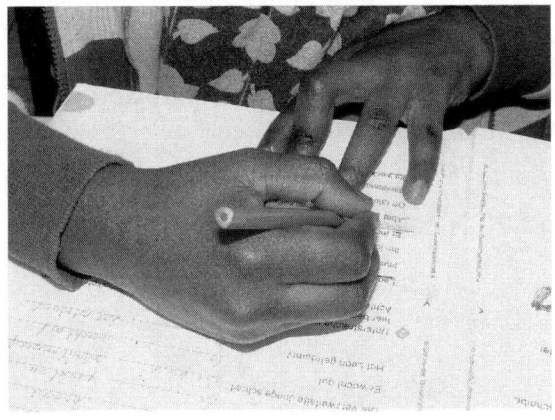

Die in der UN-KRK verbrieften Rechte stehen jedem Kind bis zur Vollendung des 18. Lebensjahres zu, sobald es sich innerhalb der Hoheitsgewalt eines Vertragsstaates befindet. Bezogen auf das Grundrecht auf Bildung, das hierzulande mit einer Schulpflicht gesichert ist, bedeutet das für die betroffenen jungen Menschen, dass der Zugang zum schulischen Bildungssystem vom ersten Tag an zu ermöglichen und mit den notwendigen Sozialleistungen zu sichern ist. Dazu gehören neben Gesundheitsleistungen auch die Ausstattung mit Lehr- und Lernmitteln, notwendige Beförderungsleistungen sowie Sprachförderung. Deutschland ist gleichzeitig Vertragsstaat des Genfer Abkommens vom 28. Juli 1951 über die Rechtsstellung der Flüchtlinge (Genfer Flüchtlingskonvention) sowie des dazu vereinbarten Protokolls vom 31. Januar 1967. Flüchtlingskinder sind damit nach Artikel 23 der Genfer Flüchtlingskonvention in die öffentliche Fürsorge einbezogen. Insoweit wie auch beim Empfang sonstiger Hilfeleistungen sind sie grundsätzlich den Staatsangehörigen des Aufnahmestaates gleichzustellen.

Grundrecht auf Bildung

Mit Art. 22 der UN-Kinderrechtskonvention wird noch einmal explizit die Anspruchsberechtigung für jedes in das Bundesgebiet eingereiste Kind, „das die Rechtsstellung eines Flüchtlings begehrt oder nach Maßgabe der anzuwendenden Regeln und Verfahren des Völkerrechts oder des innerstaatlichen Rechts als Flüchtling angesehen wird", gesondert definiert. Demnach ist jungen Menschen während und nach der Flucht „angemessener Schutz und humanitäre Hilfe bei der Wahrnehmung der Rechte (…), die in diesem Übereinkommen (…) festgelegt sind", zu gewähren. Hilfe zur Rechtswahrnehmung begründet sich in der besonderen Schutzbedürftigkeit minderjähriger Geflüchteter und ist nicht nur dann notwendig, wenn sie unbegleitet eingereist sind oder wenn es Eltern oder Verwandten aus anderen Gründen nicht möglich ist, die Personensorge wahrzunehmen.

Haager Kinderschutz-übereinkommen

Mit Blick auf die Gruppe der begleiteten Kinder und Jugendlichen ist hier weiterhin zu verweisen auf das Haager Kinderschutz-übereinkommen (KSÜ) vom 19. Oktober 1996. Das KSÜ ist eine internationale vertragliche Regelung zwischen diversen Staaten, darunter auch Deutschland, mit dem Ziel, den grenzüberschreitenden Schutz von Kindern zu verbessern. Mit dem Übereinkommen wird der Anwendungsbereich deutschen Rechts und hier insbesondere des SGB VIII teilweise deutlich erweitert, soweit ein gewöhnlicher Aufenthalt in Deutschland begründet werden kann. Für Kinder, die mit ihren Eltern eingereist sind, kann nach gängiger Rechtsprechung davon ausgegangen werden, dass sie dieser Vorgabe genügen (Thomas Meysen u. a., NVwZ 2016, S. 427 f).

Schulbesuch als Schutz-maßnahme

Leistungen der Kinder- und Jugendhilfe gemäß Paragraf 13 SGB VIII, in deren Kontext Soziale Arbeit in Schulen erbracht wird bzw. werden kann, dienen dem Ausgleich sozialer Benachteiligungen oder der Überwindung individueller Beeinträchtigungen, sie sollen die schulische und berufliche Ausbildung sowie Integration fördern. Legt man die inzwischen gängige Rechtauffassung zugrunde, dass Schutzmaßnahmen alle Maßnahmen beinhalten, die sich auf individuelle Bedarfe beziehen und im Interesse des Kindes erforderlich sind, so sind diese Leistungen als Schutzmaßnahmen im o. g. Sinn zu bewerten. Damit wären Schulsozialarbeit und Jugendsozialarbeit an Schulen als zu erbringende Sozialleistungen für junge Geflüchtete im Schulsystem begründet.

Kinder- und Jugendarbeit gemäß Paragraf 11 SGB VIII, die vor- *Schulischer* rangig im schulischen Ganztag zur Anwendung kommt, muss al- *Ganztag* lerdings differenziert betrachtet werden: Offene Angebote setzen keinen individuellen Bedarf voraus und können demnach nicht eindeutig als zur Sicherung des Kindeswohls erforderlich definiert werden. Gleichzeitig haben sie, bei entsprechender Angebotsgestaltung, ein hohes Potential für die Förderung der Integration geflüchteter junger Menschen und sollten deshalb nicht außer Acht gelassen werden.

Für das Schulsystem, in dessen Kontext schulbezogene Soziale Ar- *Schulpflicht* beit sich bewegt, gilt hingegen, dass die Aufnahme in eine Schule ausdrücklich als Schutzmaßnahme zu bewerten ist, während die Umsetzung der Schulpflicht als öffentlich-rechtliche Maßnahme allgemeiner Art nicht unter das Abkommen fällt. Auch hier wird auf den individuellen Bedarf fokussiert, der den Schulbesuch als Schutzmaßnahme rechtfertigt (Thomas Meysen u. a., NVwZ 2016, S. 429 f). Relevant ist also nicht die Verpflichtung des Staates, den Schulbesuch zu ermöglichen, sondern das Recht des Kindes auf Bildung und Persönlichkeitsentwicklung, das ihm ein verantwortungsbewusstes Leben in der Gesellschaft ermöglichen soll (Art. 29 UN-KRK).

2 Konkretisierung des Auftrags im schulischen Alltag

Der Sachverständigenrat deutscher Stiftungen für Integration und *Religiös* Migration (SVR) stellt in seinem Jahresgutachten 2016 im Kontext *motivierte* des Diskurses um religiös motivierte Ausnahmeregelungen klar: *Ausnahme-* „Der SVR unterstützt den Weg, religiös motivierte Ausnahmere- *regelungen?* gelungen im Bereich der Schulpflicht abzulehnen. Insbesondere angesichts der integrationspolitischen Herausforderungen, die der hohe Zuzug von Flüchtlingen (auch im Schulalter) in den nächsten Jahren bringen wird, ist diese klare Linie wichtig. In der Schule werden schließlich nicht nur abstrakte Bildungsinhalte und biografisch wie ökonomisch wertvolle Qualifikationen vermittelt, sondern sie leistet auch einen wichtigen sozialen Beitrag zur Festigung eines demokratischen und solidarischen Gemeinwesens und hilft damit, das Entstehen religiös oder weltanschaulich motivierter ‚Parallelgesellschaften' zu vermeiden." (SVR 2016, S. 18) Neben den formalen Inhalten der schulischen Lehre wird hier fokussiert auf ihren sozialen Auftrag, der zum Leben in einer Gesellschaft der Vielfalt befähigen soll, die sich den Werten von Demokratie und Inklusion verpflichtet hat.

Kooperation von Kinder- und Jugendhilfe

Die Kooperation von Kinder- und Jugendhilfe und Schule im Rahmen der Angebote Sozialer Arbeit in Schulen ermöglicht die (Weiter-)Entwicklung eines Bildungskonzeptes. Ziel ist es, den Bedarfen aller Kinder und Jugendlichen im Kontext ihrer Persönlichkeitsentwicklung gerecht zu werden und gleichzeitig den Erfordernissen einer demokratischen Gesellschaft angemessen Rechnung zu tragen. Die Fokussierung auf Kindheit und Jugend im System Schule impliziert dabei, dass junge Menschen in dieser Lebensphase besondere Bedarfe haben – unabhängig davon, wo sie geboren und aufgewachsen sind und welche Sozialisation sie außerhalb des Schulbesuches erfahren haben. Die Fluchterfahrung ist dabei zwar ein, aber nicht DER Faktor, auf den sich die Unterstützung durch die Sozialarbeitenden bezieht.

Rückbindung an Lebenswelten

Der Bildungsauftrag der Kinder- und Jugendhilfe in ihren Angeboten impliziert eine stärkere Rückbindung an die Lebenswelten von Kindern und ihren Familien und unterstützt das System Schule dabei, sich mit einer lebensweltorientierten Schulentwicklung der Pluralität der Lebenslagen junger Menschen anzunähern. Junge Geflüchtete erhalten notwendige Unterstützung und Begleitung, ebenso wie ihre Mitschülerinnen und Mitschüler. Die Lebensphasen Kindheit und Jugend impliziert in all ihrer Diffusion eine Gemeinsamkeit, die Normalität herstellt zwischen Geflüchteten und denen, die hier geboren sind oder bereits länger leben. Auftretende Konflikte zwischen Kindern und Jugendlichen sind Teil dieser Normalität, deren Management Soziale Arbeit in Schulen zu ihren Aufgaben zählt.

Anwaltschaftliche Funktion

Nicht zuletzt übernimmt Soziale Arbeit auch eine advokatorische Funktion für Kinder und Jugendliche in der Schule und realisiert sich damit als Schutzmaßnahme im Sinne völkerrechtlicher Vereinbarungen ebenso wie im Kontext ihres professionsethischen Auftrags: Junge Geflüchtete benötigen in all der Unsicherheit, die ihre Situation mit sich bringt, verbindliche Ansprechpartnerinnen und Ansprechpartner, die sie über ihre Rechte aufklären und ihnen dabei helfen, sie einzufordern und ihre Situation konstruktiv zu bewältigen.

Gleichzeitig brauchen auch ihre Mitschülerinnen und Mitschüler Begleitung und Unterstützung, denn sie werden bewusst oder unbewusst mit der Fluchtsituation und deren Auswirkungen auf das Leben der Geflüchteten konfrontiert: Erfahrungen vor und während der Flucht können Traumata und Ängste erzeugen, die das Verhalten der Betroffenen beeinflussen.

Daneben ist die Lebenssituation der Geflüchteten durch ihre Unterbringung in Gemeinschaftsunterkünften ohne adäquate Bedingungen für ihre individuellen Bedarfe oft ebenso belastet wie durch die Ungewissheit über den Verbleib von Familienangehörigen und ihre eigene Situation in dem Land, in dem sie Schutz suchen.

Soziale Arbeit in Schulen wirkt hier vermittelnd und aufklärend, sie ist die verlässliche Instanz in den Unwägbarkeiten des jugendlichen Lebens. Als Dienst der Kinder- und Jugendhilfe hat sie den Anspruch, familiale Strukturen im Sinne des SGB VIII zu ergänzen. Sie bietet am Lern- und Lebensort Schule geschützte Räume zum Erlernen gemeinschaftsfördernder Interaktionsmethoden und begleitet die jungen Geflüchteten in ihrer Entwicklung. Hauptfokus der sozialpädagogischen Arbeit ist die Entwicklung zu eigenständigen und gemeinschaftsfähigen Persönlichkeiten. Mit Blick auf Ressourcen und Bedarfe des/der Einzelnen werden Wege aufgezeigt und Begleitung geboten, ohne dabei eine bestimmte Richtung vorzugeben. Ziel ist die bewusste Entscheidung der jungen Menschen für einen für sie und ihre individuelle Situation passenden Lebensweg. Dabei finden die regionalen Angebote der Wirtschaft für Praktika und Ausbildung Berücksichtigung in der Beratung, sie bilden jedoch nicht das für die Entscheidung ausschlaggebende Kriterium.

Ergänzung zur Familie

Schulische und soziale Bildung sollen Basis für ein Leben sein, dessen Ausgestaltung individuell ist und die jeder einzelne Mensch für sich entwickelt und verantwortet. Soziale Arbeit in Schulen fördert mit ihren Angeboten die Fähigkeit zu verantwortlichen Entscheidungen für ein solcherart gelingendes Leben. Sie bietet Raum für Begegnung unterschiedlicher Gruppen junger Menschen, regt demokratische Aushandlungsprozesse für gemein-

Fähigkeit zu verantwortlichen Entscheidungen

same Aktivitäten an und fördert positive Wahrnehmung, Akzeptanz und Wertschätzung von Vielfalt untereinander und in Sozialraum und Gesellschaft. Nicht zuletzt ermöglichen und fördern demokratisches Lernen und sozialpädagogische Begleitung die Umsetzung der Partizipationsrechte junger Menschen. Gleichzeitig schafft Soziale Arbeit im eng getakteten Schulsystem Freiräume, die junge Menschen miteinander, aber auch ganz individuell für sich gestalten können. Damit forciert sie die Entwicklung von Handlungskompetenz entsprechend der individuellen Bedarfe jeder und jedes Einzelnen.

Demokratische Werte nicht schwächen
Ein wichtiger Schwerpunkt Sozialer Arbeit in Schulen ist der verantwortliche Umgang mit menschlicher Vielfalt im Rahmen unserer demokratischen Grundordnung. Die Anerkennung von Diversität darf das Primat der demokratischen Werte nicht schwächen; sowohl das Wissen über Begrifflichkeiten und deren Inhalte als auch das Einüben einer demokratischen Diskurskultur im Rahmen der notwendigen gruppendynamischen Prozesse sind von hoher Priorität.

Wichtigste Sozialisationsinstanz
Der Lern- und Lebensort Schule ist, sowohl durch seine hohe Priorität als Bildungsort als auch durch seine zeitliche Ausdehnung im zunehmenden Ganztagsschulbetrieb, die wichtigste Sozialisationsinstanz Heranwachsender neben ihrem familiären Umfeld. Hier lernen junge Menschen unterschiedlicher Sozialisation, Herkunft und nicht zuletzt Religion, dass die Akzeptanz der Gleichwertigkeit aller Menschen Grundlage friedlichen Zusammenlebens ist. Die Fähigkeit zur Differenzierung, zur Anerkennung der Prozesshaftigkeit gesellschaftlicher Entwicklung auf der Basis allgemein gültiger demokratischer Werte und der anwendbaren Normen unseres Grundgesetzes, ist nicht angeboren – sie muss kognitiv erlernt und alltagspraktisch eingeübt werden.

Über das schulische Lernen hinaus
Soziale Arbeit mit ihren Methoden informellen und nonformalen Lernens ergänzt die formalen Aspekte schulischen Lernens um zwischenmenschliche Erfahrungen, sie moderiert gruppendynamische Prozesse nicht nur im Konfliktfall und sie schafft Erfahrungsräume, auf die sich junge Menschen einlassen können. Rassismus, Homophobie, Antisemitismus, Antiziganismus sind nicht (nur) kognitiv zu erklären; Toleranz, Identität und auch die Frage einer (wie auch immer definierten) Leitkultur müssen erfahrbar

gemacht werden. Das gilt für junge Menschen nach ihrer Flucht ebenso wie für solche, die in Deutschland geboren und aufgewachsen oder die ohne Fluchterfahrungen eingewandert sind.

3 Fazit und Ausblick

Junge Geflüchtete haben Anspruch auf Soziale Arbeit in Schulen – sobald sie in der Schule ankommen. Wann das der Fall ist, regeln die Schulgesetze der Länder, faktisch ist jedoch zumindest der Beginn der Schulpflicht klar: Sie beginnt im Laufe des sechsten Lebensjahres und es gibt keine sachliche Begründung dafür, eine Mindestaufenthaltsdauer als Voraussetzung für den Schulbesuch vorauszusetzen.

Voraussetzung für Schulbesuch

Leistungen der Kinder- und Jugendhilfe sollen zur Verhinderung und zum Abbau von Benachteiligungen und zur Schaffung und Erhaltung positiver Entwicklungsbedingungen beitragen. Ziele gemäß Paragraf 1 SGB VIII sind die Verwirklichung sozialer Gerechtigkeit sowie die Sicherung eines menschenwürdigen Daseins als eigenverantwortliche und gemeinschaftsfähige Persönlichkeit für jede/n Einzelne/n. Die zur Umsetzung dieses Anspruchs notwendigen Leistungen sollen Hilfe zur Selbsthilfe leisten, befähigen im Sinne von Empowerment. Sie sollen zudem rechtzeitig bereitgestellt werden, was ausdrücklich präventive Maßnahmen einschließt.

Hilfe zur Selbsthilfe

Explizit als Bildungsauftrag benannt werden Leistungen der Kinder- und Jugendhilfe in Paragraf 11 Jugendarbeit (außerschulische Jugendbildung mit allgemeiner, politischer, sozialer, gesundheitlicher, kultureller, naturkundlicher und technischer Bildung, Jugendberatung), Paragraf 13 Jugendsozialarbeit konkretisiert den Bildungsauftrag der Kinder- und Jugendhilfe explizit für die Zielgruppe der jungen Menschen, die sozial benachteiligt oder individuell beeinträchtigt sind und damit besonderer Förderung bedürfen. Ausgehend davon, dass der Zugang zu und das den individuellen Bedarfen entsprechende Maß an Bildung wichtige Voraussetzungen gelingender Integration und gleichzeitig notwendige Schutzmaßnahmen sind, hat soziale Arbeit in Schulen einen klar definierten Auftrag im Kontext ihrer Arbeit mit Geflüchteten. Aber: Sie ist im konkreten Leistungsrecht nicht namentlich

Bildungsauftrag der Kinder- und Jugendhilfe

benannt, ihre Umsetzung muss abgeleitet werden aus Paragraf 13 SGB VIII und in einen Kontext gesetzt werden mit den Bestimmungen des Schulrechts. Entsprechend bunt ist das Arbeitsfeld bundesweit. Soziale Arbeit in Schulen als Leistung der Kinder- und Jugendhilfe wird u. a. als Schulsozialarbeit, Jugendsozialarbeit an Schulen, Jugendarbeit in Schulen oder völlig frei von den Paragrafen des Kinder- und Jugendhilfegesetzes als Jugendhilfeangebot im schulischen Ganztag definiert.

System-
übergreifende
Leistung

Damit ist ein umfassendes Dilemma beschrieben: Der konkrete Bedarf junger Menschen an sozialer Arbeit in Schulen, aktuell noch einmal potenziert durch die große Anzahl von Zuwanderern mit ihren besonderen Bedarfen, steht einem völlig unverbindlichen und damit weder stabilen noch nachhaltigen Leistungssystem gegenüber. Notwendig ist eine verbindliche rechtlichen Verortung, doch bereits diese scheitert daran, dass es sich um eine systemübergreifende Leistung handelt: Soziale Arbeit in Schulen ist ein Zwitterwesen zwischen den Welten Schule und Kinder- und Jugendhilfe, das sozialrechtlich nicht bisher eindeutig fassbar gemacht worden ist.

Schulterschluss
beider Systeme

Notwendig ist ein Schulterschluss beider Systeme, im Interesse der Kinder und Jugendlichen. Gemeinsame Verantwortung impliziert auch die beiderseitige Verpflichtung zu Finanzierung der notwendigen Arbeit. Deshalb braucht es eine verbindliche Verortung der Kooperationsverpflichtung, die in Paragraf 81 SGB VIII für die Jugendhilfe bereits definiert ist, in den Schulgesetzen der Länder. Erst auf dieser Basis können beide Systeme gemeinsam etwas schaffen, das sowohl den schulischen Bildungs- und Erziehungsauftrag stützt als auch die Eigenständigkeit der Kinder- und Jugendhilfe wahrt. Der Fokus auf junge Menschen mit Fluchterfahrungen zeigt einmal mehr die Notwendigkeit Sozialer Arbeit in Schulen. Dass diese Zielgruppe nicht der Grund dafür ist, ist ausführlich beschrieben worden. Sie kann aber der Anlass sein, die schon lange überfälligen Neuregelungen endlich in Angriff zu nehmen – im besten Interesse aller jungen Menschen und einer vielfältigen und lebenswerten Gesellschaft.

Literatur

Bundesjugendkuratorium (2016): Kinder und Jugendliche auf der Flucht: Junge Menschen mit Ziel.

Cremer, Hendrik (2012): Kinderrechte und der Vorrang des Kindeswohls. Anwaltsblatt 7/2012.

Meysen, Thomas u. a. (2016): Zugang begleiteter ausländischer Kinder zu Leistungen der Kinder- und Jugendhilfe nach der Flucht. Neue Zeitschrift für Verwaltungsrecht (NVwZ) 7/2016.

Lob-Hüdepohl, Andreas/Lesch, Walter (Hrsg.) (2007): Ethik Sozialer Arbeit. Ein Handbuch, Paderborn.

Sachverständigenrat deutscher Stiftungen für Migration und Integration (SVR) (2016): Viele Götter, ein Staat: Religiöse Vielfalt und Teilhabe im Einwanderungsland. Jahresgutachten 2016 mit Integrationsbarometer, Berlin.

UNHCR (1994): Flüchtlingskinder. Richtlinien zu ihrem Schutz und zu ihrer Betreuung, Berlin.

Werte und Normen thematisieren

Plädoyer für ein selbstreflexives Arbeiten

Nausikaa Schirilla

Zu den Herausforderungen für schulische und außerschulische Bildung durch geflüchtete Kinder und Jugendliche gehören auch normative Fragen. Es handelt sich hier um Zielgruppen, die in anderen Gesellschaften und Bildungssystemen und anderen Religionen sozialisiert sind und daher – so wird angenommen – auch andere Werte und Normen mitbringen. Ich möchte daher im Folgenden zunächst allgemein auf die Aspekte Kultur, Normen und Werte eingehen und dann spezifische Werte und besondere Fallstricke im Umgang mit jungen Geflüchteten herausarbeiten. Anschließend werde ich weitere ethische Herausforderungen benennen, die sich aus der politischen und rechtlichen Stellung Asylsuchender ergeben.

Wunsch nach Normalität

Die Frage nach Werten und Kulturdifferenz kommt oft von Fachkräften und ehrenamtlich Tätigen, sie hat aber mit aktuellen Mediendiskursen zu tun. Aktuelle Studien über geflüchtete Kinder und Jugendliche zeigen, dass der höchste Wert oder die primäre Sorge von Geflüchteten generell, insbesondere aber von Kindern und Jugendlichen, der nach Normalität ist. Zentral dafür ist die Aufenthaltssicherheit: „Ich möchte einfach hier bleiben, hier leben können." (Ruslan, 13 Jahre in: UNICEF 2014:21). Aus den bislang verfügbaren Studien geht deutlich hervor, dass obwohl geflüchtete Kinder und Jugendliche spezifische Sozialisationserfahrungen und Fluchtgeschichten mitbringen, sie hier vor allem vom Wunsch geprägt sind, wie andere Kinder/Jugendliche zu sein. Sozialpädagogische Konzepte müssen also eine Doppelperspektivität aufweisen, die Mitglieder der Zielgruppe als gleich und partiell anders zu sehen. Fachkräfte brauchen eine Haltung, die Geflüchtete nicht primär als die „Anderen" sieht. Diese Position muss auch den Wertediskurs der professionellen sozialen Arbeit prägen, denn in vielen Mediendiskursen werden Flüchtlinge primär als Anhänger einer anderen „Kultur" und Religion konstruiert, deren Werte mit der „unseren" unvereinbar seien.

In der Migrationsforschung wird oft kritisiert, dass die Begriffe Kultur und kulturelle Differenz eine Fortsetzung rassistischer Diskurse nach dem Wegfall des „Rasse"begriffs darstellen(vgl. Kalpaka 1986). Daher muss auch dem Diskurs um Werte ein differenzierter, dynamischer und machtkritischer Kulturbegriff zugrunde gelegt werden. Kultur umfasst alle Bereiche menschlichen Zusammenlebens und sozialer Praxis: Sprache, Normen und Werte, Praktiken und Gegenstände (Handschuck/Klawe 2004). In den durch die Migrationsforschung viel rezipierten *Cultural Studies* wird Kultur in Mehrdeutigkeit und Offenheit gedacht, nämlich als ein Ensemble von Bedeutungspotentialen, die unterschiedlich beeinflusst werden können. Kultur kann als ein Feld verschiedenartiger und interagierender Diskurse und Repräsentationen verstanden werden – dies wird ausgedrückt mit Bildern wie „Arena von Stimmen" (Martin Fuchs, vgl. Schirilla 2016, s. 101). Kulturelle Gebilde legen Handelnden, die immer auch Welt interpretieren und verstehen, objektivierte Bedeutungsstrukturen vor. Diese können die Menschen, wiederum beeinflusst von verschiedensten Strukturen, verändern und ausgestalten. Derartige Konzeptionen kritisieren die Vorstellung einer inneren Geschlossenheit oder Einheitlichkeit von Mehrheits- beziehungsweise Minderheitskulturen. Diese Perspektive führt weg von der Fixierung auf klar definierbare kulturelle Gruppen oder Identitäten.

Differenzierter, dynamischer, machtkritischer Kulturbegriff

Und sie verweist nicht nur auf die Vielfalt des Kulturellen, sondern auch auf eine Vielfalt der Wirksamkeit des Kulturellen in seiner Interaktion mit vielen anderen relevanten Faktoren. Kultur ist als ein flexibles und offenes Gewebe zu begreifen, in dem sich Bedeutungen stets je nach Kontext entwickeln und verändern. Als Beispiel sei das Fasten genannt: Fasten hat für die Autorin als traditionell katholisch aufgewachsenes Kind bedeutet, in der Fastenzeit keine Süßigkeiten zu essen. Es kann heute für die Erwachsene bedeuten, in der Passionszeit auf Alkohol zu verzichten und hat für andere säkular sozialisierte Menschen während eines „Wellness-Fastenwochenendes" eine ganz andere Bedeutung. Fasten während des Ramadans kann für Muslime eine religiöse Verpflichtung darstellen, eine Intensivierung der Gotteserfahrung

Flexibles, offenes Gewebe

oder ein soziales Ereignis, das aus dem gemeinschaftlichen Charakter des Fastenbrechens lebt.

Kulturelle Differenzen müssen immer im Zusammenhang mit anderen Faktoren betrachtet werden, was nicht impliziert, dass sie bedeutungslos sind, sondern fließend und vielfältig. Sie sind zugleich mit Wertungen verbunden und „andere" Kulturen unterliegen immer einem Generalverdacht, weniger demokratisch, emanzipatorisch etc. zu sein.

Vielfältige Identitäten Kultur ist des Weiteren nicht nur in sich dynamisch, sie verändert sich auch im Migrationsprozess. In der bisherigen Migrationsforschung wurde vielfach aufgezeigt, wie insbesondere Kinder und Jugendliche vielfältige Identitäten entwickeln, die hybride, dynamisch und zugleich unterschiedlich sind (Badawia 2003). In diese Perspektive ist für Werte und normative Orientierungen nicht nur das „Mitgebrachte" – also Kultur und Sozialisation im Herkunftsland – relevant, sondern auch die Migrationssituation selbst und damit die Herausforderungen, die diese mit sich bringt.

Erfahrung von Selbstwirksamkeit und Reife Studien zu Lebenslagen von geflüchteten Kindern und Jugendlichen (UNICEF 2014, Worldvision 2015) belegen die ganz wichtige Erkenntnis, dass Kinder und Jugendliche oft „kleine Erwachsene" sein müssen. Sie kommen häufig in die Rolle des/der Verantwortlichen für die Familie und die Eltern, oft auch für die Existenzsicherung der Familie. Letzteres gilt besonders für unbegleitete minderjährige Flüchtlinge, von denen oft erwartet wird, dass sie ihre Familie unterstützen. Es gilt auch für Jugendliche mit prekärem Aufenthaltsstatus, die aufgrund des § 25a AufenthG bei guter Integrationsperspektive und langem Aufenthalt eine Aufenthaltserlaubnis erhalten können und ihre Familie eventuell auch. Die sehr oft praktizierte Mithilfe bei Übersetzungen, Behördengängen, Formularhilfe etc. betrifft alle geflüchteten Kinder und Jugendlichen.

Durch diese Aufgaben und dadurch, dass Kinder viel schneller Zugang zur neuen Gesellschaft erhalten, kommen Kinder und Jugendliche oft in eine Erwachsenenrolle. Dies bedeutet für sie Verantwortung und auch Druck, bringt aber auch neue Formen der Autonomie, der Selbstwirksamkeit und Reife mit sich.

Diese lebensweltlichen Aspekte sind besonders zu beachten, da Erziehung und Bildung mit Erziehungszielen und diesbezüglichen Normalitätsvorstellungen verknüpft sind und sich hier Wertefragen hinsichtlich Adoleszenz und Autonomie ergeben.

Adoleszenz und Autonomie als Norm?

Autonomie ist ein wesentliches Element pädagogischer Zielvorstellungen. Adoleszenz wird als Ablösung vom Elternhaus und als Voraussetzung für die Entwicklung von Autonomie begriffen. Autonomie und Adoleszenz gehören eng zusammen. Die soeben angedeuteten spezifischen Verwicklungen von Autonomie und Bindung an die Eltern in der Fluchtsituation stellen kritische Fragen an potentielle Normierungen von Autonomie. Wenn Autonomie von Fachkräften beispielsweise NUR als Loslösung vom Elternhaus oder NUR im Bereitstellen von Freiräumen verstanden wird und die spezifischen Herausforderungen geflüchteter Jugendlicher gegenüber ihren Eltern und insbesondere die in dieser Situation vorhandenen (anderen) Autonomiepotentiale nicht gesehen werden, dann findet eine Normierung des Autonomiekonzepts durch in dieser Gesellschaft dominante Konzepte statt.

Zu beachten ist ferner, dass die Orientierung an den Autonomiekonzepten nicht neutral ist. Die Autonomie des Individuums stellt ein wesentliches Element des Selbstverständnisses westlicher Gesellschaften dar. Damit wird ein Selbstverständnis konstruiert, das westliche Werte als freier, autonomer, demokratischer als „andere" konstruiert. So hat der Autonomiediskurs eine wichtige Rolle in der Unterscheidung von aufgeklärten „Einen" und traditionellen „Anderen" gespielt und zur Legitimation kolonialer Eroberung beigetragen (vgl. Spivak 1999). Ein einseitig auf ein bestimmtes Autonomieverständnis ausgerichtetes professionelles Selbstverständnis kann auch Überlegenheitsansprüche in Bezug auf „unsere" Kultur oder Werteordnung beinhalten. Diese zu reflektieren ist auch deshalb bedeutsam, weil sie auf der „anderen Seite" Infrioritätsgefühle und entsprechende Gegenstrategien auslösen können.

Sind Normen neutral?

Es geht in diesem Kontext nicht darum, pädagogische Standards aufzugeben, sondern es geht um eine kritische Hinterfragung des Normierens pädagogischer Standards hinsichtlich der Bedürfnisse in der Adoleszenz. Die veränderten Rollen von Eltern und Jugendlichen stellen die Frage, was bedeutet Ablösung in der Ado-

Normen kritisch hinterfragen

leszenz für geflüchtete Mädchen und Jungen unter solchen Verhältnissen? Streben Fachkräfte für geflüchtete Jugendliche eine in-
dividuellere Haltung an, damit diese sich von den Verpflichtun-
gen der Familie gegenüber „befreien" und mehr „an sich selber
denken"? Betrachten sie Jugendliche wirklich als autonom, wenn
diesen einen Weg einschlagen, in dem ein Familienauftrag eine
Rolle spielt? Die zentrale Herausforderung für Fachkräfte besteht
hier darin, offen für eine Orientierung an den subjektiven Aspira-
tionen und Lebenswelten von geflüchteten Kindern und Jugendlichen zu sein und ihre pädagogischen Wertvorstellungen diesen
anzupassen.

Bilder und
Rollen der
Geschlechter
In genderspezifischer Hinsicht spielt die Frage von Überlegenheitsvorstellungen und Normieren eine besondere Rolle. In Normalitätsvorstellungen hinsichtlich von Frauenrechten und Emanzipation sind ebenso Überlegenheitsansprüche enthalten. So wird
beispielsweise einer Frau, die aus einem islamisch geprägten Land
kommt, eher unterstellt, sie sei unterdrückt oder strebe keine
Gleichheit an, wenn sie bei den kleinen Kindern zu Hause bleibt,
während bei einer Mehrheitsdeutschen eher angenommen wird,
sie tue dies wegen des höheren Gehaltes des Mannes. Einseitig geprägte Vorstellungen von Emanzipation und Geschlechtergleichheit geben Anlass zu Selbstreflexion. Die Bilder und Rollen der

Geschlechter sind unterschiedliche sozial konstruierte. Ungleichheiten im Geschlechterverhältnis sind verbunden mit unterschiedlichen Positionierungen und Machtverhältnissen. Eine Frau mit freiem Zugang zum Arbeitsmarkt hat es beispielsweise leichter, eine volle Stelle zu finden, während eine Frau mit einem eingeschränkten Zugang eher in einem prekären Arbeitsverhältnis Teilzeit arbeitet. Beide können aber ihre ökonomische Unabhängigkeit anstreben.

Die Geschlechterverhältnisse und Machtverhältnisse sind beeinflusst von den Herkunftsländern, von Fluchtwegen und von der Ankunftsgesellschaft. Bezüglich der Herkunftsgesellschaft – viele Geflüchtete kommen aus dem Nahen und Mittleren Osten – sind viele Stereotypen gegenüber „unterdrückter Orientalin", „Islamischem Patriarchen", „dem Islam" etc. wirksam. Damit sind weitere Fallstricke benannt, die auch an koloniale Muster anknüpfen. Denn auch Geschlechtergleichheit und Emanzipation waren und sind wesentliche Elemente kolonialer Legitimationen, dies gilt insbesondere gegenüber arabischen und islamisch geprägten Ländern. Aus einer machtkritischen oder postkolonialen Perspektive kann die Orientierung an emanzipatorischen Konzepten auch eine Basis für Überlegenheitsvorstellungen darstellen und auch hier ergibt sich die Gefahr der Normierung dieser Konzepte durch eigene Standards.

Postkoloniale Perspektive

Die hier erwähnten Fragen haben Folgen für Haltungen von Fachkräften. Es kommt darauf an, sehr unterschiedliche Bedürfnisse für die Persönlichkeitsentwicklung zu sehen. Grundlage dafür könnte eine wertschätzende Wahrnehmung sein, eine Wahrnehmung der Jugendlichen als Gleiche gerade trotz der Differenz. Pädagogische Blicke müssen offen bleiben für eine Vielfalt der Formen von Autonomie und Selbstbestimmung. Zentral sind die Infragestellung von Normalitätsvorstellungen und die Frage, wie „Parteilichkeit" verschiedene Formen annehmen kann. Wenn ein Mädchen aus einer Familie mit prekärem Aufenthalt freizeitpädagogische Angebote eines Mädchentreffs nutzt und wegen vieler Übersetzungshilfen nur unregelmäßig kommt, dann bedeutet „Parteilichkeit" nicht oder nicht nur, das Mädchen in seinem Selbstbewusstsein zu stützen und möglichst viel einzubeziehen, sondern sie auch in ihrem „Familienauftrag" zu unterstützen, gegebenenfalls rechtliche Hilfe und Vernetzung zu organisieren.

Haltung der Fachkräfte

Mischung der Alltagskulturen

Im Umgang von Fachkräften mit Werten und Kultur sind sowohl die Orientierung an der Lebenswelt der Jugendlichen und auch eine selbstreflexiven Haltung zentral. Aus der pädagogischen Praxis ist aber immer wieder zu hören, dass die Fachkräfte mehr kulturspezifisches Wissen und „DOs und DON'Ts" im Umgang mit der Zielgruppe brauchen. In diesen Anfragen ist auch ein homogenes Kulturverständnis enthalten, was zur Konstruktion von kulturell Anderen beiträgt und unterstellt, es fänden keine Mischungen und Anpassungsleistungen auf der Alltagsebene statt. Unabhängig von der Makroebene von Kulturen, die Werte, Normen und Religion umfasst und wo es in der Tat viele Unterschiede geben kann, lassen sich weltweit vielfältig veränderte Mischungen der Alltagskulturen beobachten (vgl. Mahadevan 2013).

Sicherheit durch kulturspezifisches Wissen?

Von Weiterbildungen zu interkultureller Kompetenz verlangen Fachkräfte oft aber die Vermittlung kulturspezifischer Werte und Normen, um sicherer zu werden. Warum wird von einem kulturspezifischen Wissen (sofern es das gäbe) Sicherheit erwartet? Dient es nicht eher dazu, die Betroffenen davor zu bewahren die „Anderen" zu befragen und mit ihnen zu interagieren? Kommt es nicht eher darauf an, miteinander zu kommunizieren? Diese Haltung entspräche einem konsequent lebensweltorientierten Zugang. Eine Orientierung an der Lebenswelt setzt voraus, sich in diese hineinzuversetzen, sie zu ergründen etc. – umfasst also Fragen AN die KlientInnen und nicht ÜBER sie.

„Wir" und „sie"

Ebenso werden oft eine Werteorientierung und ein Crash-Kurs zu „deutscher Kultur und Werten" für Geflüchtete verlangt. Interessant ist, dass die meisten Modelle dieser Leitfäden oder Benimmregeln sehr viel Generalisierendes und Schulmeisterliches unterhalten und immer mit vereinheitlichenden Vorstellungen wie „In Deutschland ist …" arbeiten. Sie halten letztlich an Unterscheidungen wie „die deutschen Werte" und „die Werte der Flüchtlinge" fest. Damit werden vereinheitlichende Vorstellungen von „wir" und „sie" reproduziert, die den Beginn der Segregation darstellen und Überlegenheitsvorstellungen zementieren.

Zugangsbarrieren abbauen

Die Arbeit mit geflüchteten Kindern und Jugendlichen stellt aber auch andere normative Fragen. Wir haben es hier mit einer Zielgruppe zu tun, die viele Einrichtungen und Angebote im sozialen Bereich nicht kennt – es stellen sich Fragen des Zugangs und Zugangsbarrieren und damit auch Fragen der Gerechtigkeit. Wie kann realisiert werden, dass diese Gruppe alle Unterstützung der Jugendhilfe erhält und von dieser nicht aufgrund von Unkenntnis und Vorurteilen der Fachkräfte ausgegrenzt wird? Wie können sich Träger der Jugendhilfe beziehungsweise der soziale Dienste so verändern, dass sie für alle potentiellen NutzerInnen attraktiv sind und nicht durch ihre Präsentation, Angebotsstruktur nur eine bestimmte Klientel ansprechen?

Während hier Normen der Gerechtigkeit tangiert sind, stellen uns politisch restriktive Gesetze in der Unterbringung, Asylanerkennung oder drohende Abschiebungen vor andere moralische Fragen. Diese können problematische Wohnverhältnisse in einer Flüchtlingsunterkunft betreffen oder Abschiebungen. Fachkräfte in allen Bereichen sozialer und pädagogischer Arbeit können mit drohenden Abschiebungen konfrontiert werden. Eine eigene Positionierung, eine Einschätzung der Folgen für das Kindeswohl muss erfolgen. Vielleicht sind noch nicht alle rechtlichen Möglichkeiten ausgeschöpft, vielleicht bestehen weitere Möglichkeiten zur Unterstützung und zur Organisation von öffentlichen Protest. Hier ist ein menschenrechtlicher Anspruch und damit ein sozialarbeiterisches Mandat angesprochen, das über den jeweiligen gesetzlichen Auftrag, einen Beratungsauftrag oder über das eigene Handlungsfeld hinausgeht und sich von den Menschenrechten als weiteren und weitergehenden normativen Ansprüchen leiten lässt. Diese an normativen Vorgaben orientierte Haltung ist insofern wichtig, als sie eine kritische Position zu Abläufen impliziert, die möglicherweise formell korrekt sind, aber menschlich oft eine Katastrophe darstellen.

Menschenrechtlicher Anspruch

Im Umgang mit diesen und den eingangs erwähnten Wertefragen ist kein Wertekanon sondern eine ständige Selbstreflexion und kontextuelle Ausgestaltung normativer Entscheidungen notwendig, die hohe Anforderungen an die eigene normative Haltung der Fachkräfte impliziert.

Literatur

Badawia, Tarek u.a. (Hrsg.) (2003): Wider die Ethnisierung einer Generation. Beiträge zur qualitativen Migrationsforschung. Frankfurt am Main: IKO.

Kalpaka, Anita/Räthzel, Nora (Hrsg.) (1986): Die Schwierigkeit, nicht rassistisch zu sein. Berlin. Erxpress.

Lutter, Eva/Westphal, Manuela: Familie im Kontext von Fluchtmigration, s. http://bpb.de/politik/innenpolitik/gangsterlaeufer/200860/familie-im-kontext-von-fluchtmigration (Zugriff 31.5.16).

Handschuck Sabine/Klawe Willi (2004): Interkulturelle Verständigung in der Sozialen Arbeit. Ein Erfahrungs-, Lern- und Übungsprogramm zum Erwerb interkultureller Kompetenz. Weinheim: Juventa.

Mahadevan, Jasmin (2013): Interkulturalität und Dominanz, in: Berkenbusch, Gabriele et al Helmolt, Katharina et al . (Hrsg.): Interkulturelle Lernsettings. Stuttgart S. 27–43: ibidem.

Schirilla, Nausikaa (2016): Migration und Flucht. Orientierungswissen für die Soziale Arbeit. Stuttgart: Kohlhammer.

Spivak, Gayatri Chakravorty (1999): A critique of postcolonial reason: toward a history of the vanishing present. Cambridge, Mass: Harvard Univ. Press.

UNICEF (Hrsg.) (2014): In erster Linie *Kinder*, Bericht von Thomas Berthold, o. O., www.unicef.de. (Zugriff 05.07.2016)

World Vision (Hrsg.): Angekommen in Deutschland. Wenn geflüchtete Kinder erzählen. Eine Studie von World Vision Deutschland und der Hoffnungsträger Stiftung 2015 o. O.

Was heißt hier eigentlich Demokratie?

Christine Lohn

1 Demokratieerziehung als originärer Auftrag sozialer Arbeit an Schulen

Im März 2009 hat die Kultusministerkonferenz (KMK) einen Beschluss mit dem Titel „Stärkung der Demokratieerziehung" gefasst. Mit Verweis auf wichtige Ereignisse der Demokratieentwicklung in Deutschland wie den 90. Jahrestag der Konstituierung der Weimarer Republik, den 60. Geburtstag des Grundgesetzes sowie den 20. Jahrestag der friedlichen Revolution in der DDR und damit einhergehend den damals anstehenden 20. Jahrestag der deutschen Einheit stellten die Kultusminister der Länder damals fest, dass die „herausragende Bedeutung der Erziehung zur Demokratie als Aufgabe schulischer Arbeit hervorzuheben und demokratisches Engagement im Rahmen schulischer Aktivitäten zu würdigen" sei (KMK 2009: S. 2).

Die Ausweitung der Initiative „Schule ohne Rassismus – Schule mit Courage" war ein erklärtes Ziel – im März 2016 konnte der Verein Aktion Courage e.V. der 2000. Schule diesen Titel verleihen. Parallel zur deutschen Entwicklung hatte der Europarat in seiner Charta für Demokratie- und Menschenrechtsbildung (2010) die Demokratieerziehung mit dem Ziel der nachhaltigen Demokratisierung der Bildungssysteme verbindlich verankert. Im Sinne dieser Charta bezeichnet der dort verwendete Ausdruck Demokratiebildung „Erziehung, Ausbildung, Bewusstseinsförderung, Information, Praktiken und Aktivitäten, deren Absicht es ist, die Lernenden, durch die Vermittlung von Wissen, Kompetenzen und Verständnis und die Entwicklung ihrer Einstellungen und ihres Verhaltens, zu befähigen, ihre demokratischen Rechte und Pflichten in der Gesellschaft wahrzunehmen und zu verteidigen, Verschiedenartigkeit zu achten und im demokratischen

*Demo-
kratisierung
der Bildungs-
systeme*

Leben eine aktive Rolle zu übernehmen mit dem Ziel, die Demokratie und Rechtsstaatlichkeit zu fördern und zu verteidigen."
(Vgl. Europarat 2010).

Werte treffen
aufeinander

Jahre nach der Veröffentlichung der beiden für das deutsche
Schulsystem bindenden Dokumente und aufgrund der globalen
Entwicklung gefühlt in einer anderen Zeitrechnung, rückt die Bedeutung von Demokratieerziehung aufgrund der aktuellen Zu-
wanderungssituation noch deutlicher in den Fokus von Lehrenden und Sozialarbeitenden in Schulen. Hier treffen sie frontal
aufeinander, die verschiedenen Vorstellungen davon, wie Leben
in Deutschland funktioniert: Demokratische Grundwerte wie die
Gleichwertigkeit aller Menschen und Lebensformen, die Religionsfreiheit und die Trennung von Staat und Kirche kollidieren
mit sozial, kulturell und/oder religiös begründeten Exklusions-
und Selektionstendenzen.

Pflicht und
Elternrecht

Im Kontext der deutschen Schulpflicht, die eine Schul*besuchs*-
pflicht ist, wird diskutiert, wie weit diese Pflicht geht und ob z. B.
das Elternrecht auf Religionsfreiheit tatsächlich die Freistellung
vom gemeinsamen Sportunterricht für ihre Töchter rechtfertigt.
Die Rechtsprechung dazu hat sich in den letzten Jahren verändert:
Wo früher schnell das Elternrecht prioritär gesetzt wurde, wird
heute vermehrt darauf verwiesen, dass neben der eigenen Freiheit
auch die der jeweils anderen (und anders bzw. nicht Glaubenden)

zu respektieren ist. In der Umsetzung bedeutet das, dass beispielsweise einem muslimischen Mädchen die eigene Verhüllung mit einem so genannten Burkini und/oder einem Kopftuch gestattet, ihr jedoch der Anblick weniger verhüllter Mitschülerinnen und Mitschüler zugemutet werden kann, soweit deren Badebekleidung der gängigen Norm am Lebensort entspricht. Schwieriger, weil nicht juristisch zu klären, wird es bei den Freizeitangeboten der Jugendarbeit z.B. im Rahmen des schulischen Ganztags. Hier gilt Elternrecht uneingeschränkt, soweit die Schulpflicht nicht verletzt wird – Eltern können entscheiden, ob ihr Kind an einer Freizeitaktivität teilnimmt und müssen nicht den Willen des Kindes berücksichtigen.

Anders als im außerschulischen Alltag gibt es im Bildungssystem jedoch den Bildungs- und Erziehungsauftrag, den sich Schule und Kinder- und Jugendhilfe im besten Fall im Interesse der Schülerinnen und Schüler verantwortlich teilen. Dabei soll nicht die Entscheidungsfreiheit der Eltern gegen die des jungen Menschen ausgespielt, sondern verantwortliches Handeln auf beiden Seiten gefördert werden. Verantwortlich mit sich selbst und miteinander umgehen zu lernen setzt voraus, Freiheitsrechte und demokratische Grundwerte zu kennen und den Umgang mit den notwendigen Aushandlungsprozessen zu üben.

Bildungs- und Erziehungsauftrag

2 Demokratieerziehung als Teil der Menschenrechtsbildung

Demokratieerziehung schafft über die Vermittlung von Wissen und das konkrete Einüben demokratischer Praktiken ein Bewusstsein für die allgemeingültigen Werte und Normen unserer Gesellschaft. Sie fördert damit die Entwicklung von Handlungskompetenz, um an Demokratie teilhaben und sie aktiv mitgestalten zu können. Damit ist Demokratieerziehung im besten Sinne Menschenrechtsbildung und folgt dem Ansatz des hierarchiefreien gemeinsamen Lernens. Sie wirkt sowohl auf die Sozialarbeitenden als diejenigen, die Wissen methodisch aufbereitet anbieten, als auch auf die Zielgruppe der Kinder und Jugendlichen, die sich auf dieses Angebot einlassen.

Bewusstsein für allgemeingültige Werte

Junge Menschen lernen im Kontext von Angeboten der sozialen Arbeit in Schulen, dass das Wahrnehmen von Rechten die Pflicht zur Übernahme von Verantwortung impliziert – für das eigene Handeln ebenso wie in der Achtsamkeit gegenüber der/dem Nächsten und der Gesellschaft. In der täglichen Arbeit werden demokratische Werte und Normen wie zum Beispiel Freiheit, Gerechtigkeit, Gleichberechtigung, Achtung und Respekt, Gewaltfreiheit und Gemeinschaft praktisch erfahrbar gemacht. Methodische Ansätze der sozialen Arbeit und Sozialpädagogik zur Förderung von Partizipation, Diskriminierungsschutz, Verantwortungsübernahme und Autonomie oder Geschlechtergerechtigkeit beinhalten wichtige Elemente der Demokratieerziehung, ohne dass dies explizit benannt wird. Lernen in diesem Zusammenhang meint sowohl formale Wissensvermittlung über individuelle Rechte und die Möglichkeiten ihrer Inanspruchnahme als auch den Erwerb von Handlungskompetenz im Rahmen der notwendigen Aushandlungsprozesse.

Moderierter
Prozess im
geschützten Raum
Es geht um das bewusste Erleben, das Üben demokratischer Praktiken und um die Verhandlung der Frage, wie weit die Rechte jeder/s Einzelnen reichen und was zu tun ist, wenn das Recht des einen mit dem der anderen zu kollidieren droht. Die Erfahrung, dass es zur Klärung des aus einer solchen Situation entstehenden Konfliktes nicht der Abgrenzung, sondern eines moderierten Prozesses bedarf, braucht den geschützten Raum, den Soziale Arbeit in Schulen bietet. Akzeptanz gleichberechtigten Seins, unabhängig von Geschlecht, Abstammung, Sprache, Heimat und Herkunft, Glauben, religiösen oder politischen Anschauungen ist damit sowohl Basis als auch Ziel von Demokratieerziehung.

3   Grundsätze für Demokratieerziehung im Rahmen sozialer Arbeit in Schulen

Schule als
Erfahrungsraum
Soziale Arbeit in Schulen initiiert im Kontext von Demokratieerziehung innovative und effiziente Lernprozesse, die die Schülerinnen und Schüler auf die Herausforderungen und Möglichkeiten einer sich verändernden Gesellschaft vorbereitet. Sie gestaltet Strukturen des Miteinander- und Voneinanderlernens in der Schule als Erfahrungsräume für das Erleben demokratischer Pro-

zesse und geht davon aus, dass, wer in einer demokratischen Lebenswelt aufwächst, in der Regel auch einen demokratischen Habitus einübt und letztlich leben kann und will. In Kooperation mit den Lehrenden regen die Sozialarbeitenden die notwendigen Lernprozesse an und moderieren einen verantwortungsbewussten Wertediskurs. Ziel ist die gemeinsame Entwicklung einer demokratischen Schulkultur, die verantwortliches Handeln aller Schülerinnen und Schüler ermöglicht, fördert und honoriert. Indem sie Raum für Beteiligung schafft und Strukturen für aktive Partizipation installiert, die auf beteiligungsorientierte Weiterentwicklung angelegt sind, wirkt soziale Arbeit in Schulen aktiv im Schulentwicklungsprozess.

Demokratieerziehung basiert auf dem Wissen um demokratische Werte und Strukturen, den zur Anwendung des Wissens notwendigen Fertigkeiten und der Förderung des persönlichen Engagements der/des Einzelnen. Der erfahrungsbasierte Lernprozess betont die Priorität der Kombination von Wissen und dem Erwerb einer verantwortungsbewussten Haltung im Interesse der Förderung einer demokratischen Kultur im Schulsystem. *Wissen und Erfahrung*

Die Auseinandersetzung mit allen Formen von Extremismus, mit allen Formen von Anfeindungen gegenüber zugewanderten Menschen, Gewalt und Intoleranz wird unterstützt durch die verstärkte Auseinandersetzung mit der Geschichte, den politischen und gesellschaftlichen Systemen in Europa sowie in den Herkunftsländern der Geflüchteten sowie die Nutzung außerschulischer Lernorte. Das können Gedenkstätten oder Orte von Gewaltverbrechen und staatlicher Menschenrechtsverletzungen ebenso sein wie Orte gelungener demokratischer Prozesse. Wichtig ist die Kontextualisierung, die ein Erleben und die konkrete Thematisierung demokratischer Grundwerte möglich macht.

4 Partizipation im Schulalltag als demokratisches Übungsfeld

Demokratie ist nicht denkbar ohne Menschenrechte, demokratische Gesellschaften können sich nicht entfalten ohne soziale Inklusion und nachhaltige Entwicklung, die die natürlichen Res- *Handlungsmöglichkeiten schaffen*

sourcen für ihr Überleben sichert. Um diese Werte leben zu können, müssen junge Menschen die notwendigen Kompetenzen entwickeln. Das gilt sowohl für diejenigen, die in einem demokratischen Staat geboren und aufgewachsen sind als auch für solche,
die zuwandern und temporär oder dauerhaft hier leben wollen.
Neben der notwendigen Aneignung von Wissen über demokratische Werte, Grundprinzipien und Umsetzungsmöglichkeiten gehört es zur Demokratieerziehung, Gelegenheiten zum Kompe-
tenzerwerb für demokratisches Handeln zu schaffen. Die Planung,
Durchführung und Evaluation von Projekten durch Schülerinnen
und Schüler haben eine wichtige Funktion beim Erwerb demokratischer Handlungsfähigkeit: Im Üben autonomen Handelns, beim
Ausprobieren von Instrumenten und Settings sowie bei der Interaktion in heterogenen Gruppen können in übersichtlichem Rahmen zentrale Kompetenzen erworben werden. Als Gelegenheits-
strukturen für demokratische Praxis ermöglichen sie gemeinsame
Planung, gleichberechtigte Beteiligung, abgestimmte Organisation, kommunikative und diskursiv gerechtfertigte Bewertung.

Öffnung der Schule in den Sozialraum

Durch eine Öffnung der Schule in den Sozialraum lässt sich der
Übungsraum in andere Handlungsfelder der Zivilgesellschaft aus-
weiten, während die Rückkopplung der im Projektverlauf gemachten Erfahrungen in den formalen Unterricht die kognitive
Unterfütterung ermöglicht: Wer Beteiligung erlebt und gemeinsam erfolgreich eine Idee umgesetzt hat, kann sich besser auf die
zugrundeliegende Theorie einlassen und sie im besten Sinne begreifen (vgl. Netzwerk Bildung 2015, S. 17 ff).

Beteiligungs-gremien

Praktische Umsetzungsmöglichkeiten sind zum einen die bestehenden Mitwirkungsmöglichkeiten wie Klassenräte oder – bezogen auf
den erweiterten Sozialraum – Kinder- und Jugendschülerräte der
Kommunen und Länder. Soziale Arbeit in Schulen kann Wissen
vermitteln, zur Beteiligung motivieren und Raum schaffen zum
Einüben der notwendigen Praktiken. Sie kann außerdem zur Ausweitung der Mitwirkungsrechte und zur Installation weiterer Betei-
ligungsgremien anregen, die auch die besonderen Bedarfe Geflüchteter zur Partizipation berücksichtigen und/oder entsprechende
Entwicklungsmöglichkeiten aufzeigen und forcieren. Im Rahmen
von Projekten sind der Fantasie wenig Grenzen gesetzt, solange die
Schülerinnen und Schüler motiviert und ihre Abstimmungspro-
zesse moderiert werden können: Beginnend bei der Beteiligung an

der Planung des Mittagstisches in der Schule über Schülercafès und gemeinsam organsierte Freizeitaktivitäten, Verantwortungsübernahme für Chillout- und Aktiv-Zonen auf dem Schulgelände bis hin zu Lernpatenschaften lässt sich vieles umsetzen.

Mit Blick auf die Geflüchteten spielt der Informationstransfer eine besondere Rolle – wer neu ist in der Kommune, kennt sich nicht aus mit den Gegebenheiten, beginnend mit Amt und Supermarkt bis hin zu den Orten, an denen sich Kinder und Jugendliche treffen. Hier ein Lotsenprojekt zu initiieren und zu begleiten wäre ein wichtiger Integrationsaspekt, der gleichzeitig gemeinsames Lernen von Zuwanderern und Einheimischen fördern kann.

Gemeinsames Lernen

Soziale Arbeit in Schulen hat eine wichtige Funktion bei der Entwicklung einer demokratischen Schulkultur, sie begleitet die Schülerinnen und Schüler in der Projektarbeit, ohne Ergebnisse zu bewerten und regt Mitwirkungs- und Mitbestimmungsprozesse an, die über die Schule hinaus in den Sozialraum und die Kommune wirken können. Die zwangsläufig entstehenden Konflikte zwischen schulischer Hierarchie bzw. den Grenzen des Schulsystems und dem mit zunehmendem Alter wachsenden Mitbestimmungswillen der Schülerinnen und Schüler sind ein wichtiges Lernfeld für alle Beteiligten. Die Frage, inwieweit sich bestehende Grenzen im Interesse der Schulentwicklung verschieben lassen, muss diskutiert und dieser Diskussionsprozess professionell moderiert werden – ein wichtiges Aufgabenfeld sozialer Arbeit, die dabei ihre Kompetenzen im Konfliktmanagement einbringen kann.

Demokratische Schulkultur

Junge Geflüchtete haben hier die Möglichkeit, ihre Erfahrungen in die neue Gemeinschaft einzubringen und neue Kompetenzen zu entwickeln. Indem sie bekannte Beteiligungsformen gemeinsam mit den Kindern und Jugendlichen auf die Situation Geflüchteter hin weiter entwickelt, regt soziale Arbeit in Schulen wichtige Bildungsprozesse bei allen Beteiligten an und fördert Akzeptanz und gegenseitiges Verständnis. Sie hat sowohl die Chance als auch den konkreten anwaltschaftlichen Auftrag, neben Wissensvermittlung, formaler Beratung und individueller Begleitung einen Beitrag zu leisten zur Förderung von Demokratieerziehung, um gegenseitiges Verstehen zu ermöglichen – und damit die Basis zu schaffen für gelingende Integration und auf lange Sicht Inklusion.

Gegenseitiges Verstehen

Literatur

Europarat: Charta zur Demokratie- und Menschenrechtsbildung. Empfehlung vom 11.05.2010. www.ifa.de/fileadmin/pdf/abk/inter/europarat_charta.pdf (27.07.2016).

Kultusministerkonferenz: Stärkung der Demokratieerziehung. Beschluss vom 06.03.2009. www.kmk.org/fileadmin/Dateien/veroeffentlichungen_beschluesse/2009/2009_03_06-Staerkung_Demokratieerziehung.pdf (27.07.2016).

Netzwerk Bildung (Hrsg.: Ute Erdsiek-Rave, Marei John-Ohnesorg): Demokratie lernen – eine Aufgabe der Schule?! Friedrich Ebert Stiftung, Berlin 2015.

Vom Umgang mit Diskriminierung

Impulse und Anregungen
zum rassismuskritischen Arbeiten

Andreas Foitzik

Wie gehen Fachkräfte der sozialen Arbeit und Lehrkräfte mit Diskriminierung in der Schule um? Wie können sie Diskriminierung unter den Schülern und Schülerinnen wahrnehmen und darauf reagieren? Und: Sind sie sich eigener Bilder und Zuschreibungen bewusst, die ihr Handeln beeinflussen? In diesem Beitrag wird am Beispiel von Diskriminierungen, die auf Rassismus basieren, vorgestellt, wie Fachkräfte professionell damit umgehen können.

Beispiel 1

Aus dem Schulalltag

Ein Schüler berichtet seinem Klassenlehrer, dass er von einem Fachlehrer eine schlechte mündliche Note bekommen habe. Er ist sicher, dass dies damit zusammenhängt, dass der „keine Russen leiden könne". Der Klassenlehrer schätzt seinen Kollegen nicht als „ausländerfeindlich" ein. Er weiß aber auch, wie „allergisch" seine Kolleginnen und Kollegen auf die Thematisierung von Rassismus reagieren.

Beispiel 2

Eine Lehrerin bekommt in der Pause mit, wie eine Gruppe von Schülern einen Mitschüler mit in ihren Augen rassistischen Begriffen beschimpft. Als sie eingreift, kontern die Schüler, dass dies doch nur Spaß sei und bei ihnen so üblich sei. Auf Nachfrage zuckt der betroffene Schüler ausweichend mit den Achseln.

Beispiel 3

Ein Schüler argumentiert im Rahmen der Berufsorientierung, dass er aufgrund seiner Herkunft ohnehin keine Chance hätte, eine Stelle zu finden. „Warum soll ich mich anstrengen? Ich bekomme ja doch nur Hartz IV."

Beispiel 4
Eine Schülerin, die Kopftuch trägt, will gerne eine Lehre als Bankkauffrau machen. Die für die Berufsorientierung zuständige Lehrerin weiß, dass dies sehr schwierig wird.

Beispiel 5
Auf der Klassenfahrt kommt die Lehrerin mit zwei schwarzen Schülern in ihrer Klasse ins Gespräch. Sie berichten, dass es eine Disco gibt, in der sie regelmäßig abgewiesen werden. Offiziell wegen ihrer Kleidung, da aber andere „einheimische" Jugendliche mit der gleichen Kleidung reinkommen, sei klar, dass es wegen ihrer Herkunft ist.

Beispiel 6
Eine Schülerin, die mit dem Duldungsstatus lebt, kommt nach dem Unterricht auf die Lehrerin zu und erzählt, dass sie und ihre Familie aktuell große Angst haben vor einer plötzlichen Abschiebung, da sie als Roma im Herkunftsland mit weiteren Diskriminierungen zu rechnen haben. Die Mitschülerinnen und Mitschüler sind ebenfalls besorgt, ihre Freundin zu verlieren.

Oft nicht eindeutig erkennbar — Wir sehen an diesen Beispielen, dass Erfahrungen von Diskriminierung von Kindern und Jugendlichen in vielfältiger Form in der Schule präsent sind, dass sie sowohl dort selbst vorfallen, als auch als Erfahrung von außen mit in die Schule mitgebracht werden. Oft sind sie nicht eindeutig erkennbar. Und sie können Lehrkräfte in Konflikte bringen, wenn sie sie aufgreifen.

Dies gilt für verschiedene Formen von Diskriminierung, soll hier aber beispielhaft für auf Rassismus beruhende Diskriminierungen ausgeführt werden. Das hier zugrunde gelegte Verständnis von Rassismus wird weiter unten erläutert (ausführlicher: siehe Mecheril u. a. (2010).

Oft nicht ernst genommen — Aus Untersuchungen (z. B. Claus Melter 2009) wissen wir, wie wenig Pädagoginnen und Pädagogen von den Rassismuserfahrungen der Jugendlichen mitbekommen oder verstehen. Der pädagogische Umgang scheint häufig geprägt von **Bagatellisierung** („So schlimm wird das nicht sein."), **Individualisierung** („Das ist ein Einzelfall!"), **Pathologisierung** („Sei nicht so empfindlich!"), **Verneinung** („Das habe ich so nicht gesagt."), **Dramatisierung** („Die

Meinungsfreiheit ist gefährdet.") oder gar einer **Opfer-Täter-Ver-drehung** („Du diffamierst mich!").

Ein professioneller Umgang mit den beschriebenen Erfahrungen hat immer einen doppelten Fokus:

- Verhindern, dass Kinder und Jugendliche neue Rassismuser-fahrungen machen (Antidiskriminierung).
- Ermöglichen, dass sie die gemachten Erfahrungen selbst ein-ordnen können und ihnen gegenüber handlungsfähig werden (Empowerment).

Mit dieser an und für sich banalen aus der pädagogischen Profes-sionalität abzuleitenden Perspektive tut sich die Pädagogik in Deutschland schwer. Wenn Jugendliche den Lehrkräften vorwer-fen, dass sie sich von ihnen benachteiligt fühlen und das auch mit den Erfahrungen von Rassismus in Verbindung bringen, reagie-ren diese oft eher gekränkt als professionell. Sie fühlen sich als „Rassistin" bzw. „Rassist" diffamiert und in die rechte Ecke ge-stellt.

Dies liegt begründet in einem verkürzten Alltagsverständnis von Rassismus, der nur die bewusste und offene, oft gewaltförmige Herabwürdigung von Menschen anderer Hautfarbe oder Her-kunft umfasst. „Wer dies tut, ist ein Rassist". Gleichzeitig löst der Begriff Rassismus immer auch Assoziationen zu monströsen Menschheitsverbrechen wie Sklavenhandel oder Holocaust aus. Dies führt dazu, dass Rassismus etwas ist, mit dem man nichts zu tun haben will. Rassismus wird am rechten Rand der Gesellschaft („Neonazis"), in der Geschichte („Nationalsozialismus", „Apart-heid") oder in anderen Ländern/Gegenden (Polizeigewalt in den USA, neue Bundesländer) verortet. Damit bleibt das Wesen des Rassismus im Kern unverstanden; seine subtilen Erscheinungsfor-men im Alltag müssen so unsichtbar bleiben.

Verständnis von Rassismus

Die Folge: die Lehrenden verpassen so die Chance, mit den Ju-gendlichen über die Gründe ihres Vorwurfs in Gespräch zu kom-men. Gründe, die – ohne dass sie sich dessen bewusst sind – in ihrem eigenen Verhalten, aber auch in der individuellen und kol-lektiven Erfahrung der Jugendlichen liegen können. Würden sie sich wirklich dafür interessieren und nicht ihr eigenes Befinden in den Fokus stellen, würde das für Jugendliche, die diesen Vorwurf

Verpasste Chance

im Einzelfall als Provokation benutzen, unattraktiv. Im Gegenteil: sie würden die Erfahrung machen, mit all ihren lebensweltlichen Erfahrungen ernst genommen zu werden.

Für einen angemessenen pädagogischen Umgang ist es daher zunächst einmal notwendig, ein Verständnis von Rassismus zu entwickeln,

- „das auch die subtilen, latenten und nicht intendierten Effekte rassistischer Praxen auf unterschiedlichen Ebenen einschließt und diese damit thematisier- und reflektierbar macht" (Scharathow 2014b, S. 74).
- das die Wirkung von Diskriminierung in den Fokus nimmt und nicht die Absicht und somit beispielsweise einschließt, dass auch eine „gut gemeinte" Kontaktaufnahme zu Schülerinnen und Schülern dazu beitragen kann, dass diese zu „Anderen" gemacht werden.

Kein rassismus-freier Raum Rassismus ist somit viel banaler, gewöhnlicher, unsichtbarer und damit auch schwerer zu benennen als allgemein angenommen. Eine vertieftere Auseinandersetzung mit dem Rassismusbegriff zeigt, dass auch Schule als gesellschaftliche Institution kein rassismusfreier Raum sein kann.

Für Lehrkräfte, die keine eigenen Rassismuserfahrungen haben, muss dies zuallererst heißen, eine Sensibilität hinsichtlich der verschiedenen Erscheinungsformen von Rassismus zu entwickeln und die eigenen Verstrickungen und Bilder diesbezüglich kritisch zu reflektieren.

Blick in die Geschichte Um zu verstehen was Rassismus ist, hilft ein Blick in die Geschichte. Vor über 500 Jahren hat Europa begonnen, im Namen der Moderne, der Zivilisation und des Christentums Afrika, Asien und Amerika zu kolonialisieren. Mit der beginnenden Aufklärung und der damit verbundenen Idee der Gleichwertigkeit aller Menschen bedurfte der Kolonialismus aber einer Legitimation. Nur durch die inzwischen lange wiederlegte Erfindung von „Rassen" und den „Nachweis" der Höher- bzw. Minderwertigkeit bestimmter „Rassen" konnte diese Widersprüchlichkeit aufgehoben werden. Der moderne Rassismus als „Wissenschaft" war notwendig, um andere Länder zu kolonisieren und systematisch auszubeuten. Seither haben sich sowohl Unterdrückungsformen wie legitimierende Ideologien verändert. Das Prinzip hingegen nicht. Es geht im Kern um die Legitimation und Stabilisierung gesellschaftlicher Ungleichheitsverhältnisse. Vereinfacht gesagt: Rassismus macht uns plausibel, dass in der Hauptschule mehr Schülerinnen und Schüler aus Migrantenfamilien sind als im Gymnasium und im Lehrerkollegium mehr Weiße arbeiten als bei der Straßenreinigung. So trägt er dazu bei, dass die Dinge, wie sie sind, normal erscheinen, sowohl denen, die davon profitieren, als oft auch denen, denen so der Zugang zu bestimmten gesellschaftlichen Positionen erschwert wird. Von Rassismus sprechen wir also, wenn eine ethnisch, kulturell oder religiös definierte Gruppe von einer anderen Gruppe konstruiert und abgewertet wird und zugleich diese Gruppe in einer gesellschaftlichen Position ist, diese Abwertung auch in verschiedenen Formen der Diskriminierung wirksam werden lassen (Kalpaka/Räthzel 1990).

Rassismus-erfahrungen thematisieren?

Aber auch den Jugendlichen selbst fehlt oft die Sprache für das, was sie erfahren. Wiebke Scharathow zeigt in ihrer empirischen Studie (2014a), dass die Jugendlichen keineswegs inflationär ihre Rassismuserfahrungen thematisieren, sondern diese oft selbst nicht als solche formulieren können oder wollen. Hierfür kann es unterschiedliche Ursachen geben:

- Viele verstehen unter Rassismus ebenfalls nur das, was im dominanten Diskurs darunter verstanden wird. Da sie beispielsweise in ihren Lehrerinnen und Lehrern meist keine „bösen Rassisten" sehen, spüren sie in bestimmten Situationen zwar ein Unbehagen, können es aber nicht einordnen oder gar ausdrücken.
- Sie haben Sorge, dass die Kritik des Rassismus ihrem Bedürfnis entgegensteht, dazuzugehören – unabhängig, ob es um die Zugehörigkeit zur Clique, zur Klassengemeinschaft – oder weiter gedacht – zur Gesellschaft geht.
- Gerade Jugendliche wollen nicht dauerhaft in der Opferrolle sein.
- Sie haben es oft genug versucht und sind nicht gehört worden. Gerade bei subtilen, nicht eindeutigen Erfahrungen sehen sie sich in der Beweispflicht und haben schon oft die Erfahrung gemacht, danach selbst als „Spaßbremse", als „überempfindlich" abgewertet zu werden.

- Sie haben Sorge, die Beziehung zur Lehrkraft dadurch dauerhaft zu beschädigen und fürchten negative Konsequenzen in Form von schlechten Bewertungen.

Ironischer Umgang Viele Jugendliche entwickeln auch einen durchaus ironischen Umgang und spielen untereinander mit Zuschreibungen und Bildern. Von außen betrachtet ist der Übergang zu rassistischen Bemerkungen kaum erkennbar. Die betroffenen Jugendlichen selbst können – wie Scharathow (2014a) zeigt – gut unterscheiden, ob eine Bemerkung „aus Spaß" erfolgt oder nicht.

Folgende Kriterien für eine nichtrassistische Interaktion haben Jugendliche formuliert. Sie können auch in pädagogischen Situationen hilfreich sein:

- Ironisierende Interaktionen sind dann in Ordnung, wenn sie zwischen Freundinnen und Freunden stattfinden. Die Intention ist dann nicht, jemanden abzuwerten oder zu verletzen.
- Sie müssen so formuliert sein, dass die andere Seite den Scherz auch verstehen kann.
- Es muss die Möglichkeit bestehen, die Situation durch Grenzsetzung beenden zu können.
- Die Interaktion muss potentiell auf Gegenseitigkeit beruhen, also durch ein diesbezügliches Machtgleichgewicht gekennzeichnet sein.

Macht-ungleichgewicht Gerade der letzte Punkt ist entscheidend für den pädagogischen Umgang mit Rassismuserfahrungen an der Schule: Die Beziehung zwischen Lehrkraft und Schülerinnen und Schülern ist nicht zuletzt durch ein Machtungleichgewicht geprägt, bei dem Lehrkräfte in letzter Konsequenz auch Entscheidungen über die Schul- und Berufslaufbahn der ihnen anvertrauten Kinder und Jugendlichen treffen können. Professionelles pädagogisches Handeln und professionelle Beziehungsarbeit schließt ein, sich dieses Machtgefälles jederzeit bewusst zu sein und die daraus erwachsene Verantwortung im Sinne der Gestaltung einer rassismuskritischen Bildungsarbeit anzunehmen. Dann und nur dann kann eine „Schule für alle" in der Migrationsgesellschaft gelingen.

Teilnehmende am Antidiskriminierungsprojekt „Now We Talk"
nach einer Aufführung

1 Umgang mit Rassismuserfahrungen als Aufgabe der Schule

Methodisch könnte man von einem Dreischritt sprechen:

1.1 Die Rassismuserfahrungen hören, wahrnehmen und erkennen

Um Rassismuserfahrungen der Jugendlichen anerkennen zu kön- *Zuhören!*
nen, müssen wir bewusst Räume schaffen, die den gewöhnlichen
Schulablauf unterbrechen. Um jemanden anerkennen zu können,
muss ich sie/ihn erkennen, also wahrnehmen. Das vielleicht un-
mittelbarste Mittel dafür ist das aufmerksame und achtsame Zuhören, bei dem man die Perspektive des Gegenübers erfahren und
etwas über die individuelle Lebenssituation und individuelle
Handlungsgründe erfahren kann. Der größte Feind des Zuhörens
sind Alltagshektik und genormte pädagogische Abläufe. Zuhören
braucht Freiräume, die sich manchmal, aber nicht immer von
selbst einstellen. Manchmal „passieren" solche Situationen auch
unerwartet und informell. Es kommt darauf an, sie wahrzuneh-

men und dann gegebenenfalls Prioritäten zu verschieben und den sich bietenden Raum zu nutzen.

Orte des Vertrauens — Geschütze Räume zur Thematisierung von Rassismuserfahrung lassen sich auch bewusst herstellen. So können im pädagogischen Konzept der Schule institutionalisierte Gespräche vorgesehen werden, in denen jenseits des pädagogischen Alltags die Erfahrung der Jugendlichen im Mittelpunkt stehen. Da wir nicht davon ausgehen können, dass Lernende von sich aus Rassismuserfahrungen thematisieren, braucht es Räume, in denen sie ihre Erfahrungen bearbeiten können. Diese Räume sind als ein Ort des Vertrauens und des gegenseitigen Respekts zu gestalten. Im Sinne des Empowermentansatzes[1] werden die Äußerungen der Lernenden nicht in Frage gestellt oder relativiert. Die Schülerinnen und Schüler können sich gegenseitig ermutigen und ihre eigene Stärke erkennen.

1.2 Innehalten, die eigenen Bilder und Interpretationen prüfen und sich des eigenen pädagogischen Auftrages erinnern

Heterogenität und Machtunterschiede — Annita Kalpaka (2006) verweist auf die besondere Bedeutung der Reflexion in der pädagogischen Arbeit mit Gruppen, die von Heterogenität und Machtunterschieden geprägt sind – sowohl innerhalb der Gruppen, als auch im Verhältnis zu den pädagogisch Handelnden.

- Welche Bilder lösen bestimmte Aussagen (z.B. ethnisierende Äußerungen) oder ein bestimmtes Äußeres (z.B. Kopftuch) in mir aus?

- Welche allgemeinen Diskurse (z.B. „Sprache ist der Königsweg zur Integration") spielen in der Handlungssituation eine Rolle?

---

1 Empowerment bedeutet Selbst-Ermächtigung. Im pädagogischen Bereich sind damit Konzepte beschrieben, die Jugendlichen Räume öffnen, ihre Interessen selbstbestimmt und eigenmächtig zu vertreten.

- Welchen gesellschaftlichen Erwartungen sehe ich mich gegenüber (z. B. Schülerinnen und Schüler für den Ausbildungsmarkt passend zu machen)?

- Innerhalb welcher rechtlichen und institutionellen Rahmenbedingungen bewege ich mich und welche pädagogischen Handlungsmöglichkeiten habe ich innerhalb derselben?

Wesentlich scheint insbesondere in emotional aufgeladenen Situationen das Bewusstsein, dass es beim pädagogischen Handeln um die Erweiterung der Handlungsspielräume der Schülerinnen und Schüler geht.

1.3 Den Jugendlichen Angebote machen, sich mit der Situation kognitiv und emotional auseinandersetzen und nach individuellen oder gemeinsamen Handlungsstrategien suchen

Die Haltung der pädagogisch Handelnden kann mit: „Ich respektiere dich in deiner Person, interessiere mich für deine Handlungsgründe, teile jedoch nicht alle deine Auffassungen" beschrieben werden. Dies schließt ein, in bestimmten Situationen auch eine klare Position zu beziehen, Grenzen zu setzen, beispielsweise in Bezug auf diskriminierende und verletzende Äußerungen von Schülerinnen und Schülern. Wenn Lehrkräfte Jugendliche, die Ausgrenzungserfahrungen machen, bei einer produktiven Auseinandersetzung mit denselben unterstützen möchten, ist eine klare, offene Positionierung gegen Rassismus eine wichtige Voraussetzung. Dies zeigt sich nicht in einem Aktionismus ohne Auftrag der Schülerinnen und Schüler, sondern in einer selbstverständlichen und unaufgeregten Haltung.

Position beziehen

Wie dies aussehen kann, machen wir anhand der eingangs beschriebenen Beispiele deutlich:

Handlungsoptionen

Beispiel 1
Wenn ein Schüler sich bei Ihnen über einen Kollegen beschwert, braucht es einen Raum, in dem er seine Gründe nennen kann, ohne dass jemand seine Wahrnehmung in Frage stellt. Was braucht er von Ihnen? Wie können Sie ihm helfen, das herauszufinden? Wie können Sie, wenn er das will, das Gespräch mit dem

Kollegen so vorbereiten, dass die Erfahrung des Jugendlichen – auch über die konkrete Interaktion hinausgehend – im Mittelpunkt steht?

Beispiel 2
Wenn Sie mit rassistischen Sprechweisen von Schülerinnen und Schülern konfrontiert werden, machen Sie auf klare aber wenig dramatische Weise klar, dass Sie nicht dulden, dass bestimmte Begriffe (wie das N.-Wort) in der Schule benutzt werden. Suchen Sie das Einzelgespräch mit dem betroffenen Schüler und signalisieren ihm, dass Sie ihn unterstützen, wenn er das wünscht. Womöglich macht es Sinn, dass Thema losgelöst von dem Vorfall im Unterricht zu thematisieren oder gemeinsam Umgangsregeln zu erarbeiten.

Beispiel 3
Auch wenn Ihre spontane Reaktion ist, dass der Schüler mit dem Hinweis auf die Diskriminierung auf dem Arbeitsmarkt nur seine eigene Unmotiviertheit überspielen will, nutzen Sie diese Äußerung, um die strukturelle Diskriminierung, die durch verschiedene Studien belegt ist, zu thematisieren. Fragen Sie nach, auf welcher Erfahrung diese Aussage beruht. Bieten Sie an, gemeinsam mit ihm oder auch mit anderen Schülerinnen und Schülern in der Klasse dieses Wissen zu überprüfen und zu erweitern. Überlegen Sie mit ihm Strategien im Umgang mit der Realität der strukturellen Diskriminierung.

Beispiel 4
Wenn Sie ein Mädchen mit Kopftuch im Übergang Schule Beruf beraten, ist es womöglich wichtig, sich die eigenen Bilder bewusst zu machen. Wie können Sie dazu beitragen, die Handlungsspielräume der Schülerin zu erweitern, ihr zu helfen, eine gute Entscheidung treffen zu können? Auf der Grundlage dieser Haltung ist es möglich, auch die Diskriminierung offen anzusprechen und verschiedene Optionen durchzuspielen.

Beispiel 5
Auch außerschulische Erfahrungen, wie der verwehrte Diskobesuch sind Themen, für die Jugendliche Begleitung brauchen. Nach dem Allgemeinen Gleichbehandlungsgesetz (AGG) ist das Vorgehen der Türsteher strafrechtlich relevant, wenn es denn zu beweisen ist. Geben Sie den Schülern einen Raum zu überlegen, was sie

tun wollen: das Einschalten offizieller Stellen oder der Presse, das Aufsuchen einer Antidiskriminierungsberatung, das Thematisieren im Unterricht u. a. So machen die Jugendlichen die Erfahrung, sich gegen erlittenes Unrecht wehren zu können.

Beispiel 6

Wenn Sie mit Abschiebungen zu tun haben, bieten Sie den Jugendlichen und ihren Familien Unterstützung an, und vermitteln Sie Kontakte zu fachkundigen Stellen. Nehmen Sie damit Ihre Fürsorgepflicht wahr. Eine Abschiebung kann für die Kinder und Jugendlichen traumatische Wirkungen haben und bedeutet oft den Bruch im Bildungsweg der Kinder. Wenn die betroffen Kinder das wünschen, unterstützen Sie die Peergruppe der von Abschiebung bedrohten Kinder und Jugendlichen und schaffen Räume, in denen diese sich aktiv gegen die Abschiebung einsetzen können. Auch für die nicht selbst Betroffenen ist die Erfahrung der Abschiebung einer Freundin oder eines Klassenkameraden unverständlich und bedrohlich. Es geht somit auch darum, der Ohnmachtserfahrung der Kinder etwas entgegen zu setzen. Für die Betroffenen ist es ein großer Unterschied, ob sie Solidarität und Empörung oder Gleichgültigkeit erfahren.[2]

Literatur

Foitzik, Andreas (2015): Erfahrungen mit Rassismus im pädagogischen Alltag. Eine Einführung zum Thema Rassismus für Fachkräfte in Jugendhilfe und Schule. Reihe: Thema Jugend kompakt. Katholische Landesarbeitsgemeinschaft Kinder- und Jugendschutz NW e.V., www.thema-jugend.de, Münster.

Kalpaka, Annita/Räthzel, Nora (1990): Die Schwierigkeit, nicht rassistisch zu sein. Leer. Mundo Verlag.

Kalpaka, Annita (2006): Hier wird deutsch gesprochen – Unterschiede, die einen Unterschied machen. In: Elverich, Gabi/Kalpaka, Annita/Reindlmeier, Karin (Hrsg.): Spurensicherung - Reflexion von Bildungsarbeit in der Einwanderungsgesellschaft. Frankfurt a.M./London.

Mecheril, Paul u. a. (2010): Migrationspädagogik. Weinheim und Basel.

Melter, Claus (2009): Rassismusunkritische soziale Arbeit – die De-Thematisierung schwarzer Deutscher in der Jugendhilfe(forschung). In: Melter, Claus/Mecheril, Paul (Hrsg.): Rassismuskritik Band 1. Schlabach/Ts.

---

2   siehe auch den Aufruf „PädagogInnen gegen die Abschiebung von Roma in den Kosovo", www.aufruf-gegen-abschiebung.de.

Scharathow, Wiebke (2014a): Risiken des Widerstandes. Jugendliche und ihre Rassismuserfahrungen. Bielefeld.

Scharathow, Wiebke (2014b): Rassismus. In: Diakonisches Werk Württemberg: Woher komme ich? Reflexive und methodische Anregungen für eine rassismuskritische Bildungsarbeit. Stuttgart.

Velho, Astride (2010): (Un-)Tiefen der Macht. Subjektivierung unter den Bedingungen von Rassismuserfahrung in der Migrationsgesellschaft. In: Broden, Anne/Mecheril, Paul: Rassismus bildet. Bielefeld.

Der Artikel basiert auf Textbausteinen der Broschüre „Thema Jugend kompakt. Erfahrungen mit Rassismus im pädagogischen Alltag. Eine Einführung zum Thema Rassismus für Fachkräfte in Jugendhilfe und Schule." Katholische Landesarbeitsgemeinschaft Kinder- und Jugendschutz NRW e.V., www.thema-jugend.de, Münster 2015

Was Bildung möglich macht

Schulische Angebote für junge Geflüchtete

Claudia Seibold

Gründe für die Flucht aus dem Heimatland gibt es viele; den eige- *Unterschiedliche* nen Kindern mit guter Bildung eine Zukunftsperspektive bieten *Schulsysteme* zu können ist für Eltern und Familien oft eines der Puzzleteile, die der Idee von der Flucht zur Realität verhelfen. Manche Familie ist aus ihrem Herkunftsland also gerade deshalb geflohen, weil sie dort keine Perspektive für ihre Kinder mehr sahen und die Schulen keine solide Grundqualifizierung (mehr) versprachen oder das Bildungsangebot grundsätzlich für sie nicht zugänglich war. Gleichzeitig sind die jungen Menschen und ihre Eltern in ihrer Erwartung an die Schule in Deutschland davon geprägt, dass die Schulsysteme in den Herkunftsländern in der Regel eher autoritär und wenig pluralistisch angelegt waren. Dem gegenüber steht in Deutschland ein ausdifferenziertes föderales Schulwesen, das auf unterschiedlichen Wegen Zugänge zu Bildung und gesellschaftlicher Teilhabe eröffnen soll. Lehrkräfte verstehen sich nicht vorrangig als Autoritätspersonen, die Wissen vermitteln, sondern als ExpertInnen, die für die jungen Menschen Lernmöglichkeiten schaffen und Bildungsangebote bereithalten. Im besten Fall sehen die Lehrenden auch sich selbst als Lernende und vermitteln nicht in erster Linie autorisiertes Faktenwissen, sondern begleiten die Erarbeitung von Wissen und Kompetenz in exemplarisch inszenierten Lernsituationen. Die Ziele von schulischer Bildung sind in den Schulgesetzen der Bundesländer zwar nicht ganz wortgleich formuliert, fokussieren aber – ähnlich wie das Kinder- und Jugendhilfegesetz – auf die Entwicklung von eigenständigen und gesellschaftsfähigen Persönlichkeiten.

Die Frage nach einer adäquaten Beschulung ist für schulpflichtige *Praktiken zur* junge Menschen, die neu einreisen, eine der ersten zu bewältigen- *Beschulung* den Herausforderungen in Deutschland. Aufgrund der langjährigen Erfahrung von Zuwanderung wurden in den meisten Bundes-

ländern Verfahren zur Zuweisung und Förderung an Schulen entwickelt.[1] In diesem Aufsatz wird ein grober Überblick darüber geben, welche unterschiedlichen Praktiken zur Beschulung es in den
Bundesländern derzeit (Stand Juli 2016) gibt und mit welchen Methoden sie sie praktisch umsetzen[2]. Dabei soll es zunächst um Fragen der Schulpflicht gehen, bevor die Passgenauigkeit von Schulform und Klassenstufe und im nächsten Schritt die Organisations-
formen vom allgemeinen Unterricht und von Deutschlernange-
boten in den Blick genommen werden. Ob die konkrete Praxis vor
Ort den Bedarfen und Interessen der jungen Menschen und ihrer
Familien entspricht, kann hier nicht vertieft betrachtet und diskutiert werden. Konstatiert werden kann aber an dieser Stelle, dass
die Forderung nach einem deutlichen Ausbau der Förderangebote, nach mehr Lehrkräften und auch mehr sozialpädagogischem
Personal für die Schulen von verschiedenen AkteurInnen im Feld
offensiv artikuliert wird. Dieser Beitrag beschränkt sich auf die besondere Situation Schulpflichtiger direkt nach ihrer Einreise, weil
die Umsetzung der Schulpflicht und damit die Verpflichtung des
Staates zur Bereitstellung eines adäquaten Bildungsangebotes unabhängig vom rechtlichen Status der Eingereisten besteht. Wenn
spezifische Maßnahmen für junge Geflüchtete beschrieben werden oder sich der Zugang zu Bildungsangeboten in Abhängigkeit
vom Rechtsstatus entscheidet, wird dies explizit betont.

Die Schulpflicht　Für die Schulpflicht ist das Schulgesetz des Bundeslandes, in dem
sich die jungen Menschen aufhalten, maßgeblich. Aufgrund des
bundesdeutschen Föderalismus stellt sich die Situation in den
Bundesländern vielfältig und divers dar. Dies beginnt schon bei
der Frage, ab wann junge Menschen schulpflichtig sind und endet
noch nicht mit der Beurteilung, wann die Schulpflicht endet.

Beginn der　Sie beginnt mit fünf oder sechs Jahren und basiert auf dem Krite-
Schulpflicht　rium des Wohnsitzes oder Aufenthalts.

1　Zur ganz grundsätzlichen Frage, für welche Kinder und Jugendlichen wann und
　wie das Schulrecht und die Schulpflicht gelten, verweise ich an dieser Stelle auf
　die Beiträge von Barbara Weiser zur formaljuristischen Bewertung und von
　Christine Lohn zur menschenrechtlichen Beurteilung der Frage.
2　Diese Regelungen können nur den derzeitigen Status quo aufzeigen. Änderun-
　gen sind möglich.

Unterricht in der SchlaU-Schule in München

Für AsylbewerberInnen gibt es in den meisten Bundesländern spezifische Regelungen. Die Spannbreite reicht von voraussetzungsfreier Schulpflicht ab dem ersten Tag des Aufenthalts bis zum Beginn der Schulpflicht nach der Zuweisung von der Landeserstaufnahmeeinrichtung in eine Kommune oder gar, abhängig von der Aufenthaltsdauer in Deutschland, nach drei oder sechs Monaten. In diesen Ländern ruht die Schulpflicht während des Aufenthalts in der Landeserstaufnahmeeinrichtung bzw. für die landesrechtlich geregelte Zeit des notwendigen Aufenthalts im Land. In einigen Ländern, die solche Regelungen definiert haben, besteht unabhängig davon das Recht auf einen Schulbesuch in dieser Zeit. Wie dieser realisiert wird bzw. werden kann hängt von den personellen und organisatorischen Möglichkeiten vor Ort ab und oft auch vom Engagement einzelner Verantwortlicher.

Zusammengefasst können sechs verschiedene Regelungen (Stand Juli 2016) identifiziert werden, die hier vereinfacht und zusammengefasst dargestellt werden. Die Schulpflicht beginnt für AsylbewerberInnen, deren Aufenthalt gestattet ist (§55 AsylVfG)

- ohne Einschränkung in: Berlin, Bremen, Hamburg; Saarland, Schleswig-Holstein
- mit dem Stellen eines Asylantrags in Sachsen
- ab drei Monaten nach Zuzug in Bayern und Thüringen
- ab sechs Monaten nach Zuzug in Baden-Württemberg

- nach dem Verlassen der Erstaufnahmeeinrichtung bzw. beginnt nach Zuweisung in eine Gebietskörperschaft, aber es wird ein Schulbesuchsrecht eingeräumt in: Brandenburg, Hessen, Mecklenburg-Vorpommern, Rheinland-Pfalz
- nach Zuweisung zu einer Gemeinde/nach Beendigung der Pflicht, in einer Aufnahmeeinrichtung zu wohnen in: Niedersachsen, Nordrhein-Westfalen, Sachsen-Anhalt

Quelle: Massumi, Mona, von Dewitz, Nora, et al. (2015): Neu zugewanderte Kinder und Jugendliche im deutschen Schulsystem. Bestandsaufnahm und Empfehlungen. Köln. Mercator-Institut für Sprachförderung und Deutsch als Zweitsprache, Zentrum für LehrerInnenbildung der Universität zu Köln

Ende der Schulpflicht

Auch das Ende der Schulpflicht ist in den Bundesländern unterschiedlich geregelt. So endet die reguläre Vollzeitschulpflicht i.d.R. nach neun oder zehn Schuljahren oder mit dem Erlangen eines ersten Schulabschlusses. Anschließend besteht eine Berufsschulpflicht, die in Abhängigkeit von einer Ausbildung als Vollzeitschule oder auch an einem Tag in der Woche abgeleistet werden kann. Das Ende der Schulpflicht ist in den Bundesländern in der Regel mit Erreichen der Volljährigkeit gleichgesetzt.

Übergang in Ausbildung und Arbeit

Für junge Menschen, die erst im Laufe ihrer Schulzeit nach Deutschland einreisen, stellt sich insbesondere das Ende der Schulpflicht häufig als Hürde für einen gelungenen Übergang in Ausbildung und Arbeit dar. Für sie kann eine verlängerte Schulpflicht die Möglichkeit eröffnen, auch nach Erlangen der Volljährigkeit einen Schulabschluss innerhalb des staatlichen Schulwesens zu erlangen. Ob die Verlängerung der Berufsschulpflicht tatsächlich das beste Mittel ist, um zu einem qualifizierenden Schulabschluss zu gelangen, wird derzeit noch diskutiert. Bisher ist dieses Instrument nur im Bundesland Bayern eingesetzt, kann aber auch dort nicht flächendeckend umgesetzt werden.

In allen Bundesländern gibt es auch außerhalb des formalen Schulwesens Angebote und Möglichkeiten zum Erreichen eines Schulabschlusses, z.B. im Rahmen von Maßnahmen der Arbeitsagentur. Auch diese Möglichkeiten sind länderspezifisch und abhängig von den zur Verfügung stehenden Lehrkräften und Finanzmitteln. Leider stehen dazu keine bundesweiten Informationen zur Verfügung. Fachkräfte vor Ort müssen sich selbst über die Möglichkeiten informieren und ihre Kenntnisse regelmäßig aktualisieren. Einen guten Überblick über die örtlichen Maßnahmen, Kurse und Angebote können die Jugendmigrationsdienste und sonstigen Beratungsstellen anbieten.

Zugänge zu Bildung haben darüber hinaus und insbesondere einen hohen Wert für die Persönlichkeitsentwicklung und das Zusammensein mit Gleichaltrigen im Schulalltag fördert die soziale Integration ebenso wie die Identifikation mit der aufnehmenden Gesellschaft. Die Organisationen der Jugendsozialarbeit engagieren sich dafür, auch jungen Erwachsenen durch die Ermöglichung eines längeren Schulbesuchs einen Schulabschluss – und damit gesellschaftliche Integration für die Dauer ihres Aufenthaltes hier - zu ermöglichen. Nur mit einem qualifizierten Abschluss besteht die Möglichkeit zur Aufnahme einer Ausbildung und damit zu einer qualifizierten Berufstätigkeit, die nachhaltig den Lebensunterhalt absichert. – Auch bei einer späteren Rückkehr in das Herkunftsland ist eine Ausbildung für einen Neustart dort hilfreich und nützlich.

In der Regel bemühen sich die Schulämter, die jungen Geflüchteten möglichst der passenden Schulform und Klassenstufe zuzuordnen. Bei neu eingereisten jungen Menschen ist aber oft nicht einfach festzustellen, was „passend" mit Blick auf die bereits erfahrene Schulbildung und die individuellen Bedarfe bedeutet. In manchen Regionen wurden „Clearingstellen" eingerichtet mit dem Ziel, auf der Grundlage möglichst differenzierter Erhebungen zur Vorbildung und Tests zu vorhandenen Kenntnissen die bestmöglich passende Schulform und Klassenstufe zu eruieren und den Schüler/die Schülerin entsprechend einzuschulen. Da diese Verfahren bisher nicht flächendeckend zum Einsatz kommen, sind Klassen- und auch Schulwechsel in vielen Fällen unvermeidlich.

Passgenauigkeit der Beschulung

Eine zu wenig passgenaue Zuweisung in eine Schule wird wahrscheinlicher, je älter die jungen Menschen bei der Ankunft sind. Bei Grundschulkindern – insbesondere in der Phase der Erstalphabetisierung – ist es noch recht einfach, die Kinder gemeinsam mit Gleichaltrigen Sprache und Schrift lernen zu lassen. Je älter die Kinder und Jugendlichen sind, desto stärker unterscheiden sich ihre Vorkenntnisse von denen ihrer gleichaltrigen Mitschülerinnen und -schüler, die in Deutschland aufgewachsen sind.

Diese Unterschiede beziehen sich einerseits ganz grundsätzlich auf alle Felder des Lernens. Für noch nicht alphabetisierte junge Menschen, die in deutschen Schulen aufgenommen werden, ist zunächst die grundständige Alphabetisierung nachzuholen. Ein Anknüpfen an bereits vorhandene Sprachkenntnisse ist hier nicht möglich. Andere Geflüchtete hatten bereits im Herkunftsland Unterricht in Fremdsprachen können diese Kenntnisse und Fertigkeiten beim Erlernen der (neuen)deutschen Sprache nutzen. Auch Vorkenntnisse im naturwissenschaftlichen Bereich können den Zugang zur Bildung erleichtern, indem in diesen Fächern an vorhandenem Wissen angeknüpft werden kann und somit schulische Erfolge möglich sind.

Schulische Angebote Neu zugewanderte junge Menschen werden auf verschiedene Arten in die Schulen aufgenommen. Die Bundesländer haben vielfältige Begriffe für ihre jeweilige Aufnahmeform gefunden, die zum Teil durchaus verschieden interpretiert werden können. So werden im Feld der Primarstufe z.B. Vorbereitungsklassen, Deutschförderkurse, Lerngruppen für Neuzugänge ohne Deutschkenntnisse, Förderkurse, Vorkurse, Alphabetisierungsklassen, Internationale Vorbereitungsklasse, Begleitende Förderung, Sprachlernklassen, Auffangklassen, Eingliederungslehrgänge, Förderstunden oder Stützkurse angeboten. Für die Sekundarstufen gibt es ähnliche Bezeichnungen, darüber hinaus werden für die älteren Schülerinnen und Schüler Berufswahlvorbereitungskurse, Internationale Vorbereitungsklassen mit verschiedenen Spezifizierungen, Internationale Förderklassen oder Eingliederungslehrgänge vorgehalten.

Um den vielfältigen Vorerfahrungen gerecht zu werden haben die Schulen in ganz Deutschland verschiedene Modelle für die Erstbeschulung Geflüchteter entwickelt. Grob lassen sie sich fünf verschiedene Kategorien einsortieren, die als „Sofortintegration", „integratives Modell", „Teilzeit-Sprachförderklassen", „Sprachförderklassen" und „Sprachförderklassen mit Schulabschluss" bezeichnet werden. Die Übergänge zwischen den verschiedenen Modellen sind fließend. Durchgängiges Grundprinzip ist heute, im Unterschied zu früheren Modellen von „Ausländerklassen" u.ä., ein möglichst schneller Übergang der Schülerinnen und Schüler in Regelklassen, um zeitnah gemeinsames Lernen zu ermöglichen.

Sofortintegration: Die fünf Modelle sind erstens das Modell, das in Grundschulen am weitesten verbreitet ist und keinerlei „Sonderbehandlung" bedeutet. Mit dieser „Sofortintegration" wird darauf gezählt, dass die jungen Menschen gemeinsam mit ihren AltersgenossInnen lernen. Zusätzliche Förderangebote gibt es im Rahmen der für alle zugänglichen Förderangebote – auch zur Sprachförderung.

Integratives Modell: Zweitens werden die neu Eingereisten auch direkt in eine Regelklasse aufgenommen, erhalten aber zusätzliche Förderung in Deutsch. Bei diesem „integrativen Modell" werden aber gezielte und spezifische Förderangebote in Deutsch vorgehalten, die entweder zusätzlich zum Regelunterricht oder aber teilweise parallel zum Regelunterricht, stattfinden.

Teilzeit-Sprachförderklassen: Drittens ist das Modell der „Teilzeit-Sprachförderklassen" zu nennen, bei denen von Beginn an ein Teil des Unterrichts in einer Regelklasse besucht wird, das auch als „teil-integratives Modell" beschrieben wird. Hier werden die neu Angekommenen zwar auch sofort in eine Regelklasse aufgenommen, erhalten aber auch einen Teil des Unterrichts in einer eigens für sie eingerichteten „Sprachförderklassen" (wobei die Bezeichnungen variieren, s. o). Hierbei ist die zeitliche Aufteilung unterschiedlich. Die Übergänge werden in der Regel fließend gestaltet, sodass die jungen Menschen mit zunehmenden Deutschkenntnissen immer mehr Unterricht in der Regelklasse ableisten und immer weniger in der Sprachförderklasse.

Sprachförderklassen: Viertens sind die „Sprachförderklassen" als eine Art parallele Klasse zu sehen, in ihr sind die neu eingereisten jungen Menschen den ganzen Tag in ihrer eigenen Klasse. Teilweise werden aber auch diese SchülerInnen sofort einer Regelklasse zugeordnet. Der Übergang in die Regelklasse erfolgt entweder individuell oder nach einem klar definierten Zeitraum.

Sprachförderklassen mit Schulabschluss: Und zuletzt sei noch das Modell genannt, das insbesondere für die älteren Jugendlichen greift: Das sind die Klassen, bei denen kein Übergang in eine Regelklasse mehr erfolgt, sondern die jungen Menschen direkt auf den Schulabschluss vorbereitet werden. Diese Klassen gibt es zum Teil auch an beruflichen Schulen. Dort heißen sie dann z. B. Berufsvorbereitungsklasse ohne Deutschkenntnisse. Entsprechend werden in diesen Klassen auch die Berufsorientierung und Berufsvorbereitung explizit in den Unterricht aufgenommen.

Außerschulische
Maßnahmen

Für alle diese Modelle geben die Bundesländer mit ihren Schulgesetzen den Rahmen vor, die konkrete Umsetzung und Ausgestaltung wird den einzelnen Schulen überlassen. Sobald Kinder oder Jugendliche über ausreichende Deutschkenntnisse verfügen, um am regulären Unterricht teilzunehmen, werden sie in Regelklassen integriert. Darüber hinaus gibt es außerhalb der staatlichen Schulen Angebote für ältere junge Menschen, die nicht mehr schulpflichtig sind, sich in „Maßnahmen" auf einen Schulabschluss vorzubereiten.

Viele Schulen bieten zusätzlich zum Unterricht Förderangebote für neu eingereiste junge Menschen insbesondere in Deutsch, aber auch in anderen Fächern, an. Für den Deutschunterricht stehen nicht immer Fachkräfte mit der Qualifikation „Deutsch als Zweitsprache" zur Verfügung.

Unterstützung der
Lehrkräfte

In allen Bundesländern gibt es Angebote zur Qualifizierung und Fortbildung, die sich sowohl auf das Erlernen von Deutsch als auch auf das Verstehen der Kinder und jungen Menschen in ihrer besonderen Situation beziehen. Insbesondere die Sprachförderklassen mit und ohne Schulabschluss werden konzeptionell verankert von sozialpädagogischen Fachkräften begleitet.

Michael Schütz beschreibt in seinem Beitrag die Aufgaben an einer Schule, die spezifisch für junge Geflüchtete konzipiert wurde, Christine Schubart stellt die Arbeit in einer hessischen Intensivklasse vor, Barbara Seeber beleuchtet ausschnittweise die Begleitung einer baden-württembergischen Vorbereitungsklasse. Die weiteren Beispiele in diesem Buch beziehen sich auf die weniger systematischen Aufgaben, die sozialpädagogische Fachkräfte in verschiedenen Schulformen wahrnehmen.

Zusätzlicher
Fachkräfte-
bedarf

Die bereits seit langem durch unterschiedliche Akteure im Feld artikulierte Forderung nach dem Ausbau von Schulsozialarbeit für alle Schulen wurde im Kontext der Aufnahme einer zunehmenden Zahl junger Menschen mit Fluchterfahrungen noch einmal verstärkt und fachlich unterlegt. Die ohnehin schon deutlich überlasteten SchulsozialarbeiterInnen können die jetzt verstärkt notwendigen Aufgaben der sozialpädagogischen Begleitung dieser Zielgruppe nicht übernehmen, ohne dass sich das auf ihre Arbeit für die Gesamtheit der Schülerinnen und Schüler auswirkt. Es bedarf zusätzlicher qualifizierter Fachkräfte, um diesen Bedarf ohne eine Einschränkung anderer notwendiger Leistungen der Schulsozialarbeit zu decken. Soziale Arbeit in Schulen braucht professionelle hauptamtliche Fachkräfte. Nur bei einer den Bedarfen angemessenen Personalausstattung kann eine Unterstützung durch Ehrenamtliche und durch die Vernetzung mit Angeboten im Gemeinwesen das professionelle Angebot sinnvoll ergänzen.

Weitere ausführliche Informationen finden Sie in der Veröffentlichung des Mercator Instituts: „Neu zugewanderte Kinder und Jugendliche im deutschen Schulsystem" von 2015. Grundlage dieser Veröffentlichung ist eine Studie, in der erstmals systematisch alle Informationen über neu zugewanderte Kinder und Jugendliche und ihre Einbindung ins Schulsystem zusammengestellt und analysiert wurden.

Auftrag, Rolle und Angebote der sozialpädagogischen Fachkräfte in Schulen

Handlungsfelder, Ansätze und Hinweise für die Praxis

Gisela Würfel

Der Lern- und Lebensort Schule stellt für geflüchtete Kinder und Jugendliche einen wichtigen Startplatz für ihre Integration in die deutsche Gesellschaft dar. Damit Schule dieser zentralen Aufgabe im Integrationsgeschehen gerecht werden kann, sind verschiedene AkteurInnen mit unterschiedlichen Rollen und Aufgaben in der Verantwortung. Schulleitung und Lehrkräfte prägen entscheidend die Kultur einer Schule. SchülerInnen und Eltern beeinflussen ebenfalls mit ihren Einstellungen und Haltungen das Integrationsklima einer Schule. Den sozialpädagogischen Fachkräften kommt in der Schule eine Schlüsselrolle bei der Aufnahme von geflüchteten Kindern und Jugendlichen ins Schulleben zu. Mit ihrer spezifischen Fachlichkeit und ihren Gestaltungsspielräumen können sie einen wesentlichen Beitrag dazu leisten, dass die jungen Geflüchteten in der Schule und damit auch gut in Deutschland ankommen.

1 Auftrag und Grundlagen

Koordinierende Funktion

Die sozialpädagogischen Fachkräfte schaffen und nutzen Gestaltungsspielräume außerhalb von Lehrplänen, arbeiten mit den verschiedenen AkteurInnen in und außerhalb der Schule zusammen und stellen die notwendige Kommunikation untereinander her. Mit ihrer Professionalität und ihren pädagogischen und methodischen Kompetenzen sind sie diejenigen, die wesentliche Verantwortung für die Willkommenskultur in der Schule übernehmen:

Sie nehmen eine koordinierende Funktion ein und bringen multiperspektivisch und das Geschehen kontinuierlich reflektierend die Beteiligten zusammen. Dafür benötigen sie Klarheit über ihre Rolle und ihren Auftrag in der Schule sowie Sicherheit im Umgang mit den verschiedenen AkteurInnen.

Als anwaltschaftliche PartnerInnen der SchülerInnen haben die sozialpädagogischen Fachkräfte eine Vermittlungs- und Übersetzungsfunktion. Sie ermöglichen Beteiligung für die Kinder und Jugendlichen an allen sie betreffenden Prozessen und vertreten deren Interessen in Gremien und gegenüber Lehrkräften, Eltern und anderen AkteurInnen im Sozialraum.

Anwaltschaftliche PartnerInnen

Vorrangige Aufgaben in der sozialen Arbeit mit geflüchteten Kindern und Jugendlichen in der Schule sind die Gestaltung der Willkommenskultur und die Begleitung der Klassen, in die die neuen SchülerInnen aufgenommen werden. Dazu gehört auch die Moderation der notwendigen gruppendynamischen Prozesse zwischen den neu hinzukommenden SchülerInnen und der bestehenden Klasse und den bestehenden bzw. sich neu formierenden Peergroups. Sie organisieren die Zusammenarbeit mit den Eltern, machen Angebote zur Orientierung und zur Freizeitgestaltung, vernetzen im Sozialraum und gestalten bzw. koordinieren die Zusammenarbeit mit Ehrenamtlichen. Die soziale Arbeit in der Schule muss sich jeweils am konkreten Bedarf und den Erfordernissen vor Ort ausrichten. Von Bedeutung für die konzeptionelle Ausgestaltung der Angebote sind neben dem individuellen Bedarf der SchülerInnen die strukturellen und inhaltlichen Möglichkeiten der Schule sowie die Angebote der weiteren AkteurInnen im Sozialraum.

Vorrangige Aufgaben

Die Fachkräfte sind dabei den Prinzipien der Kinder- und Jugendhilfe verpflichtet. Freiwilligkeit und Partizipation sind die Grundlagen, auf denen spezifische und inklusive Angebote entwickelt werden. Das Bewusstsein für Diversität und eine selbstreflexive Haltung gehören zum originären Handwerkszeug der sozialen Arbeit an der Schule. Ausgangspunkt ist die reale Lebenssituation der einzelnen jungen Menschen. Das Thema „Flucht" ist dabei nur *ein* Merkmal.

Prinzipien der Kinder- und Jugendhilfe

2 Eine gute Atmosphäre schaffen

Kinder und Jugendliche lernen am besten, wenn sie sich am Ort des Lernens wohl fühlen, d.h. wahr- und angenommen werden. Deshalb ist es wichtig, geflüchtete Kinder und Jugendliche gut aufzunehmen und zu begleiten. So können sie ihre Lernmotivation und ihre Motivation für die Integration in Deutschland entwickeln und erhalten.

Willkommen sein Für die Gestaltung einer Willkommenskultur sind alle gefordert, zuerst die Schulleitung, aber auch die Lehrkräfte, die anderen SchülerInnen und ihre Eltern. Sensibilisierung für die Situation der neuen SchülerInnen und der persönliche Kontakt sind dabei ebenso wichtig wie die Wahrnehmung der damit einhergehenden Befindlichkeiten der MitschülerInnen, ihrer Eltern und nicht zuletzt der Lehrkräfte.

Sozialpädagogische Fachkräfte nehmen in ihrer Scharnierfunktion zwischen den verschiedenen AkteurInnen im System Schule eine wichtige Rolle wahr. Sie initiieren, gestalten und moderieren die notwendigen Prozesse, die mit Offenheit und Respekt zu einer Atmosphäre des Willkommenseins beitragen und aus der Schule einen sicheren Ort für alle SchülerInnen machen.

Verantwortungs- Partizipation als wichtiges Prinzip der Kinder- und Jugendhilfe
bewusstsein und hat im Kontext der Arbeit mit Geflüchteten in Schulen eine
Miteinander Schlüsselfunktion. SchülerInnen sollen ihren Lern- und Lebens-
fördern raum mitgestalten und gleichzeitig verantwortungsbewusst mit sich selbst und anderen umgehen. Um dies zu befördern, entwickelten z.B. die Fachkräfte der schulbezogenen Jugendsozialarbeit an einer Schule im Landkreis Rosenheim gemeinsam mit der Schulleitung, den Lehrkräften und dem Jugendmigrationsdienst vor Ort ein Konzept, in dem einheimische SchülerInnen zu so genannten „StarthelferInnen" ausgebildet werden. Diese SchülerInnen haben die Aufgabe übernommen, jeweils einem neu angekommenen Kind beim Start in der Schule zu helfen. In einer Schulung durch die Fachkräfte wurden die freiwilligen StarthelferInnen sensibilisiert und auf ihre Aufgabe vorbereitet. Sie erhalten

Begleitung und wenn nötig Unterstützung von den sozialpädagogischen Fachkräften.[1]

Sozialpädagogische Fachkräfte initiieren und begleiten solche und ähnliche Projekte in Schulen, sie unterstützen bei der Planung und Umsetzung von Aktivitäten und vermitteln im Konfliktfall. Damit fördern sie die Kompetenzen aller Beteiligten und die Integration der Geflüchteten in Klassenverband und Sozialraum.

Unterschieden gerecht zu werden, und zwar durch eine vorurteilsbewusste Pädagogik der Anerkennung, ist ein wichtiges Ziel sozialer Arbeit an Schulen. Mögliche Konflikte zwischen SchülerInnen unterschiedlicher Herkunft oder auch zwischen LehrerInnen und SchülerInnen werden zum Teil vorschnell „ethnisiert". Einfache Erklärungsmuster, die auf Zuschreibungen basieren, sind schnell formuliert. Erfahrungen aus der Antirassismusarbeit sind hier hilfreich, um die komplexen Zusammenhänge zwischen Zuschreibungen und Be- und Abwertung einzelner Personen oder Personengruppen im gesellschaftlichen Kontext sichtbar zu machen und konstruktiv bearbeiten zu können.[2]

Diversität und Vielfalt gerecht werden

Fachkräfte der sozialen Arbeit an Schulen können durch interkulturelle oder antirassistische Trainings die notwendigen Kompetenzen erlangen und weiter vermitteln. Inhalte solcher Trainings sind das Bewusstmachen der eigenen kulturellen Prägungen und Werte, das Überprüfen des eigenen Sprachgebrauchs, die Reflexion der eigenen Haltung und die Klärung des Rollenverständnisses.[3]

---

1 Weitere Informationen: Würfel, Gisela (2014): Von Anfang an willkommen sein. In: Dreizehn – Zeitschrift für Jugendsozialarbeit. Heft 11, S. 36–38, www.jugendsozialarbeit.de/Veröffentlichungen (27.07.2016).
2 Siehe dazu den Beitrag von Andreas Foitzik in diesem Buch.
3 Mehr dazu: Raresch, Emrich (2013) Interkulturelle Kompetenz in Schule und Schulsozialarbeit, www.fachzeitungen.de/ebook-interkulturelle-kompetenz-schule-und-schulsozialarbeit (27.07.2016) und im Beitrag von Barbara Klamt in diesem Buch.

3 Sozialpädagogische Angebote

Eine zentrale Aufgabe der Fachkräfte ist die sozialpädagogische Begleitung der Klassen, in die junge Geflüchtete aufgenommen werden.[4] Die gängigen Methoden in der einzelfallbezogenen Arbeit, der Beratung und den sozialpädagogischen Gruppenangeboten sind auch hier sinnvoll. Sie müssen mit Blick auf die Belange der neu zugewanderten SchülerInnen und die Situation in der jeweiligen Klasse ausgewählt und eingesetzt werden und enthalten Elemente, die dem besonders Rechnung tragen. Eine Vielfalt von Angeboten und Methoden – häufig in Zusammenarbeit mit PartnerInnen außerhalb der Schule – sind vorstellbar. Im Folgenden werden beispielhaft einige Herangehensweisen bzw. mögliche Projekte vorgestellt.

Orientierungs-
angebote im
Sozialraum

Erste Orientierung im wahrsten Sinn des Wortes wird durch Spaziergänge im Stadtteil vermittelt. Dabei können Informationen zum Verhalten im Verkehr, zur Nutzung der öffentlichen Verkehrsmittel gegeben und gleichzeitig relevante Orte wie Treffpunkte für Jugendliche und soziale Einrichtungen wie z.B. Beratungsstellen, aufgesucht werden. Gemeinsame Ausflüge zu verschiedenen Freizeitorten wie Schwimmbädern, Museen, Büchereien oder Spielplätzen werden unternommen. Aber auch regionspezifische Sehenswürdigkeiten stehen auf dem Programm. Bei einem grundsätzlich beteiligungsorientieren Ansatz werden die Ausflüge im Vorfeld gemeinsam vorbereitet. Die jungen Menschen lernen, sich geografisch in der Stadt bzw. der Region zu orientieren, die öffentlichen Verkehrsmittel ebenso wie örtliche Freizeit- und Hilfsangebote zu nutzen.

Kennenlernen und
Vertrauens-
aufbau

Gemeinsame Unternehmungen dienen auch dem besseren Kennenlernen. Die Kinder und Jugendlichen erleben sich gegenseitig anders als im regulären Unterricht. Andere Kompetenzen werden sichtbar und gemeinsames Erleben schafft gemeinsame Erinnerungen, auf denen sich Freundschaften aufbauen lassen. Auch die Fachkräfte und die neuen Schülerinnen und Schüler lernen sich gegenseitig besser kennen. Durch die besondere Situation jenseits

---

4   Einen Überblick über die verschiedenen Aufnahmeformen gibt Claudia Seibold
    in diesem Buch.

von schulischer Leistungsbeurteilung kann gegenseitiges Vertrauen wachsen, welches die Grundlage für die weitere Arbeit bildet.

Events und Feste im Sozialraum bieten den neu Angekommenen eine gute Möglichkeit, sowohl das direkte Umfeld näher kennen zu lernen als auch sich frühzeitig selbst in das Geschehen einzubringen. Von solchen Aktionen profitieren Geflüchtete ebenso wie Kinder und Jugendliche aus bildungsfernen Milieus, die ihr Wohngebiet selten verlassen und/oder wenig Möglichkeiten haben, sich aktiv in das gemeinschaftliche Leben im Stadtteil einzubringen. Mit konkreten Aktionen, die durch die sozialpädagogischen Fachkräfte initiiert und begleitet werden, werden Geflüchtete und bereits länger hier lebende Kinder und Jugendliche für die BürgerInnen positiv sichtbar. Gleichzeitig erleben sie sich selbst in der Gemeinschaft mit den MitschülerInnen wirksam, wenn sie Beifall für eine gelungene Theateraufführung erhalten oder der selbst gebackene Kuchen sich gut verkauft und gelobt wird.

Veranstaltungen im Sozialraum

Umfragen in der Bevölkerung, die gemeinsam ausgewertet werden, themenbezogene Videoclips, Fotoprojekte im Sozialraum oder das Erstellen eines Comics eignen sich zur Vertiefung der Unterrichtsinhalte, der Annäherung an das neue Umfeld und zur Auseinandersetzung mit der eigenen Lebensgeschichte. Gelingt es, einen Experten/eine Expertin (z.B. FotografIn, MalerIn) aus der Region für ein solches Projekt zu gewinnen, ist dies eine Bereicherung für alle Beteiligten. Für solche Projekte können auch regionale Unternehmen oder Organisationen für eine finanzielle Unterstützung gewonnen werden.

Medienpäd-agogische und kreative Kleinprojekte

Für ein besseres gegenseitiges Kennenlernen, aber auch für die Stärkung des Teamgeists, gemeinsames Erleben und Vertrauensaufbau, sind – neben den etablierten Wandertagen und Sportveranstaltungen im Rahmen der Schule – Aktivitäten mit einem explizit erlebnispädagogischen Charakter sinnvoll. Ein Ausflug in den Hochseilgarten oder Klettern in der Kletterhalle (z.B. in Zusammenarbeit mit dem Deutschen Alpenverein) – beides fördert das Gemeinschaftsgefühl, die Aufmerksamkeit sich selbst und anderen gegenüber, die Konzentration und den Mut, die eigenen Grenzen kennenzulernen und eventuell zu überwinden.

Erlebnis-pädagogische Aktivitäten

„Ich kann was" – Interkulturelles Fußballturnier in Berlin

Beim Klettern erleben die Kinder und Jugendlichen durch das gegenseitige Sichern, dass ihnen vertraut wird und sie selbst anderen vertrauen können. Ob Schnitzeljagd, Stadtralley oder Geocaching – all dies sind Aktivitäten, die themenbezogen sehr gut gemeinsam mit SchülerInnen und LehrerInnen vorbereitet und durchgeführt werden können. Wird jungen Geflüchteten die Teilnahme an einem Feriencamp ermöglicht (z. B. organisiert vom Kreissportbund oder einer Einrichtung der Jugendarbeit oder der Wohlfahrtsverbände), können sie neue Freundschaften schließen und Abstand gewinnen von den Erlebnissen bei ihrer Flucht.

Individuelle Einzelfallhilfe

Die Unterstützung in schwierigen Lebenslagen umfasst ein breites Spektrum. So benötigen junge Geflüchtete beispielsweise Unterstützung dabei, Jugendhilfe oder Hilfen für junge Erwachsene zu beantragen. Dazu ist eine Kooperation mit dem Jugendamt und Trägern der Jugendhilfe notwendig. Bei Bedarf werden psychologische, psychotherapeutische oder psychiatrische Angebote gesucht. Auch bei der Suche nach einer eigenen Wohnung ist oft Hilfe notwendig. Die ausländer- und asylrechtliche Unterstützung umfasst z. B. die Vorbereitung der Anhörung oder Hilfen, die Mitwirkungspflichten zu erfüllen. Für die Fachkräfte der sozialen Arbeit an Schulen geht es häufig darum, zu erkennen, welchen Hilfe- oder Beratungsbedarf das Kind bzw. der Jugendliche hat und dann die entsprechende fachkundige Stelle hinzuzuziehen.

Viele junge Geflüchtete wollen hier in Deutschland einen Schulabschluss schaffen oder nachholen. Darüber hinaus sind sie auf der Suche nach einer weitergehenden Perspektive für ein selbstbestimmtes eigenständiges Leben. Trotz ihrer durch die Flucht geprägten Lebenssituation haben auch bei ihnen die Themen Lebens- und Berufsplanung eine hohe Relevanz. Dabei brauchen sie besondere Unterstützung. Weder sie noch ihre Eltern kennen das deutsche (Berufs-)Bildungssystem. Da sie noch damit beschäftigt sind, sich im bundesdeutschen Alltag zurechtzufinden, ihren Status zu klären und wirklich anzukommen, ist es besonders schwierig, eine Berufsperspektive zu entwickeln. Generell geht es daher zuerst um die Stabilisierung und Stärkung ihrer Persönlichkeit. Sozialpädagogische Fachkräfte erarbeiten gemeinsam mit den Jugendlichen Ausbildungs- und Berufsperspektiven und entwickeln eine Idee davon, wie das Leben weitergehen kann.[5]

Lebens- und Berufsplanung

Darüber hinaus sind spezifische Unterstützungsangebote notwendig. Die SchülerInnen werden dabei unterstützt, in einer ihnen fremden Sprache einen Lebenslauf zu schreiben und Bewerbungsunterlagen zu erstellen. Gemeinsam mit den Lehrkräften kann außerdem z.B. eine Berufsorientierungswoche organisiert werden, in der Betriebe und Handwerkskammern besucht werden. Gleichzeitig gilt es, potenzielle Arbeitgeber dazu zu motivieren, Praktikumsplätze und Lehrstellen anzubieten.[6]

Spezifische Unterstützungsangebote

Die Leistungen der Ausbildungsförderung sind zum Teil auch jungen Geflüchteten zugänglich, allerdings nur dann, wenn sie eine sichere Bleibeperspektive haben. Um sich hier zurechtfinden zu können, brauchen sie im Übergang von Schule in Ausbildung besondere Beratung und Unterstützung. Bei den ausländerrechtlichen Voraussetzungen zu den einzelnen Förderangeboten kam es im vergangenen Jahr immer wieder zu Veränderungen. Hilfreiche Hinweise und einen guten Überblick über die Zugangsmöglichkeiten zu berufsorientierenden und berufsvorbereitenden Maß-

Zugang zu Berufsausbildung

---

5   Eine Beschreibung, wie eine solche Beratung bzw. ein solcher Klärungsprozess gestaltet werden kann, ist im Beitrag von Christine Schubart in diesem Buch dargestellt.
6   Siehe dazu auch den Beitrag von Michael Schütz in diesem Buch.

Kompetenzfeststellung im Berufsausbildungszentrum Esslingen

nahmen, zur Berufsausbildung und zu den Leistungen der Ausbildungsförderung bieten folgende Veröffentlichungen:

- Der Paritätische Gesamtverband (2015): Zugang zur Berufsausbildung und zu Leistungen der Ausbildungsförderung für junge Flüchtlinge und junge Neuzugewanderte. Paritätische Arbeitshilfe 13. Berlin. www.der-paritaetische.de/uploads/tx_pdforder/JSA_fluechtlinge-2015_web.pdf (27.07.2016)
- Braun, Frank/Lex, Tilly (2016): Zur Beruflichen Qualifizierung von jungen Flüchtlingen – Ein Überblick. München. www.dji.de/fileadmin/user_upload/bibs2016/23061_berufl_qual_junge_fluechtlinge.pdf (27.07.2016)

In ihrer anwaltschaftlichen Funktion sind die sozialpädagogischen Fachkräfte in Kooperation mit den AusbildungspartnerInnen vor Ort (Betriebe, Jobcenter, Jugendberufsagenturen, freie Träger der Jugendhilfe und Bildungsträger) unterstützend tätig.

4   Mit Eltern zusammen arbeiten

Für einen erfolgreichen Einstieg von Kindern und Jugendlichen aus geflüchteten oder Asyl suchenden Familien in das deutsche Schulsystem ist eine Kooperation zwischen Eltern, Lehr- und

Fachkräften wichtig. Soziapädagogische Fachkräfte haben hierbei eine Informations- und Vermittlungsfunktion, sowohl zwischen Eltern und Lehrkräften als auch zwischen Eltern und ihren sich in der Regel deutlich schneller in die deutsche Gesellschaft integrierenden Kindern.

Soziapädagogische Fachkräfte, die mit den Eltern Geflüchteter konstruktiv zusammenarbeiten wollen, müssen zunächst einmal deren Situation kennenlernen und die vielfältigen Faktoren verstehen und berücksichtigen, die sie prägen und ggf. belasten. Eine besondere Herausforderung ist die Vermittlung zwischen den NeubürgerInnen und der deutschen bzw. bereits länger hier lebenden Elternschaft. In diesem Zusammenhang müssen sie sich auch mit den vielfältigen Ängsten deutscher Eltern bei den Themen Migration und Integration auseinandersetzen.[7]

Alle Eltern ansprechen

Ziel der Zusammenarbeit mit den Eltern ist es, sie bei der eigenständigen Wahrnehmung ihrer Erziehungsaufgaben zu unterstützen. Bei der Gestaltung der Angebote muss berücksichtigt werden, dass die Umstände einer Flucht und die Unsicherheit des Aufenthalts in Deutschland sich in unterschiedlicher Weise auf die Betroffenen auswirken. Einfühlungsvermögen im Kontakt und Sensibilität für die jeweils individuelle Situation der Familie sind wichtige Bestandteile, die Vertrauen fördern und die Bereitschaft zur Kooperation stärken können. Mögliche Angebote können sein:

- Informationsabende
- Sprechstunde bzw. Beratung (in der Schule)
- Gemeinsame Besuche bei sozialen Organisationen, Betrieben, Institutionen und Behörden, aber auch von interessanten Orten wie z. B. Sehenswürdigkeiten
- Hausbesuche bzw. Besuche in der derzeitigen Wohnunterkunft
- Gemeinsamer Besuch von gemeinwesenorientierten Aktivitäten wie z. B. einem Runden Tisch „Migration" oder anderen Veranstaltungen im Stadtteil/in der Kommune
- Moderierte Gesprächsgruppen

Mögliche Angebote

---

7 Siehe dazu Werner Sacher (2016): Elternarbeit mit Flüchtlingen und Asylsuchenden. In: SchulVerwaltung. Ausgabe Bayern 3, 2016, S. 141–146.

- Eltern-Kind-Seminare, Mütter-Töchter-Gruppen, Väter-Söhne-Gruppen

Hilfreich ist bei den Angeboten, die über den Rahmen der Schule hinausgehen eine Zusammenarbeit mit anderen AkteurInnen, zum Beispiel mit dem örtlichen Jugendmigrationsdienst.[8]

5   Vernetzen im Sozialraum

Bei der Beschreibung der möglichen Ansätze und Methoden wird an vielen Stellen deutlich, dass eine Zusammenarbeit im Sozialraum hilfreich oder sogar unabdinglich ist, um ein Angebot zu realisieren.

Wichtige Kooperations-partner

Eine Vernetzung darf nicht nur mit den Lehrkräften und den Eltern innerhalb der Schule stattfinden. Wesentlich für den Erfolg, gerade auch in der Arbeit mit SchülerInnen mit Fluchterfahrung, ist der Blick über den Tellerrand der Schule hinaus. Wichtige AkteurInnen im Sozialraum, mit denen die sozialpädagogischen Fachkräfte im Interesse ihrer Zielgruppen Kontakt pflegen bzw. zusammenarbeiten, sind vorrangig Jugend- und Sozialamt, Ausländerbehörde, Flüchtlingssozialarbeit, Einrichtungen der Jugendsozialarbeit, Vereine, die offene Jugendarbeit, Migrationsfachberatungsstellen (Jugendmigrationsdienste und Migrationserstberatungsstellen), Aufnahmeeinrichtungen, Wohnungsgesellschaften, fachkundige ÄrztInnen und TherapeutInnen, Organisationen von Ehrenamtlichen, Kirchengemeinden, Stadtteilinitiativen, Migrantenorganisationen und die Polizei. Für den Übergang in Ausbildung kommen die klassischen Bildungs- und Ausbildungspartner wie Arbeitsagentur, Jobcenter, Handwerkskammern, Betrieb und Bildungsträger dazu. Ehrenamtliche Akteure gehören selbstverständlich zu den NetzwerkpartnerInnen der sozialpädagogischen Fachkräfte. Bei den jungen Geflüchteten spielt diese Gruppe eine wesentliche Rolle, da sich das zivilgesellschaftliche Engagement oft auf informelle Bildungsangebote wie Hausaufgabenbetreuung, Deutschkurse etc. konzentriert.

---

8   Siehe auch www.jmd-portal.de

Netzwerke werden lebendig durch die einzelnen AkteurInnen, die sich beteiligen. Dabei ist Partizipation ein wesentliches Element. Sie muss permanent gefordert und gefördert werden. Wichtige Aspekte für die Gestaltung partizipationsfördernder Strukturen sind das Anerkennen von unterschiedlichen Lebenssituationen, Bedürfnissen und Interessen, die Bereitschaft zur Kommunikation auf Augenhöhe und die Ermöglichung von Gestaltungsspielräumen. Ebenso wichtig ist es, dass alle Beteiligten sich Offenheit und Neugierde erhalten, eine Kultur der Experimentier- und Fehlerfreundlichkeit generieren und den Zugang zu den Angeboten niedrigschwellig, kultur- und milieusensibel gestalten.

Partizipation

6 Fazit

Ihre Fachlichkeit mit den spezifischen methodischen und pädagogischen Kompetenzen befähigt die sozialpädagogischen Fachkräfte, die Schule als Ort des Ankommens und der Sicherheit für SchülerInnen mit Fluchterfahrung zu gestalten. Die Orientierung an der Lebenswirklichkeit und den Ressourcen der Geflüchteten ermöglicht es ihnen, niedrigschwellige und passgenaue Angebote zu entwickeln, damit die Neuangekommenen im zunächst fremden Umfeld des deutschen Schulalltags Fuß fassen können. Die vorurteilsfreie Wahrnehmung der jungen Menschen nach ihrer Flucht sowie die zielorientierte Kooperation mit den verschiedensten PartnerInnen innerhalb und außerhalb der Schule sind die zwei Achsen für das professionelle Koordinatenkreuz von Schulsozialarbeit mit geflüchteten SchülerInnen und ihren Familien.

Neue Blickwinkel und Chance zur Weiterentwicklung

Anforderungen an die Fachkräfte und ihre Bedarfe

Barbara Klamt

Junge geflüchtete Menschen stellen neue professionelle Anforderungen – oder: bei genauerer Betrachtung stellen sich viele bekannte, aber in den Hintergrund getretene Anforderungen neu und verstärkt. Soziale Arbeit mit Menschen

- mit Migrationshintergrund
- mit Traumatisierungen
- unter Einbeziehung des Sozialraums
- unter Einbeziehung von Ehrenamtlichen
- deren Integrationsleistungen über zum Teil lange Zeit unter dem Vorbehalt möglicher Abschiebung in ein anderes EU- oder das Herkunftsland stehen

sind keine neuen Themen. Sie stellen sich aber einer größeren Gruppe von Fachkräften, und sie stellen sich auch in Arbeitsbereichen, die bisher wenig oder nur punktuell mit diesen Fragen befasst waren. Dazu gehört auch der Bereich der sozialen Arbeit an der Schule.

Unterstützung im schulischen Alltag Interkulturelle Pädagogik mit all ihren Fragestellungen erfährt neue Beachtung. Die jungen Geflüchteten kommen (fast) direkt aus ihrem Herkunftsland. Die Lebensvollzüge, die Sitten und Gewohnheiten in Deutschland sind für sie zu entdecken und mit ihren bisherigen biografischen Erfahrungen in Einklang zu bringen. Dies wird und kann nicht immer nahtlos gelingen, sondern braucht im schulischen Alltag Unterstützung und Begleitung. Eine kultursensible Herangehensweise ist dabei vonnöten, um adäquat handeln zu können.

Nicht alle jungen Geflüchteten sind traumatisiert. Nicht alle leiden unter Anpassungsstörungen und posttraumatischen Belastungsstörungen. Aber die Gruppe der Betroffenen ist – wie im ersten Beitrag von Burkhardt Wagner ausführlich dargestellt wurde – groß. Ihre Bedarfe müssen im professionellen Alltag an der Schule umfänglich berücksichtigt werden, will man ihnen angemessene Entwicklungsmöglichkeiten anbieten und auch den anderen Schülern und Schülerinnen ermöglichen dies mitzutragen. Soziale Arbeit muss dafür „sichere Orte", Orte der Selbstreflexion und Selbstbemächtigung schaffen (können) (vgl. Baierl 2015, Weiß 2013).

Soziale Arbeit mit jungen Geflüchteten stellt besondere Anforderungen an die Fachkräfte auch im Hinblick auf Selbstfürsorge und kollegiale Unterstützung. Psychische Belastung entsteht neben der Arbeit mit traumatisierten jungen Menschen auch durch die Offenheit des Ausgangs vieler Asylanträge und/oder andere rechtliche Grenzen. Einerseits ist es wichtig – wie immer in der Jugendhilfe/Jugendsozialarbeit – zu jungen Geflüchteten Beziehung aufzubauen, andererseits steht sie stets unter Vorbehalt oder stellt bei Abbruch durch Abschiebung eine große Belastung für die Fachkräfte dar.

Alles in allem gibt es verstärkt Verunsicherungen bei den Fachkräften im Bereich Schule, viele Fragen und einen großen Bedarf an Informationen. Einrichtungen und Träger von sozialer Arbeit an Schulen sind aufgefordert, diesem Bedarf Rechnung zu tragen. Dies umso mehr, als der Ausbau nur mit Fachkräften zu leisten ist, die über keine oder nur sehr wenig Berufserfahrung in der Arbeit mit geflüchteten oder zugewanderten jungen Menschen verfügen.

Verantwortung der Träger

Folgende Bedarfe stellen sich hinsichtlich qualifikatorischer und struktureller Voraussetzungen, um aus Sicht der sozialen Arbeit an Schulen verantwortungsvolle Antworten geben zu können.

1   Qualifikatorische Voraussetzungen

Der Fortbildungsbedarf ist seit Beginn der verstärkten Zuwanderung enorm gestiegen. Die Themen unterteilen sich in zwei verschiedene Bereiche: Fachkräfte suchen Hintergrundinformationen, die es ihnen erlauben, ihre Erfahrungen mit jungen Geflüchteten besser zu verstehen und angemessen zu (re-)agieren. Viele formulieren darüber hinaus auch Bedarfe nach neuen bzw. weitergehenden methodischen Ansätzen, weil bisherige Verfahren aufgrund sprachlicher oder kultureller Gegebenheiten an Grenzen stoßen. Schauen wir uns die einzelnen Bereiche an:

1.1 Hintergrundwissen

Erfahrungen aus der Praxis zeigen, dass mit Blick auf die neue Zielgruppe umfangreiches Hintergrundwissen in folgenden Bereichen vermittelt werden muss:

Rechtliche Grundlagen

Überblick ist notwendig

Auch im schulischen Alltag spielen die rechtlichen Fragestellungen eine große Rolle. Für die Fachkräfte sind es die rechtlichen Grundlagen – vor allem im Überblick. Aber auch Detailkenntnisse (vor allem hinsichtlich des Asylverfahrens) und in der Verschränkung der Gesetze – Asylbewerberleistungsgesetz, Asylgesetz, Aufenthaltsrecht, SGB II und SGB VIII werden benötigt (siehe dazu den Beitrag von Barbara Weiser in diesem Band). In allen Beratungskontexten kommen Fachkräfte nicht umhin, sich in hier maßgebliche gesetzliche Grundlagen einzuarbeiten.

Das Leben der geflüchteten Kinder und Jugendlichen ist durch viele dieser rechtlichen Bedingungen geprägt: Sie erleben sie in der Wohngruppe oder Gemeinschaftsunterkunft direkt oder über ihre Eltern oder andere Sorgeberechtigte indirekt. Das Asylverfahren beschäftigt und beunruhigt viele Kinder und Jugendliche mal stark, mal tritt es etwas in den Hintergrund. Es ist als Faktor der Beunruhigung aber immer da und ist als solches in die pädagogische Arbeit unbedingt miteinzubeziehen. Fällt die Unterbringung für die unbegleiteten Minderjährigen nach SGB VIII mit dem Erreichen der Volljährigkeit weg, kann dies auch für die soziale Arbeit an der Schule eine bedeutsame Rolle spielen. Möglicherweise

bleibt die soziale Arbeit im schulischen Kontext die einzige verlässliche Ansprechpartnerin für die gerade volljährig gewordenen
jungen Menschen. Hier lohnen sich Kenntnisse über weitere Unterstützungsmöglichkeiten junger Volljähriger nach dem SGB
VIII.

Interkulturelle und interreligiöse Kompetenz

Für die Kunst der Unterscheidung zwischen – wahrscheinlich we- *Kunst der Unter-*
nigen – echten und gravierenden Kulturunterschieden und vielen *scheidung*
individuellen Präferenzen/Settings benötigen Fachkräfte Informationen zu kulturellen Aspekten der Herkunftsländer und der
dort vertretenden Religionen. Im Alltag der Fachkräfte stellen sich
viele Fragen, die nach pädagogischen Ansatzpunkten, Erklärun-
gen und Deutungen für Verhalten der jungen Flüchtlinge suchen:
ihr Verhalten im Alltag, ihre Reaktionen auf pädagogische Fachkräfte, ihr Verhältnis zu Bildung, Arbeit, Berufen, Regeln, Nähe/
Distanz, haram und halal, und ihre Motivation und Bereitschaft,
Angebote anzunehmen oder auch nicht.

In puncto Kultur: Was sind tatsächliche kulturelle Unterschiede?
In puncto Religion: Welches Verhalten ist aus der Religion begründet und was ist eher Landessitte oder auch „nur" individuelle
Präferenz oder Entwicklungsphase? Was muss ich wissen, um die
jeweilige Religion auch als Ressource in meine pädagogische Arbeit einbeziehen zu können?

In Fortbildungen können Fachkräfte an ihrer Deutungskompe-
tenz und an ihrer Haltung gegenüber Kultur und Religion junger
Flüchtlinge arbeiten. Geschichte und Religion eines Herkunfts-
landes zu verstehen (und bestenfalls wertzuschätzen), ermöglicht
in vielen Fällen – neben dem besseren Verständnis einzelner jungen Menschen – auch einen anderen Blick auf die Herkunftsländer.

Sensibilisierung bei der Jahrestagung der Jugendmigrationsdienste

Beispiele

Beispiele Als Beispiel dafür sind syrische Eltern gut geeignet, die ihre Kinder nicht oder zu spät zur Schule schicken. Ihnen muss im Grunde nicht erklärt werden, dass der Schulbesuch in Deutschland Pflicht ist, denn auch in Syrien war vor dem Krieg der Schulbesuch selbstverständlicher Bestandteil des gesellschaftlichen Lebens. Hier zeigt sich, dass es mit großer Wahrscheinlichkeit nicht um kulturelle Unterschiede geht, sondern dass es sich lohnt, genau nachzuforschen, welche Gründe den Schulbesuch wirklich verhindern: Ist es die depressive, traumatisierte Mutter aus Aleppo, die mit ihren Kindern alleine in einer Gemeinschaftsunterkunft lebt und es einfach nicht schafft, ihren vier Kindern Struktur zu geben; oder sind es Jugendliche in einer Übergangsklasse, die einen Konflikt mit ihrer Lehrerin austragen, die es nicht versteht, die extrem heterogene Klasse so zu unterrichten, dass der Schulbesuch von allen Schülern und Schülerinnen als sinnvoll erlebt wird?

Ein Beispiel zum Thema Religion: Junge, muslimische Minderjährige machen über einige Monate einen Musikworkshop. Plötzlich ist dieser haram. Welchen Einfluss haben hier islamische Vorstellungen oder Praktiken? Was ist passiert? Wie ist diese Entwicklung zu erklären? Und – welche pädagogischen Maßnahmen sind hilfreich und sinnvoll?

Fortbildungen müssen hier grundlegende Informationen und – für alle unvorhergesehenen Fragen – daraus folgend eine offene Haltung vermitteln, die eigene Deutungsmuster offenlegen und immer wieder kritisch hinterfragen.

Psychische Erkrankungen

Viele junge Flüchtlinge leiden unter ihren schwierigen Erlebnissen in den Herkunftsländern und/oder auf ihrer Flucht. Fachkräfte benötigen hier grundlegendes Know-how hinsichtlich der Störungsbilder und der Folgerungen für die pädagogische Arbeit im schulischen Alltag, um den Kindern und Jugendlichen ein entwicklungsförderliches pädagogisches Setting zu schaffen. Die Auswirkungen auf den pädagogischen Alltag und die Belastungen für die Fachkräfte sind enorm. Daher sind Informationen zu psychischen Erkrankungen, insbesondere zu Anpassungsstörungen und zu posttraumatischen Belastungsstörungen hilfreich (siehe dazu auch den Beitrag von Dr. Boris Friele).

Grundlegendes Know-how

Wohnsituation

Die Fachkräfte müssen sich einen Einblick in die besondere Wohnsituation der Kinder und Jugendlichen verschaffen: Was erleben sie dort vor und nach der Schule? In welcher Atmosphäre leben sie? Wie ist ihr Umfeld? Wie viel Ruhe und Arbeitsmöglichkeiten bietet ihr Umfeld? Welche Freizeit- und Unterstützungsmöglichkeiten bieten sich vor Ort? Die Kooperation und Koordination der Angebote mit Gemeinschaftsunterkünften und/oder dezentral organisierten Wohneinheiten, auch mit Jugendhilfeeinrichtungen, ist in den pädagogischen Alltag als zentraler Bestandteil miteinzubeziehen.

Kennenlernen der Wohn-situationen

1.2 Methodische Kompetenz für den pädagogischen Alltag

Fachkräfte formulieren auch Bedarfe hinsichtlich der Erweiterung methodischer Kompetenzen. Dieser Beitrag hier kann aus der Erfahrung der Fortbildungen der letzten Jahre nur eine Auswahl aufzeigen. Die Liste ist nicht abgeschlossen und wird sich mit der Zeit und neuen Erfahrungen erweitern.

In dieser Liste wird es eine Reihe von methodischen Ansätzen geben, die in der Sozialen Arbeit der letzten Jahre nicht oder nur in sehr geringem Umfang notwendig waren und hier als „neue Arbeitsaufträge" beschrieben werden. Im zweiten Teil wird das Augenmerk auf praktische Anforderungen gelegt, die in der sozialen Arbeit an Schulen eigentlich immer eine Rolle spielen, jetzt aber vermehrt in den Fokus rücken, weil plötzlich eine größere Gruppe neuer Kinder und Jugendlicher Bedarfe in dieser Hinsicht zeigen.

Neue Arbeitsaufträge

Geringe Deutschkenntnisse

In der Praxis werden pädagogische Tools für die Arbeit mit Kindern und Jugendlichen ohne oder mit sehr geringen Deutschkenntnissen gebraucht: für die Einzelarbeit (Anamnesegespräche, Krisenintervention, Entwicklungsgespräche u. a.) und auch für gruppenpädagogische Angebote (Konfliktmanagement, Training sozialer Kompetenz u. a.).

Innerschulische interkulturelle Öffnung

In Schulen mit vielen neuen geflüchteten Kindern und Jugendlichen stellt sich auch die Frage nach Methoden der innerschulischen interkulturellen Öffnung im gesamtschulischen Kontext: Dies sind Methoden des sich Kennenlernens und des Austauschs zwischen allen Schülern und Schülerinnen, Patenprojekte zur Verbesserung der Willkommenskultur, Aktionen für eine rassismusfreie Schule u. v. m. (vgl. Würfel 2014).

Aushandlungsprozesse

Interkulturelle und interreligiöse Kompetenz bedarf nicht nur des Know-hows über andere Kulturen und Religionen und der offenen Haltung, sondern benötigt methodisch die Kunst des richtigen Handelns in interkulturell stark divergierenden Settings: Fachkräfte brauchen Methoden, Aushandlungsprozesse zwischen nicht leicht miteinander zu vereinbarenden Anforderungen anzuleiten und durchzuführen. Als Beispiel mag hier nur angeführt sein, einen Aushandlungsprozess zwischen dem Wunsch, im Ramadan zu fasten, mit den Anforderungen der Schulaufgaben oder eines Praktikums erfolgreich zu gestalten.

Bekannte Arbeitsaufträge

Bekannte Methoden, neue Blickwinkel

Es handelt sich jedoch auch um bereits bekannte Arbeitsaufträge der sozialen Arbeit an Schulen, die neue Bedeutung gewinnen bzw. neue Blickwinkel mit sich bringen und unterstützt werden müssen:

- Umgang mit Kindern, deren Eltern stark belastet sind (hier: traumatisierte und/oder durch das Asylverfahren belastete Eltern/Sorgeberechtigte)
- Traumatisierte junge Menschen: Sie finden sich nicht nur unter den geflüchteten Kindern und Jugendlichen. Mit der neuen Zielgruppe rückt das Thema jedoch weiter in den Mittelpunkt und Fachkräfte benötigen neben Hintergrundwissen konkrete pädagogische Anleitung für den Umgang mit den Auswirkungen von Traumatisierung. (Vgl. Baierl 2015, Weiß 2013)
- Interkulturelle Sensibilität: Die neue Zielgruppe erfordert Methoden, wie diese Haltung im Alltag immer wieder neu hergestellt werden kann.
- Umgang mit Kindswohlgefährdungen mit interkulturellen Komplikationen
- Methodische Ansätze zur Förderung der Partizipation von Angehörigen junger Flüchtlinge/junger Menschen mit Migrationshintergrund (Bildungs- und Erziehungspartnerschaft)
- Einbindung und Kooperation mit ehrenamtlich Betreuenden und DolmetscherInnen
- Sozialräumliches Arbeiten
- Techniken der Selbstfürsorge für Fachkräfte, da durch die Arbeit mit traumatisierten Kindern und Jugendlichen und durch das Asylverfahren und/oder Rechtslagen (z. B. Abbruch der Jugendhilfe mit 18 Jahren) psychische Härten auf Fachkräfte zukommen

Individuelle Hilfen und sozialräumliche Angebote

Die Bedarfe an Unterstützung und Beratung der jungen Geflüchteten reichen weit über das hinaus, was Soziale Arbeit an Schulen anbieten kann. An vielen Orten sind ehrenamtliche Helferkreise eingebunden oder müssten verstärkt miteinbezogen werden. Es wird darüber hinaus deutlich, dass es jedoch nicht nur um individuelle Hilfen gehen kann, sondern darüber hinaus auch der Sozialraum der Schule miteinbezogen werden muss. Hier sind in erster Linie natürlich die Netzwerkpartner im Quartier, in der Kommune angesprochen. Das alleine wird jedoch an vielen Stellen zu wenig sein.

Mehr als Vernetzung

Soziale Arbeit im Bereich Schule wird darüber nachdenken müssen, wie sie die notwendigen Bedarfe außerhalb der Schule im Sozialraum platzieren und angemessene Antworten organisieren kann. Als Themen bieten sich hier v. a. an: Partizipation der Eltern der jungen Geflüchteten, Freizeitaktivitäten, weiterführende Kontakte zwischen neuankommenden und langansässigen Bewohnern einer Kommune/eines Stadtteils. Die soziale Arbeit an Schulen ist aufgefordert, hier sozialräumlich zu denken und Strukturen zu schaffen, die über den Einzelfall hinaus Lebensbedingungen junger Flüchtlinge verbessern können. Dies ist mehr als Vernetzung, es ist echtes sozialräumliches Arbeiten. Diese Vorgehensweise gehört nicht (mehr) zum Basiswissen Sozialer Arbeit.

2   Erweiterung der Curricula im Studium Sozialer Arbeit

Interkulturelle Kompetenz und Fähigkeit zur interkulturellen Öffnung

Beachtlicher Weiterbildungsbedarf

Auch wenn nachgewiesenermaßen das Thema interkulturelle Bildung an den Hochschulen angeboten wird, so zeigt sich in der Praxis doch ein beachtlicher Weiterbildungsbedarf. Dies lässt vermuten, dass insbesondere für die Arbeit mit Geflüchteten die dort erworbenen Kompetenzen nicht ausreichen. Man könnte für diese Aufgaben ohne weiteres an die öffentlichen und freien Träger von Fort- und Weiterbildung verweisen. Trotzdem stellt sich die Frage, ob die interkulturelle Kompetenz und die Fähigkeit zur interkulturellen Öffnung nicht eine der ganz wesentlichen Basiskompetenzen sozialer Arbeit ist, die nicht nur in der Arbeit mit Geflüchteten, sondern generell mit Menschen unterschiedlicher Milieus (wie z.B. in den diversen Sinus Milieus dargestellt) vonnöten sind (vgl. Calmbach 2016).

Exkursionen und Praktika

Lebensbedingungen kennenlernen

Sinnvoll könnten im Rahmen des Studiums Exkursionen und kurze Praktika sein, die in Einrichtungen/Behörden/Kooperationspartner des Lebensumfeldes junger Geflüchteter führen, wie vorzugsweise: Gemeinschaftsunterkünfte, Wohngemeinschaften für unbegleitete junge Geflüchtete, Ausländerbehörde, Einrichtungen für Deutsch als Zweitsprache (DAZ), Vormünder, Moscheen oder/und Einrichtungen des interreligiösen Dialogs (vgl. Adams 2015).

Im größeren Umfang wären auch Praktika in oder Austauschprojekte mit nicht-europäischen Ländern – ähnlich wie sie auch mit der Türkei angeboten werden – als wichtige Erfahrung für junge Studierende interessant.

Sprache als zentrales Kommunikationsmittel
Das Thema Sprache ist in der Arbeit mit jungen Geflüchteten von grundsätzlicher Bedeutung. Überlegenswert wäre hier, Angebote zum Thema Bedingungen des Spracherwerbs (vgl. Esser 2006), Deutsch als Zweitsprache und Einführung in barrierefreie Sprache in das vorhandene Curriculum des Studiengangs Sozialer Arbeit einzubauen.

Zusätzliche Angebote

3 Strukturelle Voraussetzungen

3.1 Kollegiale Beratung

Insbesondere die Anforderung des „Sicheren Ortes" und Orte der Selbstreflexion und Selbstbemächtigung erfordert von allen Fachkräften an der Schule – Lehrerinnen und Lehrern, Sozialpädagoginnen und Sozialpädagogen, ggf. ehrenamtlichen Betreuenden u. a. – multiprofessionelle Zusammenarbeit, um diesen „sicheren Ort" durch kollegiale Beratung schaffen zu können. Hier geht es um das Verstehen und das Deuten des Verhaltens der jungen Geflüchteten (aber auch der anderen Kinder und Jugendlichen). Es geht darum Angebote zu entwickeln, die entwicklungsförderlich sind und diese kritisch zu prüfen und gemeinsam zu evaluieren.

Unterstützung in multiprofessionellen Teams

Die multiprofessionelle Zusammenarbeit kann im besten Falle ebenfalls dazu beitragen, sich auch in emotional schwierigen Situationen mit jungen Geflüchteten gegenseitig zu stützen und geeignete Selbstfürsorge zu ermöglichen.

3.2 Personalbedarf

Die Schule als gesamte Schulgemeinschaft ist ein gut geeigneter Ort zur Inklusion von geflüchteten Kindern und Jugendlichen. Aus der Fülle dessen, was die Fachkräfte hierzu leisten müssen,

Mehrbedarf

stellt sich die Frage nach dem adäquaten Personalbedarf für soziale Arbeit an Schulen neu. Die Kombination von Einzelfallhilfe, gruppenpädagogischen Angeboten und Sozialraumorientierung in multiprofessioneller Zusammenarbeit wird mit den bisher üblichen Stellenschlüsseln kaum zu leisten sein.

4   Fazit

Geflüchtete junge Menschen mit und ohne Eltern/Sorgeberechtigte bringen neue Impulse in die Gestaltung sozialer Arbeit an Schulen mit sich. Verunsicherung der Fachkräfte durch neue (oder auch nur auf den ersten Blick neue) Bedarfe bietet die Chance, bekanntes Know-how zu erweitern und für die Praxis zu verbessern und durch neue oder erweiterte Blickwinkel auf Schulgemeinschaft und Sozialraum, für alle Schülerinnen und Schüler attraktive Entwicklungen anzupacken.

Literatur

Adams, Gunter (2015): Anforderungen an Mitarbeiterqualifikation und Herausforderungen für die Hochschulbildung. In: Jugendhilfe 53, H. 2, S. 122–128.

Baierl, Martin et al (Hrsg.) (^{2}2015): Praxishandbuch Traumapädagogik. Lebensfreude, Sicherheit und Geborgenheit für Kinder und Jugendliche. Göttingen. Vandenhoeck & Ruprecht.

Calmbach, Marc et al (2016): Wie ticken Jugendliche 2016? Lebenswelten von Jugendlichen im Alter von 14 bis 17 Jahren in Deutschland. Heidelberg. Springer.

Esser, Hartmut (2006): Migration, Sprache und Integration. AKI Forschungsbilanz 4. http://nbn-resolving.de/urn:nbn:de:0168-ssoar-113493 (05.07.2016).

Weiß, Wilma (2013): Philipp sucht sein Ich: Zum pädagogischen Umgang mit Traumata in den Erziehungshilfen. Weinheim und Basel. Beltz Juventa.

Würfel, Gisela, (2014): Von Anfang an willkommen sein. Startrampe: Schulbezogene Jugendsozialarbeit mit neu eingewanderten Kindern und Jugendlichen. In: Kooperationsverbund Jugendsozialarbeit (Hrsg.): Dreizehn, H.11, S. 36–38.

Erkenntnisse und Beispiele
aus der Praxis

Willkommen in Hamburg

Ankommen und sich frei und sicher bewegen

Kristina Krüger

Denken Menschen an St. Pauli, denken sie zunächst an Reeperbahn, Nachtclubs und hoffentlich auch an den FC St. Pauli. Inmitten dieses turbulenten und bunten Stadtteiles liegt, erhöht mit Blick auf den Hamburger Hafen, die St. Pauli Kirche mit ihrem Jugendhaus.

Nothilfe Bekannt geworden ist diese Gemeinde auch durch ihre Nothilfe für afrikanische Flüchtlinge, die später sogenannten Lampedusa-Flüchtlinge. Diesen Flüchtlingen hatte die St. Pauli-Kirche für ein Jahr Obdach gegeben, nachdem diese aus Italien in Hamburg angekommen waren und das Hamburger Winternotprogramm endete. Mit breiter Unterstützung aus der Nachbarschaft und vielen weiteren AkteurInnen und UnterstützerInnen wurde hier Willkommenskultur gelebt. Solidarisch haben sich viele Menschen an die Seite der Flüchtlinge gestellt.

Für die gestiegenen Herausforderungen, die sich in Bezug auf die Aufnahme geflüchteter Menschen in Hamburg seit dem Jahr 2015 stellen, ist dies eine gute Grundlage. Der überwiegende Teil der neu Angekommenen ist jung und im schulpflichtigen Alter.

Ankommen in Hamburg So ist auch die der Sankt Pauli Kirche benachbarte Stadtteilschule gefordert, eine zunehmende Zahl von Schülerinnen und Schülern, die alleine oder mit ihren Familien nach Hamburg geflüchtet sind, willkommen zu heißen. Diese neuen Schülerinnen und Schüler werden in Hamburg in so genannten Vorbereitungsklassen in einem Jahr auf den Übergang in ihre Regelklassen vorbereitet. Damit ihr Ankommen in Hamburg und in ihrem neuen Stadtteil tatsächlich gelingt, sind neben der Integration in Schule weitere Angebote nötig, wie sie das Jugendhaus St. Pauli bietet.

Selbstständig unterwegs in der Stadt

Orientierung und Kontakt

Aufgrund der räumlichen Nähe zu den Unterkünften und zur Schule finden junge Geflüchtete selbst den Weg ins Jugendhaus. Durch die Begegnung mit ihnen entstand die Idee zu dem Projekt: „MoinMoin und Hello – Willkommen in Hamburg", um den jungen Menschen das Ankommen in der neuen Umgebung zu erleichtern. In diesem Projekt werden gemeinsame Ausflüge an verschiedene Freizeitorte der Stadt wie z.B. Schwimmbäder, Museen, Bücherhallen, Hafen, Bauspielplätze, Familiencafés sowie sozialen Einrichtungen wie z.B. Beratungsstellen, unternommen. Die Ausflüge werden im Vorfeld gemeinsam inhaltlich vorbereitet. Die jungen Menschen lernen, sich geografisch in der Stadt zu orientieren, die öffentlichen Verkehrsmittel zu nutzen und sie lernen weitere Freizeit- und Hilfsangebote kennen. Der Kontakt und die Beziehung zu den Mitarbeitenden des Jugendhauses werden dadurch intensiver. Die Ausflüge werden dokumentiert und in einer Broschüre festgehalten, die künftig neu ankommenden Kindern und Jugendlichen zur Verfügung steht.

Ermöglicht wurde das Projekt durch Fördermittel der Christoph Metzelder-Stiftung, die ihren Schwerpunkt in der Förderung von Projekten in den Bereichen Bildung, Ausbildung und Integration hat. Für die längerfristige Förderung werden weitere Geldgeber gesucht.

Das Projekt soll junge Menschen ermutigen und befähigen, sich frei und sicher in Hamburg zu bewegen. Junge Menschen sollen erleben, dass sie in Hamburg willkommen sind!

Im persönlichen Kontakt

Ehrenamtliche MentorInnen und junge Geflüchtete im Tandem

Gabriele Sester und Maryam Gardisi

Das Projekt „FLOW – Für **Fl**üchtlinge! **O**rientierung und **Will**-kommenskultur" (www.projekt-flow.de) der Gemeindediakonie Lübeck zielt auf die Verbesserung der Lebenssituation von 16 bis 25jährigen Geflüchteten. Um das Projekt in diesem Buch vorstellen zu können, haben die Herausgeberinnen den beiden Projektleiterinnen Gabriele Sester und Maryam Gardisi Fragen gestellt, die diese schriftlich beantwortet haben.

Können Sie uns zunächst kurz das gesamte Projekt umreißen?
Wir verfolgen einen integrativen und inklusiven Ansatz in unseren Angeboten, die aus fünf Modulen bestehen. Die Module ergänzen sich mit positiven Synergieeffekten gegenseitig. Unsere Angebote bestehen aus

Integrativ und inklusiv

Modul I	Mentoringprogramm
Modul II	Netzwerk für Psychotherapie und Traumabehandlung
Modul III	Freizeit, Sport und Kulturaktivitäten
Modul IV	Orientierungskurse
Modul V	Fortbildungen und Willkommenskultur

In welcher Verbindung steht Ihr Projekt mit den Schulen, in die die jungen Geflüchteten gehen?
FLOW unterstützt einige DaZ (Deutsch als Zweitsprache)-SchülerInnen mit Hausaufgabenhilfe im Rahmen des Mentoringprogramms. Des Weiteren bieten wir den jungen Geflüchteten in den Schulen Freizeitangebote und bringen sie mit einheimischen Gleichaltrigen zusammen, z.B. beim Klettern, Kanufahren, dem internationalen Musikcafé, Fußball, oder einer Fahrradrallye. Wir bieten außerdem regelmäßig Seminare zum Jugendstrafrecht mit

Unterstützung in DaZ-Klassen

einer ehrenamtlichen Jugendrichterin an, an denen die SchülerInnen teilnehmen können. Diese Seminare werden wir in Zukunft in den Stundenplan des DaZ-Unterrichts integrieren.

Fortbildung und Information

Das Projekt FLOW bietet im Modul V Fortbildungen für Lehrkräfte zum Thema interkulturelle Kommunikation, Traumata bei Jugendlichen und Kindern oder über das deutsche Asylrecht. Bei Schulprojekten kann das Projekt FLOW mit Vorträgen oder Workshops zum Thema Flucht und Migration unterstützen. Darüber hinaus haben wir in Kooperation mit einem Filmregisseur Geflüchtete aus dem Mentoringprogramm (nachfolgend: Mentees) mit ihren MentorInnen interviewt, die in Kurzfilmen über verschiedene Themenbereiche erzählen. Diese Kurzfilme können im Rahmen des Schulunterrichts genutzt werden.

Wie organisieren Sie die Kooperation und Kommunikation mit den Schulen?

Besuch in der Schule

Wir besuchen die SchülerInnen in den sogenannten DaZ-Klassen regelmäßig und informieren sie über unsere Angebote. Darüber hinaus tauschen wir uns laufend mit den LehrerInnen und SchulsozialarbeiterInnen aus. Wir nehmen an diversen Arbeitskreisen zum Thema Migration und Jugendbildung teil und bleiben dadurch im Austausch mit allen bildungs- und migrationsspezifischen PartnerInnen in Lübeck sowie in der direkten Umgebung. Auf Anfrage der Schulen können wir uns mit bestimmten Angeboten im Rahmen von Projekttagen einbringen und u. a. auch den direkten Dialog zwischen geflüchteten und anderen SchülerInnen herstellen.

Jetzt interessiert uns insbesondere Ihr Modul „Mentoringprogramm". Wie gewinnen Sie die MentorInnen? Welche Personen stehen als MentorInnen zur Verfügung?

Alle können mitmachen

Beim Mentoringprogramm können alle mitmachen, die Lust und Interesse haben, junge Geflüchtete bei einem konkreten Ziel zu unterstützen. Unsere MentorInnen sind 17 bis 72 Jahre alt, haben unterschiedliche persönliche und berufliche Hintergründe und kommen aus Eigeninitiative auf das Projekt zu. Sie wurden meist über unsere öffentlichen Veranstaltungen auf das Projekt aufmerksam oder sind über die Recherche im Internet auf FLOW gestoßen. Nach ausführlichen Erstgesprächen sowie einer interkulturellen Schulung können sie dann ein Mentorat mit einem jungen geflüchteten Menschen beginnen. Es wird besonders großer Wert auf das richtigen „Match" (= erfolgreiche Vermittlung beider Beteiligten gemäß ihrer Hintergründe) gelegt.

Wie finden die MentorInnen und Mentees zusammen? Wie gelingt das Matching?

Nach einem ausführlichen Einzelgespräch mit beiden Beteiligten werden Bedarfe und Interessensbereiche abgefragt. Wir achten außerdem auf das Wesen der Beteiligten und versuchen, zwei Menschen zusammenzubringen, die sich gegenseitig sympathisch finden. Nach einem ausführlichen Gespräch mit den jungen Geflüchteten suchen wir entsprechend der Ziele und Bedarfe eine passende Person mit geeigneten Ressourcen im projekteigenen MentorInnenpool. Hierbei spielen zum Beispiel der berufliche Hintergrund oder die persönlichen Interessensbereiche der MentorInnen eine große Rolle. Beide Beteiligten werden vorab gefragt, ob sie einen Match mit einer Frau oder einem Mann haben möchten und ob das Alter des Anderen eine Rolle für sie spielt. Das Matching findet in unseren Büroräumen statt, wo wir in einem Dreier-Gespräch die Beteiligten einander vorstellen, die Ziele sowie die Zwischenschritte für das Mentorat definieren. Danach wird vereinbart, wie oft sie sich in der Woche treffen möchten und wo die Treffen stattfinden sollen. Es gibt die Möglichkeit, sich entweder in einem speziell ausgerichteten Lern- und Begegnungsraum des FLOW-Projektes zu treffen oder in anderen privaten oder öffentlichen Räumlichkeiten.

Matching

Welche konkreten Aufgaben übernehmen die MentorInnen?

Der zeitliche Umfang und die inhaltliche Ausgestaltung des Mentorats liegen vorrangig bei den Interessierten. So ergeben sich sehr vielfältige Tandems: Einige lernen zunächst gezielt Deutsch, Mathe, Englisch oder Fachkunde zusammen. Andere Mentorate haben gemeinsame Aktivitäten zum Kennenlernen der Umgebung zum Ziel. Hier werden Museen, Konzerte oder auch Vorträge besucht. Weitere Tandems treffen sich zum gemeinsamen Fußball spielen, Musik hören, debattieren, machen Ausflüge an die Ostsee oder nach Hamburg und Kiel. Besonders wichtige Aspekte eines jeden Mentorats sind jedoch die Unterstützung bei der Suche

Vielfältige Tandems

nach Wohnung, Praktikum und Ausbildungs-/Arbeitsplatz sowie die Aufklärung über und die Unterstützung beim Asylverfahren.

Welche Aufgaben beziehen sich ganz konkret auf die Schule/die schulische Integration der jungen Menschen?

Oft einziger Kontakt

Die MentorInnen unterstützten ihre Mentees bei den Hausaufgaben, beim Erlernen und Schreiben der deutschen Sprache. Die Mentees können im Kontakt mit ihren MentorInnen aktiv Deutsch sprechen, ihre Aussprache trainieren sowie Sprachpraxis erlangen. Denn oft ist ein Mentor/eine Mentorin der einzige Kontakt mit den Einheimischen, insbesondere wenn Geflüchtete in getrennten Schulklassen unterrichtet werden. Durch die Isolation kann das Erlernte sonst nicht angewendet und kein Fortschritt erzielt werden. Nicht zuletzt kommt es durch die Unterstützung von MentorInnen häufig zu einer Entlastung bezüglich der Probleme in den anderen Lebensbereichen der jungen geflüchteten Menschen. Insofern unterstützt ein Mentorat durch allgemeine und emotionale Stabilisierung sowie eine bessere Orientierung junge Geflüchtete dabei, sich auf die Anforderungen in der Schule überhaupt erst konzentrieren zu können.

Wie werden die MentorInnen auf ihre Arbeit vorbereitet?

Schulung und Supervision

Alle angehenden MentorInnen erhalten eine interkulturelle Schulung durch eine speziell ausgebildete Trainerin, die sie auf ihre Aufgaben vorbereitet. Schwerpunkt der MentorInnenschulungen sind interkulturelle Sensibilisierung sowie Kommunikation und Grenzen des Mentorats. Im Verlauf eines Mentorats haben MentorInnen die Möglichkeit an weiteren Seminaren teilzunehmen, die folgende Themengebiete behandeln: Länderkunde, Grundlagen des Asylrechts sowie Umgang mit traumatisierten Menschen. Die MentorInnen werden außerdem vom Projekt supervidiert und an relevante Beratungsstellen weitervermittelt.

Wie werden die MentorInnen während ihrer Arbeit begleitet?

Erfahrungsaustausch und Information

Ein fachlicher Austausch zwischen den MentorInnen findet regelmäßig im Rahmen unseres zweiwöchentlichen „Stammtisches" statt. Die MentorInnen werden außerdem individuell betreut und können sich in Form von Reflexions- und Beratungsgesprächen jederzeit über Erfahrungen, Schwierigkeiten oder Fortschritte ihres Mentees mit der Projektverantwortlichen austauschen und weiterführend Rat bekommen. Wir bieten den MentorInnen außerdem regelmäßig Vorträge von Fachkräften, wie JuristInnen, MigrationsberaterInnen oder SozialarbeiterInnen zu projektbezogenen Themen an. Bei Interesse bieten wir den MentorInnen und Mentees die Möglichkeit, an öffentlichen Gerichtsverhandlungen zum Asylverfahren von Geflüchteten teilzunehmen, um Eindrücke über die Verfahrensweisen zu sammeln.

Wie ist die Arbeit der MentorInnen ins Projekt eingebunden? Gibt es beispielsweise gemeinsame Arbeitssitzungen zur Weiterentwicklung des Projekts?

Die MentorInnen erhalten laufend Informationen über die Projektangebote und den Stand der Projektentwicklung. Bei unseren regelmäßigen Austauschtreffen mit den MentorInnen werden Ideen und Vorschläge eingebracht und weiter ausgearbeitet, die in die Projektentwicklung sowie in zusätzliche Projektangebote einfließen. Zum Beispiel haben die MentorInnen und Mentees auch selbst bedarfsorientierte Kurse und Seminare entwickelt und für alle Projektbeteiligten angeboten. Die persönlichen Ressourcen und Erfahrungen der MentorInnen und Mentees können in die anderen vier Projektmodule einfließen. Somit fungieren Geflüchtete und MentorInnen selbst als ReferentInnen und geben ihre Kenntnisse an andere Projektbeteiligte weiter. Die Intermodularität des Projektes und der stetige Austausch der AkteurInnen in den einzelnen Modulen ermöglicht die Unterstützung und Zusammenarbeit zwischen den einzelnen Gruppen. Dies ist den vielfältigen Angeboten des Projektes aus einer Hand zu verdanken.

Erfahrungen werden aufgegriffen

Jetzt interessiert uns natürlich noch, was das für die jungen Geflüchteten bringt. Welchen Nutzen haben die jungen Menschen von den MentorInnen?

Die Mentees kommen über das Mentoringprogramm in Kontakt mit Einheimischen und erhalten Orientierung bei alltagsrelevanten Themen. Sie bekommen Unterstützung bei ihren Vorhaben und können schneller Deutsch lernen und anwenden. Besonders nützlich ist die Tatsache, dass sie nicht alleine sind und dadurch mehr Ausdauer beim Erreichen eines Zieles entwickeln und so langfristig erfolgreicher sind. Oft erleichtert es junge Geflüchtete, wenn sie beim Gang zu Behörden und Beratungsstellen in Begleitung einer Person sind, die das System besser kennt. Durch die

Kontakt, Orientierung, Unterstützung

Begleitung bekommen sie mehr Sicherheit und können bereits beim nächsten Besuch alleine und selbstbewusster auftreten. Einige Mentees hatten zuvor Vorurteile und glaubten, dass die Einheimischen Vorbehalte gegen sie hätten. Durch die positive Begegnung im Mentorat können Berührungsängste und Vorbehalte revidiert werden.

Können Sie ein paar Beispiele erzählen, was MentorInnen geleistet haben, was Sie als Profis nicht hätten (besser) machen können?

Persönlicher Kontakt und Türöffner

Die MentorInnen haben über ihre persönlichen Kontakte Praktikums- und gar Ausbildungsplätze oder Wohnungen für ihre Mentees gefunden. Durch die Unterstützung der MentorInnen konnten einige der Geflüchteten den Realschulabschluss erlangen und eine Ausbildung beginnen oder in ein Vorbereitungsprogramm der Fachhochschule gelangen. Durch die persönliche Ebene und den engeren Kontakt können MentorInnen mehr Vertrauen zu ihren Mentees aufbauen und sie besser einschätzen. So konnten MentorInnen herausfinden, dass ihre Mentees besondere Stärken aufweisen oder bestimmte Berufserfahrungen gesammelt haben. Die MentorInnen können somit Fähigkeiten sowie Stärken ihrer Mentees besser kennenlernen und in die richtige Bahn lenken. MentorInnen spielen ebenfalls eine Rolle bei der Freizeitgestaltung sowie beim Netzwerkaufbau der Mentees. Sie sind Türöffner für neue Kontakte oder können die jungen Geflüchteten z. B. auch zu Sportvereinen o. ä. begleiten.

Die Begleitung der MentorInnen macht auch Arbeit. Inwiefern ist sie trotzdem eine Erleichterung, Bereicherung oder Unterstützung Ihrer Arbeit?

Wichtige Grundlage für den Erfolg

Alle Projektangebote wären ohne die ehrenamtliche Unterstützung sowie Vernetzung mit PartnerInnen nicht möglich. Das Mentoringprogramm wird wesentlich durch die ehrenamtliche Arbeit der MentorInnen getragen, es könnte allein durch hauptamtliche Arbeit nicht in der gleichen, erfolgreichen Form durchgeführt werden. Die ehrenamtlichen MentorInnen bringen neben ihrem persönlichen Engagement viele Ressourcen mit, die das Projekt sonst nicht hätte. Eine Mentorin, die Richterin ist, entwickelt interessante Seminare für die jungen Geflüchteten. Eine weitere Mentorin bietet Zielmanagementseminare an, da sie Coach und Psychologin ist.

Diese Angebote wären ohne unsere Ehrenamtlichen nicht möglich. Der Austausch zwischen Haupt- und Ehrenamtlichen ist für beide Seiten inhaltlich wichtig und bereichernd und stellt eine wichtige Grundlage für den Erfolg des Projektes dar.

Das Team des FLOW-Projektes

Sind aus Ihrer Einschätzung heraus mehr Profis für diese Arbeit notwendig?

Ehrenamt braucht Hauptamtliche. Diese Tatsache gilt auch für unser Projekt. Hauptamtliche müssen die Struktur und den Rahmen für ehrenamtliche Unterstützungsarbeit für Geflüchtete leisten und für die Qualifizierung der Ehrenamtlichen und die Qualitätssicherung sorgen. Dafür braucht es interkulturell sensibilisierte und erfahrene Fachkräfte und interkulturelle, interdisziplinäre Teams mit vielfältigen Sprachkenntnissen, in denen auch KollegInnen mit Migrationserfahrung entscheidende Positionen einnehmen. Ja: Diese Arbeit braucht mehr Profis im hauptamtlichen Bereich.

Mehr Profis nötig

Aber für uns sind auch die MentorInnen Profis auf ihrem Gebiet, nämlich in der Beziehungs-und Unterstützungsarbeit mit den Geflüchteten. Sie setzen sich mit großem Engagement und viel Empathie für Geflüchtete ein und übernehmen eine wesentliche Rolle in der Integrationsarbeit, die wir als gesellschaftspolitische Aufgabe für alle Menschen in unserer Gesellschaft verstehen.

Werte vermitteln

Kenntnisse zur Religions- und Kultursensibilität

Michael Tüllmann

Wenn wir im Zusammenhang mit der Integration von jungen geflüchteten Menschen über Wertevermittlung nachdenken, besteht die Gefahr, dass wir uns auf eine Einbahnstraße begeben. Werte, die uns vertraut sind, werden Menschen vermittelt, die aus einer anderen Kultur kommen, einer Kultur, die in den meisten Fällen von unterschiedlichen Formen der Islamauslegung geprägt ist. An die Stelle einer einseitigen Vermittlung sollte ein Dialog über Werte treten. Der beginnt am besten mit Offenheit und Interesse an den Jugendlichen.

Fragen und Zuhören — Die Jugendhilfe der Stiftung Rauhes Haus in Hamburg führte in einem Projekt zur Religions- und kultursensiblen Pädagogik gemeinsam mit der Akademie der Weltreligionen an der Universität Hamburg eine Befragung Jugendlicher über ihre Werte, Hoffnungen und ihren Glauben durch. Gesprochen wurde mit Jugendlichen mit und ohne Migrationshintergrund. Allen gemeinsam waren existenzielle Krisenerfahrungen, zum Beispiel die Trennung von ihrer Familie. Einige hatten die Familie zurücklassen müssen oder auf der Flucht verloren, bei anderen brach die Familie aufgrund anderer Belastungen auseinander. Den InterviewerInnen fiel auf, dass fast alle Jugendlichen, bis auf eine Ausnahme, trotz ihrer schicksalhaften Erfahrungen positive Erwartungen an ihre Zukunft hatten. Für alle diesbezüglichen Äußerungen steht dieser Satz eines Jungen: „Wenn es im Moment auch schwer ist und nicht gut läuft, bin ich sicher, dass die Zukunft noch was zu bieten hat. Das kann doch nicht alles gewesen sein!"

Hoffnung auf Zukunft — Die Jugendlichen hoffen auf ein Leben mit einem Beruf, der ihnen Spaß und Erfüllung bereitet. Das gibt ihnen Kraft, Herausforderungen anzugehen. Fast alle Jugendlichen glauben an eine Kraft, die über den Menschen ist und die Welt irgendwie zusammenhält. Woher diese Zuversicht kommt, ob sie sich aus einem wie auch immer definierten Glauben speist, ist für ihre Wirksamkeit zunächst nicht entscheidend. Diese jugendlichen Hoffnungen und ihre überraschende Zuversicht stellen kostbare Ressourcen dar, die es unbedingt zu wahren und zu stärken gilt.

Wie wichtig ist der Glaube?

Bei den Fragen zu ihren konkreten Vorstellungen von Religion und Transzendenz zeigte sich bei den deutschen befragten Jugendlichen ein eher diffuser Glaube. Im Unterschied dazu sind die Vorstellungen bei Jugendlichen aus muslimischer Tradition sehr konkret. Ein unbegleiteter geflüchteter Jugendlicher sagte: „Ohne meinen Gott hätte ich den Weg über Meere und durch die vielen Länder nicht geschafft." Ein anderer muslimischer Jugendlicher betont, dass er genau wisse, wie sich ein guter Muslim zu verhalten hat. Manchmal weiche er in Deutschland davon ab und sei in

Rolle des Glaubens

Sorge, sich nicht mehr als Muslim bezeichnen zu können. Hier erleben wir also klare Unterschiede, die bei der pädagogischen Arbeit von Bedeutung sind.

Über Glaubens-vorstellungen sprechen

Wenn man sich bewusst macht, welche Bedeutung ihr Glaube für viele muslimisch geprägte Jugendliche hat, liegt es nahe, bei der Arbeit mit ihnen diesen Lebensbereich nicht auszusparen. Etwas zu hören über die Glaubensvorstellungen und die konkreten religiösen Vorschriften, denen ein junger Mensch folgt, hilft, ihn kennenzulernen und zeigt ihm auch, dass man sich wirklich für ihn als Individuum interessiert. So kann eine Vertrauensbasis entstehen. Allerdings setzt es bei den Fachkräften die Bereitschaft voraus, über die eigenen Werte und Glaubensvorstellungen offen und konkret zu sprechen, wenn der Jugendliche danach fragt.

Religiöse Vorschriften

Während viele muslimisch geprägte Jugendliche religiöse Vorschriften übernehmen und nicht hinterfragen, fühlen sich deutsche Jugendliche von konfessioneller Glaubenspraxis oft eingeengt. Ihnen sind persönliche Freiheit und Selbstbestimmung wichtiger als die Einhaltung von oft als überkommen empfundenen religiösen Praktiken. Werden bei muslimisch geprägten Jugendlichen religiös geprägte Vorschriften häufig als absolut gesetzt, können leicht Konflikte entstehen. Wer junge Menschen bei der Integration unterstützen will, sollte diese Konflikte erkennen und ansprechen.

Regeln für Gäste?

Während von einem Gast lediglich verlangt wird, die Regeln des Gastlandes zu respektieren, ohne sich notwendigerweise die geltenden Werte zu eigen zu machen, ändert sich dies, sobald ein Mensch in die Gesellschaft aufgenommen werden und dauerhaft in ihr leben möchte. An diesem Punkt befinden sich all diejenigen, die in Deutschland bleiben möchten. Sie kommen nicht umhin, sich mit unserem Wertesystem zu beschäftigen. Hier geht es nicht nur um das Erlernen, sondern um eine inhaltliche Auseinandersetzung. Die eigenen Werte müssen mit den in der aufnehmenden Gesellschaft vorherrschenden Werten in Beziehung gesetzt werden. Wo gibt es Übereinstimmungen? Wo sind die Unterschiede groß?

Wertevielfalt

Aber welches sind die Werte, die unserem Zusammenleben in Deutschland zugrunde liegen? Auch hierzulande herrscht Vielfalt. Verschiedene Religionsgemeinschaften existieren, selbst die christlichen Kirchen sind sich nicht in allen Punkten einig. Viele Menschen fühlen sich gar keiner Religionsgemeinschaft zugehörig. Welche Werte leben sie?

Zum einen sind hier alle, die mit geflüchteten Menschen umgehen und sie bei der Orientierung in Deutschland unterstützen wollen, gefragt, über ihre eigenen Überzeugungen, Werte und Glaubensvorstellungen offen zu sprechen, wenn dies im Gespräch gewünscht wird. Zum anderen hilft die Beschäftigung mit dem Grundgesetz. Während in Deutschland aufwachsende Jugendliche zumindest indirekt mit den darin festgelegten Regeln vertraut sind, ist es für geflüchtete Jugendliche komplettes Neuland. Verfasst bei der Gründung der Bundesrepublik 1949, ist das Grundgesetz heute eine erstaunlich gute Basis für das Zusammenleben in einer Gesellschaft mit wachsender Diversität. *Basis Grundgesetz*

Während für in Deutschland lebende Jugendliche die persönliche Freiheit, die Grundrechte und die Gleichberechtigung von Mann und Frau selbstverständlich sind, ist dies für Neuankommende meist erst einmal neu und ungewohnt. Sie können entdecken, dass ihnen das Grundgesetz Sicherheit bietet, vielleicht zum ersten Mal in ihrem Leben. Sie erfahren, dass darin neben dem Schutz des Lebens auch Persönlichkeitsrechte wie zum Beispiel das Recht auf sexuelle Selbstbestimmung, die freie Wahl der Religionszugehörigkeit, die freie Berufswahl, das Recht auf Bildung und die Gleichberechtigung von Mann und Frau festgeschrieben sind. Der besondere Schutz der Familie und die gewaltfreie Erziehung werden genauso genannt wie die Sicherung der Existenz und der Schutz vor Verfolgung. Das Grundgesetz gibt uns in Deutschland ein generelles Gefühl der Freiheit und Sicherheit, auch wenn wir nicht jeden Artikel kennen. Es garantiert den Rechtsstaat mit freier Religionsausübung und kultureller Selbstbestimmung. Obwohl es gar nicht für eine Zuwanderungsgesellschaft entstanden ist, steckt in ihm viel Bindekraft für eine Gesellschaft der Diversität. *Schutz von Vielfalt*

Will man sich über die einzelnen Artikel genauer informieren, findet man eine ganze Reihe von Büchern und Broschüren, die sich auch an Jugendliche wenden. Für muslimische MitbürgerInnen erklärt der Rechtswissenschaftler Muhammad Sumeer das Grundgesetz im Internet unter www.islam.de/grundgesetz.

Die Auswertung der oben erwähnten Befragung ergab, dass die muslimischen und deutschen Jugendlichen in fast allem übereinstimmen, was ihnen wertvoll und wichtig ist. Ein großer Unterschied besteht jedoch darin, dass für muslimische Jugendliche ihre Religion meist eine viel größere Bedeutung hat.

Wenn Werte kollidieren

Möglicherweise enthält die Auslegung ihrer Religion Vorschriften, die mit dem Grundgesetz nicht vereinbar sind. Dieser Widerspruch kann zu Konflikten führen. Damit dies nicht zu einem Integrationsproblem wird, ist es wichtig muslimischen Jugendlichen nahezubringen, was in Deutschland Religionsfreiheit bedeutet. Jeder kann hier entscheiden, welche Religion er ausübt oder ob er sich gar keiner Religion zugehörig fühlt. Der Gedanke der freien Religionswahl und Ausübung setzt aber voraus, dass religiöse Gesetze niemals die Gesetze des säkularen Staates außer Kraft setzen.

Säkularität

Der christlichen Tradition folgend lebt der Mensch in seiner Religionsausübung das, was er glaubt, Gott schuldig zu sein. Gleichzeitig verpflichtet er sich als Bürger dieses Staates, den geltenden Gesetzen zu folgen. Zu begreifen, was mit Säkularität gemeint ist und welche Folgen sie für das Zusammenleben hat, ist für Menschen, die aus einer religiös geprägten Kultur kommen, eine nicht zu unterschätzende Herausforderung.

Lernbereitschaft und Sensibilität

Menschen, die neu nach Deutschland kommen oder gar auf der Flucht vor politischen Regimen sind, die die Menschrechte missachten, sind gezwungen, sich sehr schnell im Land ihrer Zuflucht zu orientieren. Ihnen hilft es nicht allein, das Grundgesetz zur Kenntnis zu nehmen, sondern sie müssen kennenlernen, wie die Menschen in ihrem konkreten Umfeld es mit Leben füllen. Dabei erfahren sie, dass Werte ein Gemisch aus gesetzlich geregelten Rechten und Pflichten sowie regionalen Traditionen und Gewohnheiten sind. Damit diese Orientierung gelingt und eine Integration nach sich ziehen kann, bedarf es der Lernbereitschaft der Zugewanderten. Außerdem ist eine religions- und kultursensible Unterstützung durch ehrenamtliche BildungspartnerInnen, LehrerInnen, sowie ErzieherInnen und SozialpädagogInnen in außerschulischen Freizeit- und Bildungseinrichtungen nötig. Auch MitschülerInnen und Menschen, die in der Nachbarschaft leben, können hierzu beitragen. Insbesondere für Jugendliche, die sich ja in einer Lebensphase befinden, in der sie gerne auch einmal Grenzen austesten, ist der intensive und offene Dialog über Werte und Rechte besonders wichtig.

Religions- und Kultursensibilität meint in diesem Zusammenhang den Versuch, sich auf das einzustellen, was die neuen MitbürgerInnen aus ihrer Religion und Kultur mitbringen. Ein auf Unterstützung angewiesener Jugendlicher formulierte das einmal so: „Am besten wäre es, wenn die Betreuer sich in uns reinversetzen könnten, das ist aber glaube ich sehr schwer". Tatsächlich geschieht dies nicht automatisch. Fachkräfte können aber bewusst eine von Offenheit und Interesse geprägte Haltung entwickeln, die eine Kommunikation auf Augenhöhe möglich macht. So kann es zu einem Dialog kommen, den UnterstützerIn und Jugendlicher als bereichernd erleben.

Religions- und kultursensible Bildungsarbeit

Von den neuen MitbürgerInnen wird aber gleichzeitig auch gefordert, dass sie die geltenden Regeln des gesellschaftlichen Miteinanders kennenlernen und respektieren. Hierzulande wird es zum Beispiel gern gesehen, dass man grüßt, wenn man auf andere Menschen trifft oder einen Raum betritt. In Deutschland haben die Menschen viele persönliche Freiheiten im öffentlichen Leben und ihre Privatsphäre muss geachtet werden. So können sich zum Beispiel heterogene und homosexuelle Paare in der Öffentlichkeit liebkosen, sich kleiden wie sie wollen, ihre Meinung äußern und ihre Individualität weitgehend ausleben. Auf Sauberkeit wird Wert gelegt, daher sollte man öffentliche Räume und Anlagen entsprechend nutzen. Dies sind nur einige Beispiele für eine Anpassung an geltende Umgangsformen. Je länger man sich in Deutschland aufhält, desto höher steigen die Erwartungen an diese Anpassung. Gleichzeitig erfahren zugewanderte Menschen, dass diese Anpassung das Alltagsleben in vielen Bereichen erleichtert. Im Internet gibt es mehrere Ratgeber für Geflüchtete, die bei dieser Anpassung hilfreich sind. Besonders zu erwähnen ist die Internetseite www.RefugeesGuide.de. Dieser Ratgeber geht vor allem auf Fragen der geflüchteten Menschen ein.

Anpassung erwartet

Je motivierter die Jugendlichen Deutsch lernen, desto schneller können sie Zusammenhänge im gesellschaftlichen Umgang erfassen. Vergleicht man ihre Anpassungsleistung mit dem Erwerb einer Fremdsprache, stellt man fest, dass die Jugendlichen aus Ländern mit anderen Kulturen auf zwei Weisen zweisprachig

Zwei neue Sprachen

kompetent sein müssen. Das eine Mal geht es um die neue Sprache im eigentlichem Sinn und das andere Mal um das Erlernen einer neuen Lebensweise. Beim Erlernen einer neuen Lebensweise ist es außerordentlich wichtig, zweisprachig zu bleiben und stolz auf diese Kompetenz zu sein. Fatal wäre eine Anpassung, bei der die eigene kulturelle Identität aufgegeben wird. Das wäre eine Schwächung und könnte schwere Folgen für die eigene Psyche haben.

Integration ohne Identitätsverlust?

Um Menschen mit Identitätsverlust zu helfen, richtete das Universitätskrankenhaus Eppendorf in Hamburg eine Ambulanz für transkulturelle Therapie ein. Die leitende Ärztin, eine Muslima, kennt viele Beispiele, bei denen der Verlust der kulturellen Identität im Anpassungsprozess zu schweren psychischen Belastungen führte. Gerade Menschen, die ihre Heimat und sogar ihre Familien verloren haben, brauchen Ankerpunkte, die ihnen helfen zwei verschiedene Kontexte in ihrer Person miteinander zu verbinden. Das ist nur möglich, wenn die multikulturelle Entwicklung als Bereicherung angesehen wird. Integration ohne Identitätsverlust kann nur gelingen, wenn die eingewanderten Menschen ihre Ankerpunkte sowohl in ihrer Herkunftskultur suchen als auch in der neuen Kultur, auf die sie treffen. Eine einseitige Orientierung nur auf die Herkunftskultur ist zwar als eine Reaktion auf Exklusionserfahrungen verständlich, führt aber für alle Beteiligten in die Sackgasse. Heute wissen wir, dass wir frühzeitig und in allen Sozialräumen in einen offenen Dialog über unterschiedliche religiöse Vorstellungen und kulturabhängige Werte treten müssen.

Anforderungen an Fachkräfte

Die Personen, die den Jugendlichen ehren- oder hauptamtlich durch Bildung und Beratung bei ihrer Integration behilflich sind, greifen in der Regel nicht auf eine im doppelten Sinn vorhandene Zweisprachigkeit zurück. Umso wichtiger ist es dann, dass sie Interesse an der Kultur und Religion haben, die die Jugendlichen aus ihren Herkunftsländern mitbringen. Die Praxis zeigt: Es reicht nicht aus, sich generelle Informationen über die Herkunftsländer zu beschaffen. Viel zu vielfältig sind die Eigenheiten in den einzelnen Regionen und die religiösen sowie kulturellen Aufspaltungen. Vielmehr ist es wichtig zu erfahren, was den einzelnen Jugendlichen prägt, was seine Weltsicht bestimmt und ihn ganz persönlich antreibt.

Eine Erkenntnis aus der Befragung der Jugendlichen ist, dass es im Integrationsprozess notwendig ist, Kraftquellen aus den jeweiligen Kulturen zu bewahren. Diese stabilisieren die Jugendlichen und machen sie widerstandsfähig gegen Krisen. Personen, die mit dieser ressourcenorientierten Grundhaltung Unterstützung leisten, sind Brückenbauer für Jugendliche, die ihre Persönlichkeit vor dem Hintergrund ihrer Erfahrungen und Erlebnisse in zwei unterschiedlichen Kulturen entwickeln.

Kraftquellen bewahren

Das inzwischen reichlich vorhandene Informationsmaterial für geflüchtete Jugendliche kann zum Werte-Dialog und Integrationsprozess beitragen. Die Fachkräfte müssen es jedoch für genau diese Situation vor der Verwendung auf seine Eignung hin überprüfen. Gerade bei der Arbeit mit Jugendlichen, die nur über begrenzte Deutschkenntnisse verfügen, wissen die Fachkräfte und Betreuenden, dass sie außer durch Reden auch durch ihr Verhalten und Handeln auf die Jugendlichen wirken. Informationen geben, Haltung zeigen und als Vorbild handeln – passen diese drei Ebenen der Kommunikation zusammen, können Jugendliche am leichtesten begreifen, was gemeint ist.

Information Haltung Vorbild

Werte werden nicht nur in Bildungseinrichtungen und speziellen Kursen vermittelt, sondern in Peergroups, Jugendzentren und vor allem in Familien sowie kulturell geprägten Gemeinschaften. Es ist zu begrüßen, wenn ein formal zuständiger Bildungsträger auch informelle Bildungsorte im Sozialraum durch Diskussions- und Informationsveranstaltungen sowie Kommunikationsangebote wie z. B. einen Café-Treff in seine Arbeit einbezieht.

Wertevermittlung im Alltag

Auch in Alltagszusammenhängen werden Werte vermittelt. Je eher ein neu zugezogener Jugendlicher – auch mit nur geringen Deutschkenntnissen – die Möglichkeit hat und bereit ist, sich in Vereinen zu integrieren, desto schneller lernt er, sich in der neuen Umgebung zu orientieren und fühlt sich zugehörig. Jugendliche, die das Gefühl der Fremdheit nur schwer überwinden können (weil z. B. ihre Religion und Kultur sie mit vielen Vorbehalten ausstattet) haben es dagegen viel schwerer, sich zu integrieren. Bei den befragten Mädchen zeigte sich, dass sie davon öfter betroffen sind als die Jungen. Oft wussten sie nicht, wie sie sich in dem neuen Land beteiligen können, ohne ihre Religion und Kultur zu „verraten". In solchen Fällen hat es sich bei muslimischen Jugendlichen als sehr nützlich erwiesen, den Kontakt zu einem Imam aufzunehmen. Durch seine ausgewiesene Kompetenz sowohl im Islam als auch in der deutschen Gesellschaft wird er akzeptiert und kann Brücken bauen.

Lernen durch Beteiligt Sein

Je besser Jugendliche unsere demokratische Grundordnung vermittelt bekommen und verstehen, desto eher können sie sich einbringen und mitgestalten – und sei es nur in begrenzten sozialen Räumen. Durch ihre Mitgestaltung erweitern sie ihre sonst einseitige Rolle als NeubürgerIn, der/die sich vor allem anpassen muss. Sie können sich vielmehr mit ihren Kompetenzen und Ressourcen aktiv an Lösungen aktueller Probleme und Fragestellungen in ihrem neuen sozialen Umfeld beteiligen.

Wertevermittlung ist Beziehungsarbeit

Wertevermittlung ist ein komplexes Geschehen, in das vielfältige soziale Kontakte einbezogen werden müssen. Wir konnten in unserem Projekt der religions- und kultursensiblen Pädagogik dazu Praxiserfahrungen sammeln, die Mut machen. Religiöse Elemente als Teil der Lebenswelt eines Menschen einzubeziehen, ist wichtig. Nur so kann dieser sich als ganzer Mensch wahrgenommen und respektiert fühlen. Gerade bei Jugendlichen, die neu in Deutschland sind, hilft dies, eine Beziehung aufzubauen. Die religiösen und kulturellen Unterschiede treten in den Hintergrund, wenn die Beziehung zwischen den einheimischen und den zugewanderten Jugendlichen gelingt. Wer sich dafür einsetzt, bereitet das Feld für eine wirkungsvolle Vermittlung von Werten.

Mit Kopf, Herz und Hand

Eine Schule für junge Geflüchtete

Michael Schütz

Der Trägerkreis Junge Flüchtlinge e. V. hat sich zum Ziel gesetzt, *ISus und SchlaU*
unbegleitete minderjährige und junge Geflüchtete im Alter von 16
bis 21 (in Ausnahmefällen 25) Jahren darin zu unterstützen, ihr
Menschenrecht auf Bildung und Schule wahrzunehmen und an der
Gesellschaft teilzuhaben. An den Schulen des Vereins in München
– „ISuS" (Integration durch Sofortbeschulung und Stabilisierung)
und „SchlaU" (Schulanaloger Unterricht für junge Flüchtlinge) –
werden insgesamt 300 junge Geflüchtete in 20 Klassen unterrichtet.
Etwa 85 SchülerInnen werden im Jahr 2016 zum Schulabschluss geführt und in Ausbildung oder weiterführende Schulen vermittelt.
Danach, also während der Ausbildung oder des Besuchs einer weiterführenden Schule, werden die ehemaligen SchülerInnen durch
das Programm „SchlaUzubi" nachbetreut, um eine nachhaltige Integration zu unterstützen. Seit 2004 sind die Schulen als Berufsför-
derungseinrichtungen staatlich anerkannt, an der junge Geflüchtete
ihre Berufsschulpflicht absolvieren können. Die Finanzierung der
Schulen beruht auf einer Mischfinanzierung aus öffentlichen Mitteln, Stiftungsmitteln und nicht zweckgebundenen Spenden.

Der Trägerkreis junge Flüchtlinge, der die SozialarbeiterInnen be- *Das Träger-*
schäftigt, ist ein Träger der Jugendhilfe. Fachlich und dienstlich *modell*
sind die SozialarbeiterInnen den jeweiligen Schulen zugeordnet.
Das bedeutet, dass die Schulleitungen den SozialarbeiterInnen
vorgesetzt sind. Hintergrund dieses Modells ist, dass SchlaU zu
Beginn ein Sprachkurs mit SozialarbeiterInnen war und keine
Schule. Erst in der weiteren Entwicklung wurde daraus die Schule,
die den Deutschen Schulpreis gewinnen konnte. Die soziale Arbeit ist wegen der Zielsetzung des Vereins ein integraler Bestandteil der Arbeit geblieben, auch weil durch die Erwähnung der
Menschenrechte in der Satzung ein genuin sozialarbeiterischer
Impetus besteht (vgl. Staub-Bernasconi, 2007).

Soziale Arbeit ist in der gesamten Wirkungskette der Angebote des Vereins präsent. Der Personaleinsatz ist bei ISuS am größten (Stellenschlüssel 1:33) und verringert sich im weiteren Verlauf (SchlaU 1:73, SchlaUzubi 1:150) in dem Maße, wie die SchülerInnen in Deutschland ankommen, sich stabilisieren und verselbstständigen.

Die soziale Arbeit im Trägerkreis macht den SchülerInnen ein umfassendes Angebot. An unterschiedlichen Stellen unserer Wirkungskette setzen wir unterschiedliche Schwerpunkte:

- In der ISuS-Schule ist beispielsweise die Vulnerabilität der neu angekommenen jungen Menschen noch sehr hoch. Dementsprechend werden dort häufig psychische Zusammenbrüche, Probleme im Asylverfahren, bei der Unterbringung oder Altersfälle bearbeitet.
- Der Bereich berufliche Orientierung und Übergang Schule/Beruf ist ein Angebot, das sich an alle SchülerInnen richtet. In diesem Rahmen unterstützen wir bei der Praktikumssuche, führen gemeinsam mit den Lehrenden Orientierungswochen an der Schule durch, pflegen Kontakte zu Innungen, Kammern sowie zu einzelnen Arbeitgebern und der Arbeitsagentur.

Die Arbeitsbereiche der sozialen Arbeit im Trägerkreis dürften sich im Allgemeinen nicht von denen in anderen Schulen unterscheiden. Die wichtigsten Bereiche sind:

- Die Unterstützung in schwierigen Lebenslagen umfasst ein breites Spektrum. Wir unterstützen die jungen Menschen beispielsweise dabei, Jugendhilfe oder Hilfe für junge Erwachsene zu beantragen und kooperieren dazu mit dem Jugendamt und den Trägern der stationären Angebote. Wir vermitteln SchülerInnen in psychiatrische Praxen und zu TherapeutInnen. Wir beantragen private Wohnsitznahme oder helfen SchülerInnen, ihr Alter glaubhaft zu machen, wenn es von den Behörden angezweifelt wird. Die ausländer- und asylrechtliche Unterstützung umfasst z.B. die Vorbereitung der Anhörung oder Hilfen, die Mitwirkungspflichten zu erfüllen.

- Zu unserem Netzwerk gehören die Ausländerbehörde, das Jugendamt, die Bezirksregierung, Vormünder, Jugendhilfeeinrichtungen, Fachanwälte, die Agentur für Arbeit, andere Schulen, Ehrenamtliche, MitarbeiterInnen in den staatlichen

Unterkünften usw. Die Pflege dieser Netzwerke ist ein nicht zu unterschätzender Teil unserer Arbeit, weil ohne sie weder wir noch unsere SchülerInnen erfolgreich sein können.

- Der Übergang Schule/Beruf ist einer der arbeitsintensivsten Bereiche. Es geht hier nicht nur darum, SchülerInnen dabei zu unterstützen, in einer ihnen fremden Sprache einen Lebenslauf zu schreiben und Bewerbungsunterlagen zu erstellen, sondern in gleichem Maß auch darum, potentielle Arbeitgeber davon zu überzeugen, Praktikumsplätze und Lehrstellen für unsere SchülerInnen anzubieten. Außerdem wird von einem Sozialarbeiter/einer Sozialarbeiterin mit den LehrerInnen im Bereich Arbeit, Wirtschaft, Technik (AWT) die Berufsorientierungswoche organisiert, in der unterschiedliche Betriebe oder Handwerkskammern besucht werden. *Übergänge begleiten*

- Der Bereich Konflikte in der Schule umfasst verschiedene Konstellationen. Es kann sich um Konflikte zwischen einzelnen SchülerInnen, um Konflikte zwischen LehrerInnen und SchülerInnen oder um eine konflikthafte Gruppendynamik in der Klasse handeln. Die Rolle, die die SozialarbeiterInnen in diesen Fällen spielen, ist nicht klar definiert. Sie hängt stark von den jeweils beteiligten Personen ab. Prinzipiell ist es auch in den Schulen des Trägerkreises Aufgabe der LehrerInnen, solche Konflikte im Rahmen des Classroom-Managements zu bearbeiten. Wenn doch SozialarbeiterInnen hinzugezogen werden, ergibt sich häufig insofern ein Rollenkonflikt, als sie für gewöhnlich parteilich auf Seiten der SchülerInnen agieren, hier aber oft allparteilich als ModeratorInnen agieren müssen. Außerdem können sie in dieser Rolle nicht damit rechnen, dass die SchülerInnen freiwillig zu ihnen kommen. *Konflikte bearbeiten*

Die Arbeitsbereiche haben sich zum einen als Antwort auf die Bedürfnisse und Nachfrage der jungen Menschen entwickelt und waren andererseits eine Reaktion auf das Wachstum der Organisation (z.B. zunehmende Verwaltungsarbeit, Dokumentation). Dabei müssen unterschiedliche Bedürfnisse bzw. Aufträge von SchülerInnen, LehrerInnen und den Schulleitungen mit den eigenen fachlichen Ansprüchen abgeglichen werden.

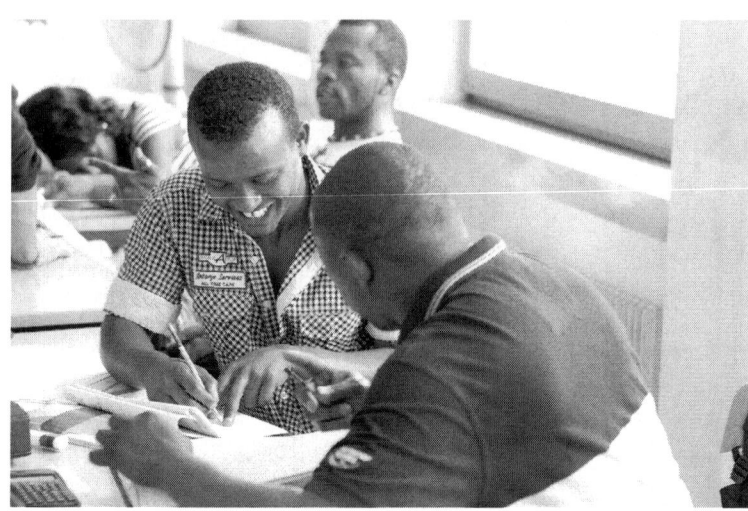

Individuelle Förderung in der SchlaU-Schule in München

Ressourcen gezielt einsetzen

In diesem Prozess kann es zu Verschiebungen kommen, wenn ein Arbeitsbereich zu viele Ressourcen bindet – zum Beispiel die Vorbereitung und Begleitung von Praktika: Vor ca. einem Jahr kamen die SozialpädagogInnen der SchlaU-Schule zu der Einsicht, dass sie überwiegend damit beschäftigt sind, Lebensläufe mit den SchülerInnen zu erstellen und Praktikumsplätze zu suchen. Es gab wenige Gelegenheiten, die SchülerInnen außerhalb dieses Kontextes kennen zu lernen und darunter litt die Beziehungsarbeit im Einzelfall. In Zusammenarbeit mit der Abteilung Schulentwicklung und Qualitätsmanagement wurde der Schulleitung und dem Team der Lehrenden daraufhin vorgeschlagen, die Anzahl der Pflichtpraktika von zwei auf eins zu reduzieren und es den SozialpädagogInnen gleichzeitig zu ermöglichen, an den halbjährlichen Lernentwicklungsgesprächen zwischen KlassenlehrerInnen mit ihren SchülerInnen teilzunehmen. Dieser Vorschlag wurde in einer gemeinsamen Teamsitzung mit allen pädagogischen MitarbeiterInnen diskutiert und dann umgesetzt.

Kooperation innerhalb Schule

Unabhängig von den individuellen Motiven der AkteurInnen oder der Gesamtausrichtung der Organisation, ist die Präsenz schulischer Themen im Alltag massiv und beeinflusst die Konzeption der Sozialarbeit maßgeblich. Viele Abläufe der Arbeit richten sich nach dem Takt der Schule (den Schulstunden bzw. Pausen oder den Ferien). Wichtige und zeitintensive Themen sind vorgegeben, wie z. B. die Organisation schulischer Praktika oder die Bearbeitung von Konflikten in der Schule.

Die Kooperation zwischen Lehrenden und SozialarbeiterInnen ist intensiv (vgl. Spies/Pötter 2011, S. 30 ff.). Es gibt den formellen Austausch über allgemeine Probleme und spezielle Einzelfälle in gemeinsamen Teamsitzungen, Klassenkonferenzen und Supervisionen sowie bei informellen Treffen. Es gibt außerdem gemeinsam geplante Projekte wie Lerncamps vor den Prüfungen oder Berufsorientierungswochen und erlebnispädagogische Angebote (z. B. Klettern). SozialpädagogInnen halten Stunden in der Klasse ab zu Themen wie berufliche Orientierung oder Asylverfahren, es werden gemeinsam Arbeitsprozesse geplant oder optimiert (s. o.) und SozialarbeiterInnen hospitieren in Klassen, um das Verhalten einzelner oder mehrerer SchülerInnen zu beobachten.

Interdisziplinäre Zusammenarbeit

Die Kooperation in Einzelfällen wird in der Regel durch die LehrerInnen eingeleitet, wenn sie ein Problem, das die SchülerInnen an sie herantragen, nicht alleine bewältigen können. Zum Beispiel wenn der junge Mensch erzählt, dass er eigentlich jünger ist als auf seiner Aufenthaltsgestattung vermerkt oder das Jugendamt ankündigt, ihn aus der Jugendhilfe zu entlassen. Sie gehen dann zusammen mit ihren SchülerInnen in das Büro des/der für sie zuständigen Kollegen/Kollegin, um zu besprechen, welche Handlungsoptionen bestehen.

Die Eskalationsstufen sind ein weiteres Feld. In diesen Stufen wird beschrieben, wie die Schule auf störendes oder inakzeptables Verhalten von SchülerInnen reagiert. Das bezieht sich z. B. auf Zuspätkommen, das Mobiltelefon in der Klasse benutzen, unentschuldigtes Fehlen oder auf Konflikte in der Klasse. Die SozialarbeiterInnen sind an den Gesprächen, die innerhalb dieser Stufen geführt werden, beteiligt. In Einzelfällen können die Stufen bis hin zur Entlassung der SchülerInnen eskalieren. Auch hier sind die SozialarbeiterInnen sowohl bei den Gesprächen mit den SchülerInnen als auch an den Entlassungskonferenzen beteiligt. Die Eskalationsstufen dienen nicht in erster Linie der Klärung, welche Sanktionen wann eingesetzt werden sollen, sondern beinhalten zunächst für alle PädagogInnen den Auftrag, mit den SchülerInnen zu klären, was die Ursachen für das Verhalten sind und wie positive Veränderungen initiiert werden können.

Verhaltensänderungen initiieren

Der AK Förderbedarf ist ein Gremium, in dem DAF-LehrerInnen, SonderpädagogInnen, die Schulpsychologin und eine Sozialarbeiterin individuelle Förderpläne für SchülerInnen erarbeiten sowie LehrerInnen, SchülerInnen und deren Bezugspersonen Beratung anbieten. Dieses interdisziplinäre Netzwerk in der Schule regt nicht nur besondere schulische Maßnahmen wie etwa Teamteaching an, sondern zielt im Sinne der ganzheitlichen Förderung auch auf die Lebensumstände der SchülerInnen, so dass in diesem Rahmen auch Entwicklungsziele formuliert werden können, die über den schulischen Alltag hinausgehen.

Die Soziale Arbeit ist stark in den Schulen verankert – nicht zuletzt, weil bei allen MitarbeiterInnen des Trägerkreises ein großes Interesse für die Lebensumstände der jungen Menschen vorhanden ist. Nach Jahren des starken Wachstums ist jetzt eine Phase erreicht, in der der Ist-Zustand reflektiert werden kann und konzeptionelle Arbeit ansteht. Im Zuge dessen werden wir das vorhandene Engagement besser kanalisieren und die Arbeit mit den jungen Geflüchteten erfolgreicher gestalten können.

Literatur

Landeshauptstadt München Sozialreferat (2014): Schulsozialarbeit und Jugendsozialarbeit an Schulen (JaS). Rahmenkonzept der Landeshauptstadt München.

Spies, Anke/Pötter, Nicole (2011): Soziale Arbeit an Schulen. Einführung in das Handlungsfeld Schulsozialarbeit, Verlag für Sozialwissenschaften. Wiesbaden.

Staub-Bernasconi, Silvia (2007): Soziale Arbeit: Dienstleistung oder Menschenrechtsprofession? Zum Selbstverständnis Sozialer Arbeit in Deutschland mit einem Seitenblick auf die internationale Diskussionslandschaft, www.uni-siegen.de/zpe/projekte/menschenrechte/staubbethiklexikonutb.pdf (14.08.2015).

Kittlitz, Anja/Weber, Melanie/Veramendi, Antonia (2014): Gelingensfaktoren zur Beschulung von jungen Flüchtlingen. Empfehlungen zur Umsetzung von schulischen Angeboten für junge Flüchtlinge. Trägerkreis junge Flüchtlinge (Hrsg.). München (unveröffentlicht, erhältlich auf Anfrage).

Integration und Abschluss (InteA)

Intensivklassen an beruflichen Schulen mit sozialpädagogischer Förderung

Christine Schubart

InteA ist ein gemeinsam vom Hessischen Kultusministerium und dem Hessischen Ministerium für Soziales und Integration entwickeltes Förderkonzept. Es richtet sich an jugendliche Seiteneinsteigerinnen und Seiteneinsteiger, junge Geflüchtete und Spätaussiedlerinnen und Spätaussiedler im Alter zwischen 16 und 18 Jahren und startete zum Schuljahr 2015/2016. InteA greift auf bereits bestehende Strukturen und Netzwerke, etwa aus EIBE (Eingliederung in die Berufs- und Arbeitswelt), zurück und enthält zusätzlich zum Unterricht an Berufsschulen eine sozialpädagogische Begleitung bzw. Unterstützung. Ziel ist ein schnelles Erlernen der deutschen Sprache, um Abschlüsse oder Übergänge in weiterführende Schulen zu ermöglichen (vgl. https://kultusministerium. hessen.de/presse/pressemitteilung/landesregierung-stellt-konzept-zur-sprachfoerderung-vor).

Der Sozialkritische Arbeitskreis Darmstadt e. V. (SKA) arbeitet bereits seit den 80er Jahren mit unterschiedlichen Schulformen an beruflichen Schulen zusammen, zuletzt im o.g. Programm EIBE bzw. dem Nachfolgeprogramm PuSch (Praxis und Schule). Derzeit sind wir an zwei beruflichen Schulen mit insgesamt fünf InteA-Klassen tätig, drei weitere InteA-Klassen sind in Vorbereitung und werden noch im laufenden Schuljahr 2015/2016 starten. Es handelt sich um gemischt-geschlechtliche Klassen mit einem höheren Anteil männlich Geflüchteter.

Die Inhalte und Erfahrungen mit InteA-Klassen sind für uns als Träger nicht gänzlich neu, da wir bereits seit vielen Jahren immer wieder mit Deutsch-Intensivklassen arbeiten. Das InteA-Team besteht derzeit aus drei pädagogischen Fachkräften, zwei weiblichen Mitarbeiterinnen und einem männlichen. Eine vierte Kraft

wird mit dem Ausbau zum Team dazu stoßen. Alle Mitarbeitenden verfügen über unterschiedliche pädagogische Zusatzqualifi-
kationen und haben über InteA hinaus weitere Stundenkontin-
gente in anderen pädagogischen Arbeitsfeldern wie der Jugend-
und Mädchenarbeit, PuSch sowie im Ganztag einer Grundschule.

Themenfelder Neben der lebenspraktischen Sprachförderung der Schülerinnen
und Schüler werden nachfolgende Themenfelder in unserer sozialpädagogischen Begleitung von InteA-Klassen bearbeitet:

- Vermittlung, Förderung und Stärkung der lebensweltlichen
  sozialräumlichen Orientierung
- Förderung von Sozial- und Schlüsselkompetenzen/Vermitt-
  lung von Kenntnissen und Kompetenzen im Feld der Berufs-
  und Lebensplanung
- Freizeitgestaltung und Gesundheit

Diese Themenfelder werden nicht isoliert voneinander abgearbei-
tet, sondern sind anlassbezogen, greifen ineinander und werden
an den Potenzialen der Teilnehmenden ganzheitlich ausgerichtet
und ergänzt wo notwendig. Wo es möglich ist, werden die Teilnehmenden in die Planung einbezogen. Ziel ist es, ein Ankommen
und Zurechtfinden in Deutschland zu ermöglichen und Übergänge zu gestalten.

Besonderheiten Junge geflüchtete Menschen in diesen Klassen sind fremd in
Deutschland, fremd in der Sprache, aber auch fremd in der Schule
bzw. dem System des Lernens. Es sind z. T. Analphabetinnen und
Analphabeten, und als Folge von Flucht- und Gewalterfahrungen
sind sie „fremd mit sich selbst", unterschiedlich traumatisiert und
unterschiedlich stark in Sorge um Familienmitglieder, die zurück
geblieben sind.

Die sozialpädagogische Begleitung setzt hier an und möchte mit
den begrenzten Ressourcen von acht Wochenstunden während
der Schulzeit, ein An- und Weiterkommen erleichtern. Bei Klas-
sengrößen von bis zu 20 Schülerinnen und Schülern ist dies nur
bedingt leistbar, insbesondere bei der Heterogenität dieser Teilnehmenden, die noch dazu immer mal wieder wechseln. Die sozialpädagogische Begleitung findet sowohl am Ort Schule als auch
in unseren Räumlichkeiten in den Einrichtungen Mädchentreff/
Mädchenwerkstatt und dem Jugendzentrum statt. Die Verortung

in verschiedenen Räumlichkeiten ermöglicht uns den Einsatz einer großen Bandbreite an Methoden. Die jungen Menschen müssen sich zwischen diesen Orten bewegen. Sie lernen dabei, ihre inneren Hemmschwellen beim Aufsuchen einer Jugendeinrichtung abzubauen, eine Einrichtung alleine aufzusuchen und sich im Sozialraum zu bewegen.

Unsere Erfahrung aus der Arbeit mit Intensivklassen hat uns in der Vergangenheit bereits gezeigt, dass die jungen Menschen dann die Angebote in unseren Einrichtungen regelmäßig wahrnehmen, wenn wir es schaffen, eine Beziehung zu ihnen aufzubauen. Dafür braucht es Zeit.

1 Unsere Umsetzung in die Praxis

1.1 Lebenspraktische Sprachförderung

Die Deutschförderung durch unsere sozialpädagogischen Fachkräfte knüpft an den Schulstoff an und versucht Defizite auszugleichen. Praktisch geht es um das Lernen von Wörtern, das Sprechen, Grammatikkenntnisse, das Lernen der lateinischen Schrift und die Verbesserung des Schriftbildes. Über das Lesen einfacher Texte lernen die Teilnehmenden die deutsche Kultur und Gepflogenheiten kennen. Die Methoden reichen von der Arbeit mit Handreichungen zu Deutsch als Fremdsprache, Materialien aus dem Internet und selbst erstellten Materialien wie Wort-Quiz, Rollenspiele, Sprachspiele, Plakate erstellen bis hin zum ganz banalen Lernen von Vokabeln.

Vielfalt von Methoden

Durch ergänzende Freizeitangebote in unserer Einrichtung sollen die jungen Geflüchteten die Möglichkeit erhalten, in ihrer Freizeit Spaß zu haben, dabei mit anderen jungen Menschen in Kontakt zu kommen und neue Freundschaften zu schließen.

In allen Klassen wird aufgrund der großen Heterogenität der Teilnehmenden immer wieder auf Formen des Frontalunterrichts zurückgegriffen, da schneller sichtbar wird, wer nicht oder nicht gut mitkommt und diese Form des Unterrichts für Sicherheit unter den Teilnehmenden sorgt.

1.2 Vermittlung, Förderung und Stärkung der lebensweltlichen sozialräumlichen Orientierung

Die Vermittlung von Kenntnissen über die eigene Stadt findet über Ausflüge, Spaziergänge, Aufsuchen von Plätzen und das gemeinsames Aufsuchen anderer Jugendhäuser statt. Weitere Orte, die besucht werden, sind die Stadtbibliothek, Theateraufführungen, Bowling, öffentliche Sportstätten, Museen und verschiedene Institutionen, Behörden, Post und Bank. Auch wurde die zuständige Schulpolizistin in eine Klasse eingeladen, um einerseits die Rolle der Polizei zu klären, andererseits aber auch die Angst vor ihr zu reduzieren.

Lebenspraktische Stadterkundungen

Bei den Stadterkundungen wird ganz lebenspraktisch mit dem Stadtplan das Fragen nach dem Weg, das Vereinbaren von Treffpunkten mit vereinbarten Zeiten, das Lösen eines Tickets für Bus und Bahn geübt. Dazu gehört auch die Vermittlung der Bedeutung von Verkehrs- und Hinweisschildern.

Bedarfsgerechte Unterstützung

Die Arbeit mit dieser Zielgruppe zeigt, wie unterschiedlich die Unterstützungssysteme für die einzelnen jungen Menschen greifen. Einige leben als unbegleitete minderjährige geflüchtete Menschen in Wohngruppen und erhalten rund um die Uhr sozialpädagogische Betreuung. Andere junge Menschen, insbesondere diejenigen, die 18 Jahre oder älter sind, sind teilweise in Sammelunterkünften oder Hotels untergebracht. Hier ist die sozialpädagogische Unterstützung kaum oder nur sehr gering vorhanden. Diese jungen Menschen benötigen nicht nur Hilfe beim Erwerb einer Monatskarte sondern auch bei Behördengängen, der Wohnungssuche und der Eröffnung eines Bankkontos. Dies kann teilweise durch ehrenamtliches Engagement unterstützt werden, jedoch nicht in allen Fällen. Hier leisten wir ganz konkret Unterstützung bei der Bewältigung des Alltages.

Bedeutung von Familie

Insgesamt stellen wir fest, dass es sowohl für weibliche Geflüchtete als auch für männliche Geflüchtete einen großen Unterschied macht, ob sie mit ihrer Familie nach Deutschland gekommen sind. Familie bedeutet einerseits Schutz und Sicherheit, andererseits aber auch die Übernahme von Aufgaben für die Familie, was zum Teil Auswirkungen auf den Schulbesuch hat.

1.3 Förderung von Sozial- und Schlüsselkompetenzen/ Vermittlung von Kenntnissen und Kompetenzen im Feld der Berufs- und Lebensplanung

Übergänge zu ermöglichen, setzt gute Kenntnisse über Schule, Berufsausbildung und Wege in den Arbeitsmarkt voraus. Gemeinsam mit den Teilnehmenden werden Perspektiven erarbeitet, die über Anschlussmöglichkeiten an das Programm InteA bzw. einen Wechsel aus diesem in ein anderes Programm möglich sind. Dies beginnt mit der Entwicklung von Vorstellungen, wie das eigene Leben z.B. im Alter von 30 Jahren aussehen soll/könnte. Ein weiterer Schritt ist die Vermittlung von Kenntnissen über Berufsfelder, Berufe, Zugangsvoraussetzungen und den Wegen dorthin. In InteA sind im zweiten Schuljahr Praktika vorgesehen, doch die Erfahrung zeigt bereits jetzt, dass einige Schülerinnen und Schüler diese unbedingt früher absolvieren möchten, um die Sprache weiter zu lernen, sich praktisch zu erproben und ggf. so zu einem Ausbildungsplatz zu kommen. Das Anrufen bei Betrieben wird genauso geübt wie das Schreiben eines Lebenslaufs und einer Bewerbung. Auch ein Besuch im Berufsinformationszentrum steht auf dem Plan. Über Gruppen- und Rollenspiele, Arbeitsblätter, Plakate und Tafelübungen werden Sozial- und Schlüsselkompetenzen trainiert. Dabei geht es beispielsweise um Pünktlichkeit, Zuverlässigkeit, Engagement, Teamarbeit, aber auch um das Verhalten bei Abwesenheit im Krankheitsfall. In den Gruppen- und Rollenspielen können die Teilnehmenden die Regeln und Erwartungen von deutscher Seite kennenlernen und sich in ihrem Verhalten erproben. Diese Methoden dienen gleichzeitig dem Klassenklima und der Klassengemeinschaft, welches durch den Wechsel von Schülerinnen und Schülern immer wieder einer

Wege in den Beruf

Neuaufstellung bedarf. Daher sind auch immer wieder Spiele zum gegenseitigen Kennenlernen und Vertrauensaufbau für das Klassenklima notwendig.

Umgang mit Geld Zum Bereich der Lebensplanung gehört der Umgang mit Geld. Wie viel Geld benötige ich für meinen Alltag? Was kostet eine Wohnung? Was kostet das Leben? Und im Gegenzug: Wie hoch sind Ausbildungsvergütungen und Gehälter in unterschiedlichen Berufsfeldern? Das sind Fragen, die hier bearbeitet werden.

Geschlechterrollen Die Auseinandersetzung mit Geschlechterrollen, so genannten typischen oder untypischen Berufen, Familien- und Hausarbeit, findet hier sehr niedrigschwellig statt.

Die Bedeutung der Gleichberechtigung der Geschlechter betrachten wir ebenso als Querschnittsthema wie Inhalte des Grundgesetzes der Bundesrepublik Deutschland oder der UN-Kinderrechtskonvention. Diese Themen finden immer wieder Eingang in die pädagogische Arbeit.

1.4 Freizeitgestaltung

Freundschaften schließen Geflüchtete Menschen halten sich häufig nur unter anderen Geflüchteten auf. Dies betrifft auch die Gruppe der jungen Geflüchteten, insbesondere wenn sie in Sammelunterkünften, Wohngruppen oder Hotels untergebracht sind. Daher ist es unser Ziel, ihnen die Möglichkeit zu bieten, andere junge Menschen kennen zu lernen, Deutsch zu sprechen und ggf. neue Freundschaften zu schließen. Daher wurde ein Kultur-Treff ins Leben gerufen, der Raum für Freizeitgestaltung bietet. Das wechselnde Programm bietet zum Beispiel gemeinsames Kochen, Video und kreative, spielerische und sportliche Aktivitäten. Hier möchten wir auch insbesondere weibliche Geflüchtete durch reine Mädchenangebote, ausschließlich durchgeführt von weiblichen Pädagoginnen, ansprechen und sie ggf.– wie wir es erleben – aus ihrer Isolation herausholen.

1.5 Gesundheit

Junge Geflüchtete sind es häufig nicht gewohnt, sich eine längere Zeit zu konzentrieren und über einen längeren Zeitraum zu lernen. Ihr letzter Schulbesuch kann schon Monate, manchmal sogar Jahre zurückliegen oder sie konnten noch nie eine Schule besuchen. Die Konzentrationsschwierigkeiten, Müdigkeit und Überlastungserscheinungen, die wir bei ihnen wahrnehmen, führen wir auf Überlastung, Traumatisierung und Gewalterfahrungen im Herkunftsland und/oder auf der Flucht zurück. Hier versuchen wir durch aktive Pausen, Sport im Park und Entspannungsübungen für einen abwechslungsreichen Mix zwischen einzelnen Einheiten zu sorgen.

Konzentration fördern

2 Fazit

Die Zusammenarbeit der sozialpädagogischen Fachkräfte mit den Lehrkräften wird allgemein als gut beschrieben, wenngleich es schwierig ist, einen Zeitrahmen für feste Teambesprechungen zu finden. Absprachen können daher meist nur spontan oder nur sehr kurz stattfinden.

Die Heterogenität ist in InteA insgesamt ein Problem, da es Schülerinnen und Schüler gibt, die noch nie eine Schule besucht haben oder nur sehr kurz. Andere verfügen über gute bis sehr gute Englischkenntnisse und haben in ihren Herkunftsländern entweder schon einen Schulabschluss erworben oder standen kurz davor. Seiteneinsteigerinnen und Seiteneinsteiger übernehmen häufig die wichtige Funktion des Übersetzens, kümmern sich um andere Teilnehmende und sind damit eine Art Klammer, die die Integration in eine Klasse erleichtert. Ein Teil der Schülerinnen und Schüler erhalten eine enorme Unterstützung durch Betreuende, entweder weil sie zu der Gruppe der unbegleiteten minderjährigen Geflüchteten zählen und/oder weil sie durch ehrenamtliches Engagement zusätzliche Unterstützung erhalten. Andere sind auf sich alleine gestellt. Passende Inhalte für diese heterogenen Gruppen zu finden, bleibt ein schwieriges Unterfangen.

Heterogenität in der Klasse

Motivation Die Erfahrungen nach diesem ersten Schuljahr haben gezeigt, dass diese jungen Menschen hoch motiviert sind und etwas erreichen möchten. Bei denjenigen, die auf den ersten Blick nicht eine solch hohe Motivation zeigen, ist es wichtig, über Beziehungsarbeit mehr über die Biographie oder über persönliche Hemmnisse zu erfahren. Und wo dies aktuell nicht möglich ist, bedarf es einer pädagogischen Haltung, die frei ist von Vorurteilen bzw. Vorverurteilungen im Sinne von „die wollen nicht".

Identität stärken Geflüchtete junge Menschen tragen wie alle Menschen auf der Flucht mindestens ein Päckchen mit sich. Nicht jeder Mensch breitet sein Päckchen in der Öffentlichkeit aus, kann dies aufgrund von Flucht- und Kriegs- bzw. anderen Gewalterfahrungen nicht und ist noch dazu sprachlos in diesem Land. Das gilt es zu respektieren und ihnen mit Empathie zu begegnen. Therapeutische Hilfsangebote in den Sprachen dieser jungen Menschen werden leider auch in naher Zukunft Mangelware bleiben. Daher ist es wichtig, die Identität dieser jungen Menschen zu stärken, sie dabei zu unterstützen, sich selbst in diesem neuen Umfeld kennen zu lernen, die eigene Körperwahrnehmung zu stärken und die eigenen Ressourcen zu erkennen. Dies gelingt letztendlich in kleinen Gruppen/Klassen, ausreichenden Deutschkursen und ausreichenden Mitteln für die sozialpädagogische Begleitung. Hier ist das Budget aktuell viel zu gering, um den vielfältigen Aufgaben gerecht zu werden.

Teilhabe als Voraussetzung für Sprachlernen

Begleitung einer internationalen Vorbereitungsklasse

Barbara Seeber

Der Fachdienst Jugend, Bildung, Migration der BruderhausDiakonie führt in seinem Schwerpunktbereich Jugendmigrationsdienst (JMD) u. a. zahlreiche Kooperationsprojekte mit den Werkrealschulen in der Region durch. Eines dieser Projekte begleitet Jugendliche in den Internationalen Vorbereitungsklassen (VKL) einer Gemeinschaftsschule in Reutlingen, in der zugewanderte Jugendliche intensiv Deutsch lernen.

Das hier vorgestellte Projekt ist mehrgliedrig und erstreckt sich über das gesamte Schuljahr hinweg. Es basiert auf einer engen Kooperation zwischen JMD-Mitarbeiterin, Klassenlehrerin der VK-Klasse und einer Theaterpädagogin. Wir stellen hier den Ablauf eines Schuljahres chronologisch und systematisch vor.

Das Opening bildet ein erlebnispädagogisches Seminar am Schuljahresbeginn außerhalb der Schule und doch in regionaler Nähe, um sich auch außerhalb des Schulbetriebes im Klassenverbund kennen zu lernen.

Erlebnis- und theater- pädagogische Methoden

Den inhaltlichen Rahmen bildet jeweils ein Theaterworkshop. Bei dem ersten Theaterworkshop werden hauptsächlich non-verbale theaterpädagogische Methoden angewandt, während es beim zweiten, am Schuljahresende, bereits um „klassische" theaterpädagogische Ausdruckformen (inklusive Sprache) geht.

Im laufenden Schuljahr besteht für die Schülerinnen und Schüler noch die Möglichkeit, sich durch verschiedene Elemente mit der eigenen Biografie und mit Ausgrenzungserfahrungen auseinander zu setzen.

Ziel der Internationalen Vorbereitungsklasse ist, dass die Jugendlichen in einem Schuljahr soweit die deutsche Sprache erlernen, dass sie nach einem Jahr entweder in die Kooperationsklasse oder auf eine Regelschule wechseln können. Die Jugendlichen verbindet in dieser Klasse ihre Situation, dass sie alle ganz neu nach Deutschland eingereist sind. Sie können nicht über die Sprache miteinander kommunizieren und sich mitteilen. Sie haben unterschiedliche Geschichten. Manche sind traumatisiert, einige sind ungewollt hier in Deutschland, haben Freunde und Verwandte hinter sich gelassen und sind nur hier, weil sie mit ihren Eltern mitkommen mussten. Andere haben große Ziele und Träume, die sie verwirklichen möchten.

Es besteht ein großer Bedarf, neben dem Spracherwerb, der durch die Schule gefördert wird, hier sozialpädagogisch anzusetzen. Der Jugendmigrationsdienst hat in den letzten Jahren vielfältige Kooperationen mit der Vorbereitungsklasse entwickelt. Peer-Tandemprojekte mit Jugendlichen, die an der Schule ebenfalls die VKL besucht hatten, Filmprojekte, ein interkulturelles Garten- und Kochprojekt. Dabei geht es um Beheimatung, gesellschaftliche Teilhabe und nebenbei immer auch um Sprachförderung.

Im Folgenden stellen wir das aus unserer Sicht erfolgreiche Konzept vor, das wir in den letzten Jahren mehrfach durchgeführt und weiterentwickelt haben.

1   Methoden und Projektablauf

In der Anfangszeit, in der sich die Jugendlichen noch nicht über die Sprache ausdrücken können, kommen die Methoden der Erlebnispädagogik und Theaterpädagogik zum Einsatz.

Erlebnispädagogik

Die Schülerinnen und Schüler treffen sich bei diesem erlebnispädagogischen Einstieg das erste Mal außerhalb des Klassenzimmers untereinander, mit ihrer Klassenlehrerin und der pädagogischen Begleitung. Diese Aktion ist verbunden mit einer Wanderung, mit Gruppenübungen auf dem Seil zur Teambildung und mit einem Lagerfeuer. Kommunikation ist an diesem Tag hauptsächlich über Hände und Füße oder bestenfalls auf Englisch möglich. Im Vordergrund stehen das Erleben einer Gemeinschaft und die Förderung der Beziehungen der Beteiligten.

Erster Theaterworkshop
Im Zentrum des Projektes stehen zwei einwöchige Theaterworkshops. Der erste findet im November oder Dezember statt und der zweite im Mai/Juni.

Beim ersten Theaterworkshop mit einer externen Theaterpädagogin besteht die Herausforderung darin, mit den Jugendlichen zu arbeiten, ohne dass sie verbal viel verstehen können. Ansatzpunkte sind hier die Arbeit mit Masken, Tanz, Körperarbeit, Stimmarbeit, Fokus, Skulpturen, Standbildern, Improvisationstheater, Schattentheater. Die Jugendlichen machen erste Erfahrungen mit den Grundlagen des Theaterspielens. Wir nehmen bei diesem Workshop wahr, dass einzelne Jugendliche das Medium Theater schon hier für sich nutzen können, um Teile ihrer Geschichte zum Ausdruck zu bringen.

Nonverbale Kommunikation

Kommunizieren ohne Sprache im Theaterworkshop

Interviews

Aufbauend auf Methoden der Biografie-Arbeit wird mit allen Jugendlichen ein ausführliches Interview (einzeln oder in kleinen Zweiergruppen) geführt. Die Interviews bilden eine notwendige Grundlage für den Beziehungsaufbau zu den jungen Menschen. Sie machen dabei die Erfahrung, dass sie für ihre ganz persönlichen Geschichten viel Raum und Zeit erhalten. Die Interviews können zwischen 30 und 90 Minuten dauern. Die Fragen werden sehr einfach gehalten, damit die Jugendlichen sie verstehen können. Eventuell muss ins Englische übersetzt, umschrieben, gemalt und mit Mimik und Gestik gearbeitet werden. Die Antworten der Jugendlichen werden mitgeschrieben.

Folgende Fragen können dabei angesprochen werden:
- Aus welchem Land kommst du/kommen deine Eltern? Seit wann bist du hier? Weißt du warum du hier bist?
- Fühlst du dich sicher hier? Gibt es Menschen denen du vertraust? Hast du schon Freunde gefunden?
- Was war dein erstes schönes Erlebnis als du angekommen bist?
- Was war dein erstes schlechtes/negatives Erlebnis als du angekommen bist?
- Was vermisst du am meisten?
- Was gefällt dir hier in Deutschland?
- Was würdest du dir wünschen, wenn du einen Wunsch frei hättest?
- Welche Träume hast du? Wie und wo würdest du gerne in zehn Jahren leben? (Familie? Beruf? Welche Stadt?)
- Was macht dich glücklich?
- Was macht dich traurig?
- Wie geht es dir an der Schule, in der Vorbereitungsklasse?

Ein wichtiger Aspekt der Interviews ist die Sensibilisierung der Pädagogin für die Lebenswelten der Jugendlichen. Die allermeisten Jugendlichen können das Interview und die Form des Zuhörens als Beziehungsangebot nutzen und sich öffnen. Häufig ist die Bedürftigkeit spürbar, jemandem von den Sorgen, Nöten, Heimatlosigkeiten aber auch vom Glück, den Wünschen und den Träumen zu erzählen. Die Jugendlichen fühlen sich wahrgenommen und ernst genommen.

Am Anfang haben sie oft die Sorge, dass ihr Deutsch zu schlecht ist. Wir nehmen uns dann soviel Zeit wie wir brauchen. Es ist wichtig, Zeit zu haben und Zeit zu lassen. So haben wir bisher immer eine Verständigung hinbekommen. Die Interviews verstehen wir als Türöffner zu den einzelnen Jugendlichen und zur gesamten Klasse.

Tagebuch schreiben

Anknüpfend an die Interviews bieten wir in der Klasse wöchentliche Termine für Tagebuchschreiben an. Es wird als Unterstützung jeweils ein Thema vorgegeben oder die Jugendlichen können auch frei schreiben, was sie gerade bewegt, was sie erlebt haben.

Dabei machen wir immer wieder die Erfahrung, dass für viele Jugendliche diese Form des Schreibens hilfreich und wichtig ist, um Gefühle, Sorgen, Nöte, Hoffnungen, Glück, Träume aber vielleicht auch Geheimnisse um ihr Leben zum Ausdruck zu bringen. Vieles was sie bewegt, lässt sich für sie ja meist noch nicht oder nur schwer in deutscher Sprache ausdrücken. Die Schülerinnen und Schüler dürfen daher für sich entscheiden, ob sie in ihrer Muttersprache oder in Deutsch schreiben möchten. *Gefühle reflektieren*

Die Tagebücher werden in einem verschlossenen Schrank in der Schule aufbewahrt. Am Ende des Schuljahres nehmen die Jugendlichen sie mit nach Hause. Das Tagebuch wird nicht eingesehen, weder die Pädagogin noch die Lehrerinnen und Lehrer erfahren von den geschriebenen Inhalten. *Vertraulichkeit*

Gesprächsgruppen

Nach ungefähr einem halben Jahr sind die Jugendlichen soweit, dass es ihnen möglich ist, sich über die deutsche Sprache zu verständigen. So können nun zusätzlich Räume geschaffen werden, in denen sie die Möglichkeit haben, ihre aktuellen Themen auszudrücken und mit anderen zu teilen.

Wir bieten jetzt geschlechtergetrennte Gruppen während der Unterrichtszeit jeweils für zwei Schulstunden in einem Raum außerhalb des Klassenzimmers an. Während die Pädagogin mit einer Gruppe arbeitet, kann sich die Klassenlehrerin um die andere Gruppe intensiver kümmern. *Geschlechtergetrennte Gruppe*

Folgende Themen wurden bisher von den Jugendlichen gewünscht und hier angesprochen:

- Mädchen/Frauen in Deutschland und Mädchen/Frauen in China, Iran, Portugal, Pakistan, etc. (Herkunftsländer der Mädchen)
- Probleme beim Erwachsen werden
- Probleme mit Eltern
- Stress mit allen
- Freundschaft
- Verhütung, Jungs, Sexualität
- Meine Figur
- Was glauben Muslime, Christen und Buddhisten?
- Muslime und Kopftuch
- Männer in Deutschland und Männer in Italien, Pakistan, Somalia, Äthiopien, etc. (Herkunftsländer der Jungs).
- Mädchen
- meine Freundin, meine Traumfrau
- Berufe in Deutschland
- Unterschiede der Religionen
- Freizeitgestaltung in Deutschland

Die Jugendlichen kommen hier in den Austausch, sie erfahren von ihren verschiedenen Lebenswelten und von ihren Gemeinsamkeiten. Sie haben einen Raum, um Fragen zu stellen, Fragen, die man im schulischen Unterricht nicht stellen kann.

Zweiter Theaterworkshop

An die Erfahrungen anknüpfen

Die Interviews sowie die Tagebücher und Gruppengespräche können dann die Grundlage für den zweiten Theaterworkshop ein halbes Jahr nach dem ersten sein. Mit der Erlaubnis der Jugendlichen ist es möglich, die Interviewergebnisse ohne Namen an die Theaterpädagogin weiterzugeben, die sie in die Vorbereitung des zweiten Theaterworkshops einbeziehen kann. In diesem Workshop entwickeln die Jugendlichen Szenen und arbeiten dabei auch intensiver mit Sprache, da sie inzwischen über ausreichende Kenntnisse in der deutschen Sprache verfügen.

Bei einem Workshop haben z.B. einige Jugendliche der Gruppe ihre Geschichten erzählt, die sie zuvor der Pädagogin in den Interviews zu den Fragen „Was war mein erstes schönes Erlebnis, als ich nach Deutschland gekommen bin?" und „Was war mein erstes negatives Erlebnis als ich angekommen bin?" anvertraut hatten. Aus diesen Erlebnissen wurden gemeinsam Szenen zusammengestellt und künstlerisch verfremdet. Bei einem anderen Workshop wurden die Zukunftsträume der Jugendlichen künstlerisch verfremdet und auf die Bühne gebracht.

Ein Ziel des zweiten Theaterworkshops ist, dass die Jugendlichen durch das Erzählen und Spielen ihrer Geschichten von ihren verschiedenen Lebenswelten erfahren und von ihren Gemeinsamkeiten.

Die Aufführung
Am Ende steht ein Auftritt in der Schule für Lehrende, Eltern und andere Klassen. Die Jugendlichen machen die Erfahrung, dass ihre Geschichten es wert sind, gezeigt zu werden.

2   Resümee

Die vorgestellte Konzeption stellt einen möglichen Ansatz der sozialpädagogischen Begleitung einer Vorbereitungsklasse dar. Im Vordergrund steht dabei nicht die Idee, dass die Jugendlichen möglichst schnell Deutsch lernen, sondern das Ankommen der Jugendlichen in dieser neuen Lebensphase, in der Klasse, der Schule und letztlich der Gesellschaft. Wir gehen davon aus, dass Teilhabe die Voraussetzung für Sprachlernen ist und nicht die Sprache die Voraussetzung für Teilhabe. Die Vorbereitungsklasse ist daher noch mehr als andere Klassen ein Raum, der über den reinen Unterricht hinaus gestaltet werden muss. Auch engagierte und erfahrene Lehrerinnen und Lehrer können dies alleine kaum schaffen. Die Schule profitiert aus unserer Sicht sehr von den außerschulischen Kooperationen mit der Jugendsozialarbeit, hier im konkreten Fall mit dem Jugendmigrationsdienst. Wenn diese Kooperationen im gegenseitigen Respekt und im Interesse der Jugendlichen gestaltet werden, ist das für alle Seiten ein Gewinn.

Ankommen und Teilhabe

Den Schulabschluss schaffen

Vermittlung von Alltagswissen im Rahmen der Vorbereitung auf die Nichtschülerprüfung

Sarah Böhm und Manuela Diegmann

Im Schulprojekt LOOP steht die schulische, berufliche und soziale Integration von jugendlichen Migrantinnen und Migranten im Mittelpunkt. Der englische Begriff „Loop" bedeutet Schleife oder Runde. Daran lehnt sich der Name des Projektes an: Die Teilnehmenden können in dieser „Runde" durch individuelle Förderung und Angebote, die sich an ihrer Lebenssituation und ihren Kompetenzen orientieren, ihre Ziele erreichen.

Träger des Projekts ist die St. Johannis gGmbH, eine Tochtergesellschaft der Stiftung Evangelische Jugendhilfe St. Johannis Bernburg. Die Stiftung und ihre Tochtergesellschaft sind Träger zahlreicher Kinder- und Jugendeinrichtungen im Herzen Sachsen-Anhalts. Verstärkt widmen sie sich auch der Migrationsarbeit und sind neben zahlreichen anderen Integrationsprojekten Träger der Jugendmigrationsdienste an den Standorten Bernburg, Dessau und Halle.

Erfahrungen aus dem Jugendmigrationsdienst

Das Projekt LOOP wird seit mehr als zehn Jahren in Halle umgesetzt und entstand aus den Erfahrungen des Jugendmigrationsdienstes. Die Mitarbeitenden erkannten, dass es keine ausreichende schulische Förderung für Jugendliche und junge Erwachsene mit Migrationshintergrund gab, die das Regelschulalter bereits überschritten hatten oder ohne Schulabschluss in Deutschland angekommen waren. In der Beratung zeigt sich, dass für jugendliche Migrantinnen und Migranten der Weg von Schulbildung über Ausbildung zum Berufsleben nicht immer ein gerader Weg ist. In ihrer Bildungsbiographie, beim Übergang von der Schule zum Beruf, in der beruflichen Ausbildung oder auch im Arbeitsleben stoßen sie je nach Lebenssituation auf individuelle Hindernisse, wie beispielsweise Sprachprobleme oder Orientierungslosigkeit im Ausbildungssystem in Deutschland. In vielen Fällen haben sie keinen anerkannten Schul- oder Ausbildungsabschluss oder können die Anerkennung aus unterschiedlichen Gründen nicht erhalten. Oft müssen sie erst „einige Runden drehen" bevor sie ihren Weg finden.

Viele der Teilnehmenden haben eine Fluchtgeschichte. Prinzipiell ist die Teilnahme für alle MigrantInnen im Alter von 16 bis 27 Jahren offen. Es handelt sich folglich um eine sehr heterogene Gruppe, mit der Gemeinsamkeit, dass die Teilnehmenden keinen deutschen oder in Deutschland anerkannten Schulabschluss haben und dass ihnen das deutsche Schul- und Ausbildungssystem weitestgehend unbekannt ist.

Schul- und Ausbildungssystem unbekannt

Im Projekt gibt es momentan drei verschiedene Klassen: eine Vorbereitungsklasse, eine Hauptschulklasse und eine Realschulklasse. Die Teilnehmenden der Haupt- und Realschulklasse werden in kleinen Gruppen von maximal 12 Schülerinnen und Schülern auf die Nichtschülerprüfung[1] der Haupt- oder Realschule vorbereitet. Unterrichtsfächer sind Deutsch, Mathematik, Geographie, Sozialkunde, Biologie und zukünftig auch Physik. Das Fach Alltagswissen wurde neu eingeführt und wurde nach dem ersten Test im Schuljahr 2015/2016 fest im Stundenplan verankert. Durchschnittlich lernen die Schülerinnen und Schüler 12–13 Doppelstunden pro Woche, zusätzlich gibt es Nachhilfeangebote und weitere außerschulische Aktivitäten. LehrerInnen und Lehramtsstudierende sind für die Vermittlung des Unterrichtsstoffes zuständig. Für die sozialpädagogische Begleitung der jungen Menschen steht eine sozialpädagogische Fachkraft bereit. Die Idee, das Fach Alltagswissen einzuführen, wurde gemeinsam von der sozialpädagogischen Fachkraft und einem engagierten Lehramtsstudenten entwickelt, welche beide für die Ausgestaltung des Fachs zuständig sind.

Vorbereitung zum Haupt- und Realschulabschluss

---

1 Durch die NichtschülerprüfungsVO vom 8. Februar 2005 in Verbindung mit § 82 Abs. 3 Schulgesetz LSA gibt es in Sachsen-Anhalt die Möglichkeit des Erwerbs des Haupt- und Realschulabschlusses für Personen, die nicht mehr Schülerinnen und Schüler an allgemeinbildenden Schulen sind.

Vorbereitungs-
klassen und
Praktika

Teilnehmende, die bisher erst wenig Zeit ihres Lebens in einem formalen Schulsystem verbracht haben, werden in unserer Vorbereitungsklasse in Kleingruppen sowie in individueller Förderung beschult. Im Bereich der beruflichen Orientierung organisieren die Projektmitarbeitenden Praktika und beraten zu verschiedenen Berufsbildern und Ausbildungswegen.

Neues Fach
„Alltagswissen"

Seit dem Schuljahr 2015/2016 realisieren wir ein neues Angebot – das Fach Alltagswissen. Grund dafür ist: Wir registrieren neuerdings eine steigende Zahl von Schülerinnen und Schülern, die erst seit einem kurzen Zeitraum in Deutschland leben. Im Unterricht kamen vermehrt Themen des Alltags zur Sprache, sodass es für die Lehrenden eine steigende Herausforderung wurde, neben der Behandlung des prüfungsrelevanten Stoffes auch auf die Bedürfnisse der Teilnehmenden nach Orientierung und Information einzugehen. Daher der Entschluss das Projekt um den Bereich „Vermittlung von Alltagswissen zur Unterstützung im Integrationsprozess" zu ergänzen. Dort werden Fragen aus dem Lebensalltag der Teilnehmenden aufgegriffen und gemeinsam bearbeitet. Letztendlich erhalten die Teilnehmenden dort einen Grundkanon an Wissen und Erfahrung, um so am politischen und gesellschaftlichen Leben teilzuhaben. Sie sollen nicht nur physisch sondern auch psychisch in Deutschland ankommen und durch dieses neue Angebot selbstständig und selbstbewusst ihren Alltag meistern können.

Konzeptentwick-
lung mit den
Teilnehmenden

Das Innovative in unserem neuen und zusätzlichen Angebot sehen wir darin, dass das Fach Alltagswissen jungen Menschen in ihrem Alltag praktische Orientierung bietet. Es ist bisher nicht an den Regelschulen in Sachsen-Anhalt etabliert. Bei der Entwicklung des Konzepts und der Unterrichtinhalte für das neue Fach wurden die Teilnehmenden des Projekts LOOP einbezogen. Die Entwicklung des Curriculums richtete sich somit nach den Fragen, Wünschen und Vorstellungen der Teilnehmenden. Schwerpunkte im Schuljahr 2015/1016 waren die folgenden Themen: Erste Hilfe, das Mieten und Einrichten einer eigenen Wohnung sowie die Bürokratie und das Steuersystem in Deutschland.

„Wie mietet man
eine Wohnung?"

Das Thema Erste Hilfe beschäftigt die Teilnehmenden, da für viele der Erwerb eines Führerscheins ein aktuelles Anliegen ist und Kenntnisse der Ersten Hilfe nicht nur für Autofahrende eine essentielle Bedeutung hat. Dass das Thema Mieten und Einrichten einer eigenen Wohnung für viele Schülerinnen und Schüler eine große Rolle spielt, hängt damit zusammen, dass die jungen Menschen in einer Phase sind, in der sie zum ersten Mal aus der elterlichen Wohnung ausziehen. Wenn es sich um junge Geflüchtete handelt, geht es darum, dass sie aus den Gemeinschaftsunterkünften in dezentrale Wohnungen umziehen dürfen. Fragen zu Vermietung und Mietverträgen konnten im Fach Alltagswissen ebenso besprochen werden, wie die Frage „Wie bedient man eine Waschmaschine?"

Die deutsche Bürokratie und das Steuersystem nahmen einen großen Teil im des Unterrichts ein. Das Ausfüllen von Formularen und Anträgen wurde im Unterricht spielerisch geübt. Die jungen Menschen wollten lernen, was sie beim Abschließen von Verträgen beachten müssen. Auch die Themen Geld, Kalkulation von Ausgaben und Vermeidung von Schulden waren von Interesse.

Formulare ausfüllen, Verträge abschließen

Die Beispiele zeigen, dass die behandelten Themen keine migrationsspezifischen Themen sind, sondern alle jungen Menschen beschäftigen, die die Schule beenden oder sich vom gewohnten Elternhaus lösen. Trotzdem können diese Themen jugendliche Migrantinnen und Migranten vor höhere Herausforderungen stellen, beispielsweise durch die Sprachbarriere. Auch haben manchen Themen einen anderen Stellenwert in ihrem Leben: Junge

Keine migrationsspezifischen Themen

Geflüchtete und Migrantinnen und Migranten müssen abhängig von ihrem Aufenthaltsstatus viele zusätzliche Formulare ausfüllen, sodass sie sich damit weit häufiger auseinander setzen müssen als die Jugendlichen, die mit dem System der deutschen Bürokratie aufgewachsen sind.

Besondere Herausforderungen für Geflüchtete

Die meisten der Schülerinnen und Schüler befinden sich erst seit relativ kurzer Zeit in Deutschland und haben oft Fluchterfahrung und verschiedene Migrationswege. Einige der Erfahrungen, die sie auf der Flucht oder während ihrer Migration machten, stellen eine große psychische Belastung für die jungen Menschen dar. Weiterhin kommt es vor, dass andere Menschen oder Familienmitglieder hohe Erwartungen an die jungen Menschen haben, beispielsweise erhoffen sie sich Unterstützungsleistungen von ihnen. Zuletzt spielt auch der eigene Wunsch, möglichst bald Geld zu verdienen, eine große Rolle und beeinflusst die Entscheidungen der Jugendlichen und jungen Erwachsenen.

Orientierung im Integrationsprozess

Einer guten, kontinuierlichen sozialpädagogischen Begleitung der Teilnehmenden kommt aus unserer Sicht daher ein hoher Stellenwert zu. Je nach Lebensgeschichte und aktueller Lebenssituation sind die Motivation und die Zielstrebigkeit, mit welcher die Teilnehmenden das Projekt LOOP besuchen, von großer Heterogenität geprägt. Viele Teilnehmende wissen, dass es eine große Chance ist, einen Schulabschluss zu erhalten und arbeiten hochmotiviert daran, ihre Ziele zu erreichen. Einige finden im Projekt eine regelmäßige Struktur, um in der neuen Umgebung anzukommen. Andere finden hier Zeit und Gelegenheit, um herauszufinden, welche Ziele sie im Leben verfolgen wollen und können. So unterschiedlich die Bedürfnisse der jungen Geflüchteten sind, für alle geht es in diesem Projekt darum, Fragen des täglichen Lebens gemeinsam zu bearbeiten und Orientierung im Integrationsprozess zu erhalten.

Kompetenzen und Selbstvertrauen

Oft erhalten wir Rückmeldungen von ehemaligen Teilnehmenden, die ihre Zeit im Projekt im Nachhinein wie einen Schutzraum sehen, in dem sie sich entwickeln und wachsen konnten. Wir erleben, wie die jungen Menschen im Laufe des Schuljahres soziale Kompetenzen erlangen und ihre Selbstkompetenzen entwickeln. Das Selbstvertrauen wird gestärkt. Wenn sie gefragt werden, was sie momentan machen, können sie antworten: „Ich gehe in die Schule".

Das erfolgreiche Absolvieren der Nichtschülerprüfung stellt für die Teilnehmenden einen wichtigen Meilenstein in ihrer beruflichen Weiterentwicklung dar. Ebenso wichtig sind zudem weitere Kompetenzen und Kenntnisse, die sie in den Angeboten des Projektes LOOP sowie durch die ganzheitliche Beratung und sozialpädagogische Begleitung erlangen können. So finden die jungen Menschen im Projekt einen Raum zum Wachsen und zur Orientierung – für ihre schulische und berufliche Weiterentwicklung ebenso wie in Fragen des Alltags und der Integration.

Meilenstein Schulabschluss

Die Erfahrungen aus dem Schuljahr 2015/2016 haben gezeigt, wie es möglich ist, auf die Bedürfnisse der Schülerinnen und Schüler einzugehen. Das Fach Alltagswissen soll nun auch für weitere Themen geöffnet werden. So sollen genderspezifische Themen, das Kennenlernen der Stadt Halle als Lebensort und die Teilhabe am politischen und kulturellen Leben in der Stadt behandelt werden. Insgesamt ist das Fach „Alltagswissen" für alle Schülerinnen und Schüler eine sinnvolle Ergänzung und Erweiterung des Curriculums, so unsere Erfahrung. Wichtig ist die Verbindung der Interessen und der Lebenswelt der jungen Menschen mit dem Wissen, das sie beim Übergang von der Jugend zum Erwachsenenleben benötigen.

Neue Themen kommen dazu

Das Projekt LOOP ist momentan das einzige Angebot dieser Art für junge eingewanderte Menschen in Halle und Umgebung. Wir registrieren einen steigenden Bedarf für diese Zielgruppe und wollen daher weiterhin auf innovative Weise tätig sein und die Angebote im Projekt auszubauen, um darauf reagieren. Das Projekt lebt von den jungen Menschen. Änderungen und Innovationen sind eine Reaktion auf die ihre Bedürfnisse und die Erfahrungen, die die Mitarbeitenden mit ihnen machen.

Steigender Bedarf

Alltagsbezogene und praxisbezogene Umweltbildung

Eine Chance für interkulturelle Begegnungen

Jessica Schleinkofer

1 Bildung zur Nachhaltigkeit in der Jugendsozialarbeit

„Nur was man kennt, kann man schätzen. Und nur was man schätzt, wird man schützen." Auch wenn der Ursprung dieses Zitates leider unbekannt ist, dient es doch als beliebte Leitlinie für verschiedene Umweltschutzorganisationen und kann auch ohne weiteres auf das Feld der interkulturellen Begegnung angewandt werden. Und so sieht man Jugendliche gemeinschaftlich gärtnern und bauen, Lebensräume erforschen, Fahrräder reparieren und als Energie-ExpertInnen aktiv werden. In alltagsbezogenen und praxisorientierten Projekten der Umweltbildung im Sinne einer Bildung für nachhaltige Entwicklung (BNE) lernen junge Menschen die Grundlagen des Umweltschutzes und einen nachhaltigen, verantwortungsbewussten Umgang mit der Natur. Das Besondere ist, dass Einrichtungen der Bildung für Nachhaltigkeit und der Jugendsozialarbeit eng zusammen arbeiten und gemeinsam mit den Teilnehmenden ein Projekt zum Thema Umweltschutz umsetzen. Das Zusammenwirken von Städten und Gemeinden, gemeinnützigen Einrichtungen und regionalen Unternehmen erweitert die Bildungslandschaft und ist eine Chance für neue Ideen und langfristige Partnerschaften.

60 Kooperations-projekte

Seit 2011 wurden in ganz Bayern 60 Kooperationsprojekte der nachhaltigen Bildung in der Jugendsozialarbeit erfolgreich umgesetzt. Darunter sind 21 Projekte mit interkulturellem Schwerpunkt. Die vom Bayerischen Staatsministerium für Umwelt- und Verbraucherschutz geförderten Projekte werden durch die Landesarbeitsgemeinschaft Jugendsozialarbeit Bayern – mit der ejsa Bayern e.V. als federführendem Verband – fachlich begleitet.

Die vielfältigen Ideen und Fähigkeiten der teilnehmenden Jugendlichen mit und ohne Migrationshintergrund spiegeln sich in den Projekten wider. Je nach Einzelprojekt werden vielseitige und individuelle Schwerpunkte gesetzt. Es werden Themen aufgegriffen, die die Jugendlichen berühren. Nach dem Grundsatz der sozialen Teilhabe und Partizipation wollen wir Kopf, Herz und Hand ansprechen und dabei Wissen, Werte und praktische Handlungsmöglichkeiten vermitteln. Doch es geht auch darum, dass sich die Jugendlichen und alle anderen Beteiligten als Teil einer tragfähigen Gesellschaft erleben und voneinander lernen, um Herausforderungen wie Klimawandel, Artenverlust oder globale Gerechtigkeit zu meistern.

Kopf, Herz, Hand

Wie können wir also Jugendliche dabei unterstützen, ein Teil unseres Gemeinwesens zu werden und gleichzeitig die Gesellschaft auf vielfältige interkulturelle Einflüsse vorbereiten? Unter unseren Projekten finden sich viele Beispiele, wie dies gelingen kann.

Teil des Gemeinwesens werden

1.1 Grundlagen der Bildung für nachhaltige Entwicklung

Umweltveränderungen oder Naturkatastrophen sind oft Auswirkungen von klimatischen Veränderungen und damit ein Grund für Menschen, ihre Heimat zu verlassen. Ziel der Bildung für nachhaltige Entwicklung ist es, die Menschen dazu zu befähigen, sich für eine ökologisch verträgliche, wirtschaftlich leistungsfähige und sozial gerechte Zukunft einzusetzen. Dies erfordert ein Umdenken und eine Neugestaltung unserer bisherigen Lebensweise, so dass auch zukünftige Generationen auf der ganzen Welt über natürliche Lebensgrundlagen in ihrer Vielfalt und über gerechte Chancen verfügen. Menschen müssen über Wissen und Kompetenzen verfügen, um diese Zusammenhänge zu verstehen. Und sie müssen ermutigt und befähigt werden, die eigene Lebenswelt aktiv mitzugestalten.

Zusammenhänge verstehen

*Gestaltungs-
kompetenz
entwickeln* Damit dies gelingt, wird durch Bildung für nachhaltige Entwicklung der Erwerb von Gestaltungskompetenzen gefördert. Diese sind:

- Interdisziplinäre Problemlösung
- Partizipation
- Selbstständiges und gemeinsames Planen
- Vernetztes Denken
- Vorausschauendes Denken
- Weltoffene Wahrnehmung
- Empathie, Mitleid, Solidarität
- Sich und andere motivieren
- Reflexion

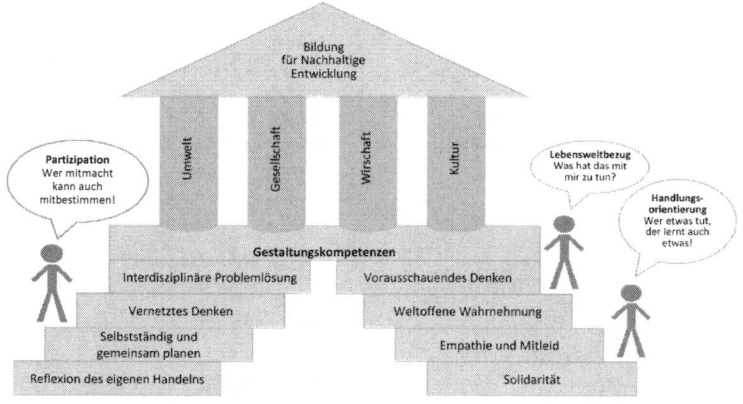

niederschwellig – praxisnah – aktivierend – kreativ – gemeinschaftlich – vielfältig –
sinngebend – sensibilisierend – nachhaltig – handlungsfährig

*Ganzheitliches
Lernen* Methodik und Vorgehensweise orientieren sich an Fähigkeiten und Bedürfnissen der Teilnehmenden. Sie sind aufgefordert, die Projekte aktiv zu gestalten und in Entscheidungsfindungsprozessen mitzubestimmen. Erlebnis- und erfahrungsorientierte Methoden bieten einen sehr niederschwelligen Zugang. Die Angebote für Jugendliche, die im Rahmen des Projektes „Umweltbildung/Bildung zur Nachhaltigkeit in der Jugendsozialarbeit" umgesetzt werden, basieren auf einem ganzheitlichen Lernansatz und zeichnen sich dadurch aus, dass sie freiwillig, niederschwellig, partizipativ, alltagsbezogen und praxisorientiert gestaltet sind.

1.2 Bildung zur Nachhaltigkeit mit jungen Geflüchteten

Umweltschutz hat für junge Geflüchtete selten Priorität. Viel wichtiger ist für sie, die Bedürfnisse des täglichen Lebens zu decken und sich neu zu orientieren: Sprachförderung, Schule, eine Berufsausbildung, Arbeit, neue soziale Kontakte, eine verbesserte Wohnsituation und nicht zuletzt eine sinnvolle Aufgabe. Doch eine nachhaltige Lebensweise ist eine Geisteshaltung und kann in diese Themen „mit eingespeist" werden, durch Sensibilisierung und Motivation und durch gute Beispiele.

Am Alltag anknüpfen

Mit Kescher und Becherlupe den Lebensraum Fluss erkunden

Ansätze, die sich mit den zentralen Fragestellungen des Zusammenlebens befassen, sind eine ideale Basis um umfassendere Komplexe wie globale Gerechtigkeit, Ressourcennutzung oder Klima anhand von alltagsnahen Themen wie Kleidung, Ernährung, Umgang mit Müll oder Konsumverhalten näher zu beleuchten. Die Ursachen, Auswirkungen und Lösungen von globalen Problemen stehen dabei im Mittelpunkt und werden auf der greifbaren persönlichen Ebene aufgearbeitet. Die Wechselwirkung zwischen lokalem Handeln und den globalen Folgen wird dadurch sichtbar.

Kulturvielfalt Klassische Methoden der Umweltbildung, wie Naturerfahrung beim gemeinsamen Gärtnern, sind erprobt und funktionieren gut. Die Projekte werden dabei zu Orten der interkulturellen Begegnung und zur neuen Heimat und zeugen von der buchstäblichen Kulturvielfalt – nicht nur im Gartenbeet. Die nachhaltige Nutzung der Ressourcen und das Teilen und Reparieren von Dingen, statt sie wegzuwerfen, sind weitere Ansatzpunkte. Dabei können auch Ziele wie eine gelungene Integration, Stärkung der Sprachfähigkeit und das Knüpfen von Kontakten erreicht werden.

2 Praxisbeispiele

Die vielen Ideen und Zugänge in den Projekten reichen von Upcycling-Workshops (z.B. mit Verpackungen, Kleidungsstücken oder altem Baumaterial) über Anbaumöglichkeiten der ökologischen Landwirtschaft bis zu Praktika in grünen Berufen. Eine Übersicht über die aktuellen und bereits abgeschlossenen Projekte findet sich unter www.lagjsa-bayern.de/kategorie/bisherige-projekte. Zwei Beispiele werden hier vorgestellt:

2.1 Repair and share – Bikes for Refugees:
Ein Projekt von SchülerInnen der Mittelschule
Dingolfing für junge geflüchtete Menschen

Die Mittelschule Dingolfing verzeichnet im Vergleich zu anderen Mittelschulen einen sehr hohen Anteil von SchülerInnen mit Migrationshintergrund, der auch Kinder mit Fluchterfahrung einschließt. Deshalb hat die dortige Schulsozialarbeit in Kooperation

mit der Stadt Dingolfing, der Schulseelsorge und dem Bund Naturschutz (Kreisgruppe Dingolfing-Landau) ein Projekt ins Leben
gerufen, das sich mit dem Thema Mobilität und einem ressour-
censchonenden Umgang mit Rohstoffen und Recycling befasst. In
der neu gegründeten Fahrradwerkstatt werden gespendete Fahrräder von den SchülerInnen repariert und an junge Menschen mit
Fluchterfahrung weiter gegeben. Unterstützt werden sie dabei von
örtlichen Fahrradgeschäften und durch Sachspenden von Dingolfinger BürgerInnen.

Das Thema Mobilität – zumal auch noch klimafreundlich - ist *Mobilität*
sehr nahe an den Bedürfnissen junger Menschen und spielt eine *ermöglichen*
bedeutende Rolle für gelingende Integration. Wer mobil ist, dem
bietet sich auch ein Zugang zu seiner neuen Heimat. Im Zuge der
Reparaturwerkstatt werden den SchülerInnen auch die Vorteile
des Fahrradfahrens für Klima, Umwelt, Gesundheit und der Re-
cyclinggedanke vermittelt.

Durch das Projekt und durch den engagierten Einsatz der Betei-
ligten hat sich eine Eigendynamik an der Schule entwickelt. Dazu
tragen auch die ergänzenden Aktionen wie das Erstellen eines
Radwanderführers, Berechnung des CO_2-Fußabdrucks für den
Weg zur Schule mit kleiner Ausstellung zum Thema Klima, einem
Bike & Run-Wettbewerb im Rahmen des Juventumprojekts und
Fahrradexkursionen mit dem Bund Naturschutz zu schützens-
werten Naturschutzgebieten und Biotopen bei.

Positiv ist auch, dass das Projekt Vorbild für SchülerInnen der *Abbau von*
Schule und BürgerInnen der Stadt Dingolfing geworden ist, trotz *Vorurteilen*
Vorurteilen, die auf beiden Seiten bestanden und teilweise immer
noch bestehen. Im Projekt können sich viele engagieren und Be-
gegnungen sind möglich. Daraus sind bereits einige weitere Ini-
tiativen erwachsen. Die praktische Hilfe und der persönliche Kontakt bieten den Anstoß dazu, sich mit Hintergründen von Flucht
zu befassen. „Schüler der Mittelschule und Bürger der Stadt Dingolfing können sich im Rahmen des Projektes selbst ein Bild von
der Flüchtlingsbewegung und den Menschen dahinter machen",
so der Eindruck von Herrn Ammer, Projektleitung an der Mittelschule Dingolfing.

„Überrascht hat mich auch der Ansturm und das Interesse der jungen Asylsuchenden an der Fahrradwerkstatt und die Motivation der Schüler sowie die Spendenbereitschaft der Dingolfinger Bürger. Auch ist es uns gelungen die Schüler gut in das Projekt zu integrieren. Hier unterscheiden wir aber nicht zwischen deutschem Schüler oder Schüler mit Migrationshintergrund. Die Unterschiede spielen im Projekt keine Rolle. Auch die freiwillige Teilnahme von Schülern, die Mitschüler anleiten, ist bei der Durchführung inzwischen eine große Hilfe. Das Projekt ist und wird ein wichtiger Baustein für die Berufsorientierung an der Schule werden, weil man Vieles ausprobieren und handwerkliche Fähigkeiten entwickeln kann und Erfolgserlebnisse ermöglicht werden."

In diesem Projekt bündeln sich viele positive Facetten der unterrichtlichen, aber auch pädagogischen Arbeit an der Mittelschule Dingolfing. Den SchülerInnen wird vermittelt, welche Auswirkung ihr Verhalten auf die Lebensbedingungen in anderen Teilen der Welt hat. Globale Ursachen und Folgen des Klimawandels werden aufgearbeitet, gleichzeitig erfahren sie den Wert von Artenvielfalt bei Fahrrad-Exkursionen in ihrer Umgebung.

2.2 BUNT-Projekt: Gärten als Orte der Begegnung – Kulturvielfalt im Gartenbeet

Bereits zum fünften Mal wird im Ökologischen Bildungszentrum (ÖBZ) in München gemeinsam mit dem Verein Hilfe von Mensch zu Mensch e.V. mit 10 bis 15 unbegleiteten minderjährigen Geflüchteten aus unterschiedlichen Nationen ein interkulturelles Gartenprojekt durchgeführt. Die Teilnehmenden treffen sich von April bis Oktober einmal pro Woche im Gemeinschaftsgarten des ÖBZ. Sie haben dort die Möglichkeit, sich selbst aktiv mit einzubringen und den Entstehungsprozess mit zu gestalten. Viele der jungen Migranten bringen Erfahrungen aus dem Bereich Landwirtschaft oder auch Wissen über Technologien für erneuerbare Energie aus den Heimatländern mit. Weitere Aspekte wie Imkern, Mediengestaltung für eine Begleitbroschüre, Wasserverbrauch oder Ernährung sind ebenfalls möglich.

Ziel ist, durch gemeinschaftliches Gärtnern, Kochen und Essen des selbst erzeugten ökologischen Gemüses ein Bewusstsein für eine nachhaltige Entwicklung zu schaffen. Dabei können die Teilnehmenden kulturelle Vielfalt erleben, Kontakte zu anderen herstellen und ihrer Heimat-Kultur Ausdruck verleihen. Bereits die Auswahl der Pflanzen wirft viele Fragen auf und ist unterschiedlich kulturell geprägt: Was wollen wir hier anbauen? Was kann hier überhaupt wachsen? Was wollen wir dann damit machen? Was kennen die Teilnehmenden aus ihrer Heimat und was isst man in Deutschland? Weitere Themen wie Mülltrennung, Wasserverbrauch, Energienutzung oder nachhaltiger Konsum können daran anknüpfen. Von vielen Projektleitungen erhalten wir die Rückmeldung, dass gerade die Teilnehmenden mit Fluchthintergrund besonders durch Enthusiasmus, hohe Motivation, unbekannte Techniken und große Hilfsbereitschaft positiv auffallen.

Bei praktischer Gartenarbeit und gemeinsamen Kochaktionen mit- und füreinander ist Zeit für Gespräche. Da die Mitarbeitenden der sozialen Arbeit und auch der Umweltbildung eine Sonderposition einnehmen und somit einen neutralen Bezugspunkt bilden, sind sie gute Brücken zwischen den Institutionen und deren Nutzern. Eine möglichst kontinuierliche Durchführung hat sich hier bewährt, um einen stabilen Zugang zu den Teilnehmenden und deren Vertrauen zu gewinnen. Die Jugendlichen haben so auch Raum, um Erfahrungen und Anliegen des täglichen Bedarfs anzusprechen und sich in ungezwungener Atmosphäre kennenzulernen. Im Tun können neue Kontakte entstehen und es gibt sinnvolle Aufgaben zu erledigen, die sowohl Hände als auch Gedanken beschäftigen.

Neue Kontakte, sinnvolle Aufgaben

3 Und es wirkt! Chancen und Zugewinne für Teilnehmende und Umfeld

Durch das gemeinsame Gestalten kann besonders im interkulturellen Kontext ein verständnisvoller Umgang mit und Toleranz für unterschiedliche Verhaltens- und Wertemuster entstehen. Ein positives Bewusstsein für Nachhaltigkeit ist nicht von Bildungsniveau, Religion oder Ethnie abhängig. Es ist ein universelles und globales Thema.

Viele von den Teilnehmenden haben wenige Ressourcen. Damit entsteht Nachhaltigkeit aus einer Notwendigkeit heraus; ganz praktische Handlungsmöglichkeiten und Wirkungszusammenhänge werden im eigenen Lebensraum sichtbar. Diese Möglichkeit zur Selbsthilfe verbessert nicht nur die konkrete Lebenssituation. Durch sinnvolles und sinnstiftendes Arbeiten erfahren die Teilnehmenden soziale Anerkennung und Wertschätzung und schaffen etwas, worauf sie stolz sind. Sie erfahren dabei, welche Rolle und Verantwortung jeder Einzelne für eine zukunftsfähige Gesellschaft trägt.

Bau eines Lehmofens und Anfertigung einer Moos-Graffity

Gemeinsames statt Trennendes

In den interkulturellen Projekten konnten wir bisher vor allem positive Erfahrungen sammeln und begreifen sie nicht nur für geflüchtete junge Menschen als Chance, in unserer Gesellschaft Fuß zu fassen. Die Teilnehmenden bringen ihr Wissen, Potenziale sowie eine hohe Motivation mit. Es liegt an uns, dies zu erkennen und die gemeinsamen Ziele in den Fokus zu bringen statt das zu betonen, was uns vermeintlich trennt. Soziale Integration und Teilhabe kann nur mit einer ganzheitlichen Arbeitsweise gelingen, die das Lebensumfeld und die konkrete Lebenssituation der jungen Menschen einbezieht. Genau da können Projekte der Bildung zur Nachhaltigkeit anknüpfen und dabei helfen, den Alltag neu zu gestalten. Die Situation ist echt, das, was man tut, macht Sinn und jeder kann sich einbringen, wie er möchte und wie er es kann. Wichtig dabei ist ein wertschätzender Umgang miteinander und die Rahmenbedingungen so zu gestalten, dass ein Dialog über Werte, Einstellungen und ethische Grundhaltungen ermöglicht wird.

Neben der Sprache ist es auch wichtig, sensibel auf kulturelle Besonderheiten zu reagieren. Dies sind die Feinheiten, über die man die Menschen erreicht. Indem die Projekte an die konkrete Lebenssituation anknüpfen, können die Teilnehmer als Multiplikatoren Aspekte der Nachhaltigkeit in ihr soziokulturelles Umfeld weitertragen und dieses als sekundäre Zielgruppe für umweltschonendes Verhalten sensibilisieren. Damit werden die Teilnehmenden nicht nur bestärkt sondern zu Botschaftern für ihr soziales Umfeld. In vielen Einrichtungen haben sich die Projekte als fester Bestandteil integriert und haben diese entsprechend nachhaltig geprägt. Es hat sich zudem gezeigt, dass die Teilnehmenden selbstständig neue Projekte angestoßen haben und dabei sogar einzelne Teile selbst anleiten konnten. An diesen Beispielen zeigt sich: Die Projekte wirken!

Botschafter im sozialen Umfeld

Linksammlung zu BNE an Schulen

www.lagjsa-bayern.de/nachhaltigkeitsprojekt
www.stmuv.bayern.de/
www.umweltbildung.bayern.de/
www.umweltbildung-bayern.de/anubayern.html
www.umweltbildung-mit-fluechtlingen.de/willkommen/
www.bne-portal.de
www.globaleslernen.de
www.un-dekade-biologische-vielfalt.de
www.lehrplanplus.bayern.de/
www.umwelt-im-unterricht.de/
www.lbv.de/lernen-erleben/schule.html
(Abruf: jeweils 17.08.2016)

Leben in Deutschland – aus Sicht von Flüchtlingen

Filmprojekt einer Vorbereitungsklasse

Helena Sauter

Lebensfragen als Filmthema

Warum bist du geflohen? Was gefällt dir in Deutschland? Was war oder ist schwierig? Hast du Heimweh? Wie waren deine Vorstellungen? Diese und viele weitere Fragen werden in dem Film „Leben in Deutschland – aus der Sicht von Flüchtlingen" thematisiert. Dies sind sehr persönliche Fragen, die bewusst von Menschen gestellt werden, welche die Fluchterfahrung, das Fremdsein und Ankommen in einem neuen Land und alles, was dies mit sich bringt, teilen.

Der Fachdienst Jugend, Bildung, Migration der BruderhausDiakonie in Nürtingen, unterstützt von unterschiedlichen KooperationspartnerInnen, hat mit SchülerInnen einer beruflichen Vorqualifizierungsklasse ohne Deutschkenntnisse (VABO) des beruflichen Schulzentrums in Kirchheim unter Teck ein außergewöhnliches Filmprojekt umgesetzt. Unterstützt wurde das Projekt von zahlreichen PartnerInnen, darunter das Bundesministerium für Bildung und Forschung (Programm „Kultur macht STARK" und „jep – Jugend engagiert") und der Landkreis Esslingen.

Interviews mit Geflüchteten

Die SchülerInnen der VABO-Klasse, die selbst noch nicht lange in Deutschland sind (zwischen zwei Monaten und eineinhalb Jahren), teilweise mit Eltern, aber auch unbegleitet, interviewten andere Geflüchtete zu ihrem Leben in Deutschland.

Der 40-minütige Film „Leben in Deutschland – aus der Sicht von Flüchtlingen" soll alle Personen ansprechen, die sich mit dem Thema Flucht und Geflüchtete beschäftigen. Er soll Diskussionsgrundlage beispielsweise in Schulen sein und die Arbeit von freien Trägern, Einrichtungen und Organisationen, die mit Flüchtlingen arbeiten, unterstützen (siehe auch http://www.lebenindeutschland-derfilm.de/film.html).

An dem Film waren verschiedene AkteurInnen beteiligt. Seitens der Schule waren es zum einen die SchülerInnen der VABO-Klasse, die sich freiwillig für die Teilnahme an dem Projekt entschieden hatten.

Die Beteiligten

Die in der Klasse tätige Sozialpädagogin war sowohl an der Entwicklung des Konzepts als auch an der Umsetzung des Projektes maßgeblich beteiligt. Darüber hinaus wurde die Thematik „Flucht" und „eigene Erfahrungen" von LehrerInnen in den eigenen Unterrichtsfächern aufgegriffen und bearbeitet. So entstand beispielsweise im Kunstunterricht eine große Collage und in Geschichte wurde das Thema historisch aufgearbeitet.

Einbindung in Unterricht

Die sechs InterviewpartnerInnen leben seit Kurzem, seit sechs, seit zwölf, seit dreiundzwanzig und seit fünfundzwanzig Jahren in Deutschland. Dadurch zeigen sich sehr unterschiedliche Blickweisen und Denkrichtungen auf die eigenen Fluchterfahrungen und das Ankommen hier in Deutschland. Zudem leben sie in ganz unterschiedlichen aufenthaltsrechtlichen und gesellschaftlichen Kontexten. Im Film wird die Vielfältigkeit und Komplexität der Lebenssituationen anschaulich dargestellt. Die Lebenssituationen reichen von der Unterbringung in einer Gemeinschaftsunterkunft mit laufendem Asylverfahren bis zum Leben in einer eigenen Wohnung mit eigener sicherer Arbeit und Bleiberechtsperspektive.

Vielfältige Erfahrungen und Lebenssituationen

Ein Filmproduzent übernahm die kompletten filmtechnischen Aufgaben. Dabei bezog er die SchülerInnen intensiv in seine Arbeit ein. Zwei Kolleginnen des Fachdienstes Jugend, Bildung, Migration in Nürtingen waren als Leitung an der Gestaltung und Durchführung des Projektes beteiligt.

Der Film beinhaltet zwei Ebenen, die sich an unterschiedliche AdressatInnen richten: Informationen zum Thema Flucht zu Beginn des Films dienen der Aufklärung der Bevölkerung in Deutschland. Die Verbreitung des Films ist aber auch in den Ländern Marokko und Afghanistan geplant. Zu diesen Ländern bestehen enge Kontakte und Kooperationen der ProjektpartnerInnen. Dort soll der Film „Fluchtwillige", eingebettet in ein Workshop-Konzept, dazu anregen, sich selbst ihre persönlichen Fragen zum Thema Flucht zu stellen bevor sie ihre lange und oft sehr gefahrvolle Reise nach Deutschland antreten oder fortsetzen. Diese zweite Ebene ist gerade in Bezug auf die meist sehr unrealistischen Erwartungen und

Die AdressatInnen

Die Schülerinnen und Schüler des VABO-Klasse und weitere Mitwirkende

Hoffnungen der Flüchtenden an ein Leben in Deutschland für uns ein großes Anliegen. Sie sollen ehrlich und realistisch auf das, was sie hier in Deutschland erwartet, vorbereitet werden.

Ziele des Projektes

Bezogen auf die SchülerInnen der VABO-Klasse wurden mit dem Filmprojekt folgende Ziele verfolgt:

- Die SchülerInnen haben im Rahmen des Filmprojektes eigene Biografie-Arbeit geleistet.
- Die Fluchtgeschichten der Teilnehmenden bekommen Wertschätzung und Anerkennung und dadurch wird das Selbstbewusstsein gestärkt.
- Die jungen Geflüchteten haben das Gefühl, durch ihre eigene Geschichte und ihre Erfahrungen etwas bewegen und verbessern zu können.
- Die Teilnehmenden erringen Kompetenzen im Umgang mit dem Medium Film und Video. Sie bekommen Einblicke in das Verfahren des Drehs und die Arbeit drum herum (z. B. Schneiden).

Die einzelnen Schritte

Nach Absprachen mit der Schulleitung und dem Geldgeber war klar, dass ein Großteil der Filmarbeit im schulischen Rahmen, genauer gesagt während der Stunden der Schulsozialarbeiterin stattfinden wird. Es war den SchülerInnen freigestellt, ob sie mitmachen möchten. Bei diesem sehr emotionalen und persönlichen Thema wäre eine Verpflichtung der gesamten Klasse von vornherein überhaupt nicht möglich gewesen.

Zu Beginn haben wir uns anhand von Spielen und Gesprächskreisen gegenseitig kennengelernt, Vertrauen gewonnen und erste Sinnzusammenhänge gemeinsam aufgebaut. Anhand von einem Aufstellungsspiel, bei dem sich die SchülerInnen nach der Dauer ihrer Reise nach Deutschland aufstellten, kam immer mehr auch innerhalb der Klasse der Fokus auf das Thema Einreise bzw. Flucht nach Deutschland. Gegenseitig kamen die SchülerInnen darüber ins Gespräch, wieso der eine sieben Jahre gebraucht hat und eine andere mit dem Flugzeug innerhalb von wenigen Stunden hier war.

Vertrauen gewinnen

Es war sehr wichtig, zuerst die eigenen Schicksale zu besprechen. Dadurch wurde deutlich, wie sensibel und vorsichtig das Thema bei einigen in der Klasse behandelt werden musste. Auf der anderen Seite zeigte sich aber auch, wie groß das Bedürfnis der SchülerInnen selbst war, sich auszudrücken, ihre Geschichte zu teilen um dadurch eventuell etwas verändern zu können.

Die Zeiten, die wir mit der Klasse verbracht haben, lassen sich grob anhand einer Zeitleiste untergliedern. Das eben beschriebene Herantasten an die Thematik Flucht gehört zum Schwerpunkt Vergangenheit. Was war früher? Was habe ich erlebt?

Vergangenheit

Der nächste Fokus lag auf der Gegenwart – dem Filmprojekt. Zum Einstieg haben wir drei der vorgesehenen InterviewpartnerInnen in die Klasse eingeladen. So konnten die SchülerInnen im Gespräch mit ihnen Fragen entwickeln und ein erstes Gefühl dafür bekommen, was und wie sie die GesprächspartnerInnen zu ihrer Fluchtgeschichte und Situation fragen können. So entwickelten die SchülerInnen eigenständig einen Fragebogen mit ungefähr 40 Fragen. Wir Fachkräfte wurden nur in Bezug auf die deutsche Sprache um Rat gefragt.

Gegenwart

Der Filmfachmann kam mit seiner Ausrüstung in die Schule und erklärte Abläufe, Vorgänge und Funktionen. Es wurde ein vorheriger Film, den er gedreht hatte, mit der Klasse angeschaut und die SchülerInnen hatten die Möglichkeit, ihm dazu Fragen zu stellen.

Schnell wurde deutlich, welche SchülerInnen der Klasse lediglich in den Schulstunden mitwirken möchten und welche darüber hinaus die Interviews führen werden. Wir teilten die SchülerInnen den InterviewpartnerInnen zu und planten die Woche, in welcher die Interviews stattfinden sollten. Einer oder zwei SchülerInnen führten das Interview an sich, einige Interessierte halfen dem Ton- und Kameramann, ein Mädchen war für Make-Up zuständig und ein anderes für die Verpflegung.

Zukunft Das, was die SchülerInnen von ihren InterviewpartnerInnen erfuhren, konnten sie in die Überlegungen zu ihrer eigenen Zukunft einbeziehen. Denn diese hatten erzählt, wie sie es geschafft hatten, in Deutschland anzukommen. Sie hatten aber auch davon berichtet, was sie nicht geschafft haben und welche ihrer Wünsche sich nicht erfüllt haben. Die SchülerInnen beschäftigten sich für sich selbst mit folgenden Fragen: Wo sehe ich mich in einem Jahr, wo in fünf Jahren? Was sind meine Ziele? Was möchte ich erreichen? In kurzen Sequenzen werden ihre Gedanken dazu im Film vorgestellt.

Abschluss- und Pressegespräch Nach dem erfolgreichen Abschluss der Interview-Woche fand eine Abschlussfeier statt. Nach dem Unterricht schmückten wir gemeinsam mit den SchülerInnen den Raum und richteten verschiedene Speisen an. Dann fand ein Pressegespräch statt, an welchem auch drei SchülerInnen und zwei InterviewpartnerInnen teilnahmen. Zu der Feier danach waren alle BetreuerInnen, FreundInnen, beteiligten LehrerInnen, Eltern und InterviewpartnerInnen mit Familie eingeladen. Dies war jedoch nur ein kleiner Vorgeschmack auf die Filmpremiere.

Premiere Bei der Filmpremiere im April 2015 waren alle Mitwirkenden an dem Film anwesend. Viele Menschen, überwiegend natürlich aus Kirchheim unter Teck, waren gekommen, um den Film zu sehen, und auch, um mit den AkteurInnen zu sprechen. Als sich alle Mitwirkenden auf der Bühne zu einem Gruppenbild versammelten, konnte man in den Gesichtern der jungen Geflüchteten die Freude darüber sehen, dass sie ein so außergewöhnliches Projekt gemeinsam zustande gebracht hatten.

„Es war so cool, im Schloss zu tanzen!"

Tanzworkshop für geflüchtete Kinder

Birgit Hirsch-Palepu

Bei einer Internetrecherche entdeckten die Herausgeberinnen ein Tanz-Projekt mit geflüchteten Kindern, die in Mülheim an der Ruhr eine offene Ganztagsschule besuchen. Das Projekt entstand im Rahmen der bereits langjährigen Zusammenarbeit zwischen dem Diakonischen Werk und einer Grundschule. Im Gespräch berichtet Birgit Hirsch-Palepu davon, wie das Projekt entstand, welche Erfahrungen die Beteiligten machten und wie es von den Kindern angenommen wurde.

Können Sie zu Beginn bitte kurz sich selbst und Ihre Einrichtung vorstellen?
Mein Name ist Birgit Hirsch-Palepu, ich bin von Beruf Diplom-Sozialarbeiterin und als Leiterin der Abteilung Soziale Dienste und stellvertretende Geschäftsführerin im Diakonischen Werk im Evangelischen Kirchenkreis Mülheim an der Ruhr tätig.

In der Abteilung Soziale Dienste sind ambulante Beratungs-, Betreuungs- und Unterstützungsdienste zusammengefasst. Seit 2001 sind wir auch Träger von Jugendmigrationsdiensten und verschiedenen Schulprojekten (Verlässliche Betreuung, Offene Ganztagsgrundschule, Ganztagsoffensive etc.). Seit 2007 sind wir darüber hinaus anerkannter und zertifizierter Integrationskursträger.

In der Flüchtlingsarbeit gut aufgestellt

In der Stadt Mülheim leben derzeit ungefähr 170.000 Einwohner. Der Anteil der Bürger und Bürgerinnen mit Migrationshintergrund liegt bei 14 Prozent. In der Altersgruppe der 0- bis 16-Jährigen hat sogar jedes zweite Kind in Mülheim einen Migrationshintergrund. Aktuell leben mehr als 2550 geflüchtete Menschen in der Stadt (Stand 31.01.2016), darunter sehr viele Kinder und Jugendliche. In der Flüchtlingsarbeit sind wir in unserer Stadt gut aufgestellt.

Uns interessiert insbesondere das Tanzprojekt mit Kindern, das Sie als Ferienprogramm durchgeführt haben. Wie kam es zu diesem Projekt?

Zusätzlich zu Regelangeboten

Das Tanzprojekt für Kinder einer Grundschule, an der wir auch im Rahmen der Offenen Ganztagsgrundschule (OGS) seit 2004 aktiv sind, ist aus der praktischen Arbeit vor Ort entstanden. Mit der Zunahme von Kindern aus geflüchteten Familien, die die Schule und häufig auch die OGS besuchen, haben wir uns mit den Fachkollegen und Fachkolleginnen aus dem Arbeitsbereich OGS im Diakonischen Werk überlegt, wie wir diese Kinder neben den Regelangeboten in der OGS noch zusätzlich ansprechen und fördern können.

Aus der praktischen Arbeit am Schulstandort entstand sehr schnell die Idee, ein Tanzprojekt für Kinder anzubieten. Für die Durchführung konnten wir eine sehr erfahrene Tanzpädagogin gewinnen. Sie ermöglichte den Kindern, ihre neue Heimat in Mülheim an einem Wochenende tänzerisch zu erfahren und zu erleben.

Welches Ziel verfolgten Sie mit dem Projekt?

Verständigung ohne Sprache

Ziel des Projektes war es, Kindern, die erst seit kurzer Zeit in Deutschland leben, einen Begegnungsort auch außerhalb von Schule und der jeweiligen Unterkunft zu eröffnen – einen Begegnungsort, in dem eine Verständigung auch ohne Sprache möglich ist.

Auf Wunsch der Schulleitung, die bereits sehr frühzeitig in die Projektplanung eingebunden war, haben wir das Angebot auch für Kinder geöffnet, die schon länger hier leben oder aus Mülheim stammen. Wir haben hier Begegnung von Anfang ermöglicht, da es uns wichtig ist, dass die teilnehmenden Kinder die Möglichkeit haben, mit ihren Klassenkollegen und -kolleginnen Begegnungsmöglichkeiten und Kontakt in den Sommerferien zu haben.

Wie haben Sie die Kinder beim Tanzen erlebt?

Kinder öffnen sich

Die teilnehmenden Kinder waren zunächst verhalten, sehr aufmerksam und interessiert. Im Laufe des Tanzwochenendes, das in den Sommerferien 2015 stattfand, wurden die Kinder immer offener. Dazu beigetragen hat sicherlich auch die behutsame Herangehensweise der beteiligten Mitarbeitenden.

Zwei Kollegen aus der OGS hatten sich bereit erklärt, das Projekt, das an einem Wochenende stattfand, zu begleiten. Sie stellten für die teilnehmenden Kinder einen vertrauten Rahmen dar. Im Laufe des Wochenendes konnten wir sehen, mit wie viel Freude die Kinder beim Tanzprojekt dabei waren.

Die Kinder konnten sich aus unserer Sicht im Anschluss schneller in das System Schule und Ganztag integrieren – auch wegen der entstandenen Kontakte zwischen den Kindern und den Mitarbeitenden.

Tanzworkshop im Schloss

Wer war noch an der Durchführung beteiligt?

Im Rahmen der engen Zusammenarbeit zwischen dem Diakonischen Werk und den Schulstandorten, entstehen durch regelmäßigen Austausch immer wieder Projektideen für den jeweiligen Schulstandort unter Berücksichtigung der Besonderheiten im Sozialraum.

An diesem Projekt waren in der Vorbereitung – auch wegen des Modellcharakters – neben der Tanzpädagogin, der Abteilungsleiterin des Diakonischen Werkes, der OGS-Koordinatorin auch Mitarbeitende aus der OGS sowie die Schulleiterin beteiligt. Im

Auch Schulleitung beteiligt

Laufe der Vorbereitung wurde es gemeinsam weiter entwickelt. Dies war eine sehr schöne Erfahrung, die sich wohltuend aus dem Alltagsgeschäft abgehoben hat.

Unterstützung aus der Stadt

Es war zunächst eine Idee, die immer mehr „Fleisch" bekam; sicherlich auch durch die Möglichkeit, eine Förderung durch die Evangelische Stiftung „Jugend mit Zukunft" aus Mülheim an der Ruhr zu erhalten. Dann hatten wir das Glück, eine sehr engagierte und kompetente Tanzpädagogin zu finden, die bereits im Vorfeld Erfahrungen in der Durchführung von Tanzprojekten mit geflüchteten Kindern hatte. Ein Mülheimer Verein erklärte sich bereit, uns für das Tanzprojekt sehr schöne Räumlichkeiten für das Wochenende zur Verfügung zu stellen. Viel beigetragen hat auch die hohe Motivation der Mitarbeitenden der OGS, die dieses Projekt neben der Arbeit zusätzlich am Wochenende durchgeführt und für die Kinder einen sehr schönen Rahmen hergerichtet haben. Auch gemeinsame Snacks und erfrischende Pausen an diesem sehr heißen Wochenende im Juli 2015 trugen zum Gelingen bei.

Die Begleitung der Projektdurchführung wurde von der Koordinatorin der OGS übernommen, die auch am Wochenende des Tanzprojektes vor Ort war.

In welchen größeren Rahmen ist das Projekt eingebunden? Gibt es beispielsweise kontinuierliche Angebote für geflüchtete Kinder in der Schule?

Das Projekt lebt weiter

Das Tanzprojekt ist ein Baustein von zusätzlichen Angeboten, die wir als diakonischer Träger für die verschiedenen Schulstandorte vorhalten. Erfreulicherweise wurde es im Anschluss von einem Mitarbeiter der OGS am Schulstandort kontinuierlich fortgeführt. Somit konnte daraus ein nachhaltiges Angebot geschaffen werden, das im Schuljahr 2015/2016 fortgeführt wurde.

Weitere Angebote

Weitere Angebote, die seit Mitte 2015 an den verschiedenen Schulstandorten entwickelt wurden, sind zum Beispiel die zusätzliche (Sprach-)Förderung, die durch die Gewinnung von Ehrenamtlichen möglich wurde, sowie der Einsatz von Laptops, die mit geeigneter Lernsoftware ausgestattet sind. Die Anschaffung für zwei Schulstandorte, an denen sehr viele geflüchtete Kinder beschult und betreut werden, wurde durch eine Förderung des Landes Nordrhein-Westfalen möglich.

Können Sie kurz schildern, wie es zur Kooperation mit der Schule kam? In welcher Verbindung steht ihr Projekt mit den Schulen, in die die jungen Geflüchteten gehen? Und wie ist die Kooperation und Kommunikation mit den Schulen organisiert?

Die Kooperation mit den Schulstandorten ergibt sich aus der Trägerschaft der Offenen Ganztagsgrundschule, die das Diakonische Werk seit 2004 an der Grundschule Augustastraße, an der das Tanzprojekt durchgeführt wurde, hat. Derzeit werden an elf Grundschulen und vier weiterführenden Schulen mehr als 700 Kinder und Jugendliche durch verschiedene Schulprojekte betreut. Das Diakonische Werk ist Anstellungsträger für das pädagogische Personal an den Schulstandorten und arbeitet sehr eng auf der Grundlage des Rahmenkonzeptes der Stadt Mülheim sowie der schulstandortspezifischen Konzepte mit den Schulstandorten zusammen.

Den Sozialraum unterstützen

Eine große Stärke unserer Arbeit ist dabei, immer über den Tellerrand der Schulprojekte hinauszuschauen und zu prüfen, wie wir die Schulstandorte und damit den Sozialraum mit entsprechenden weiteren Angeboten unterstützen können. So haben wir zum Beispiel vor mehreren Jahren für den Schulstandort Augustastrasse ein Angebot entwickelt, das sich an Kinder richtet, die nach der OGS ab 16 Uhr noch weitere Betreuung benötigen. Derzeit werden zwölf Kinder im Anschluss an die OGS von einer pädagogischen Mitarbeiterin regelmäßig weiter betreut. Durch den starken Zuzug von Geflüchteten in den Stadtteil hat sich die Struktur der Teilnehmenden an dieser Gruppe verändert. Seit dem letzten Jahr nehmen sehr viele Kinder aus geflüchteten Familien das Angebot war und erfreuen sich an kindgerechten Angeboten, dem freien Spielen, gemeinsamem Kochen und Essen und den speziellen Angeboten in den Ferien.

Noch einmal zurück zum Tanzprojekt: Welchen „Gewinn" haben die Kinder aus diesem Projekt gezogen? Oder anders gesagt: Wie haben Sie Ihr Ziel erreicht?

Gänsehautmoment

Acht Wochen nach dem Tanzprojekt führten wir mit den Kindern Interviews durch. Dabei konnten wir feststellen, welchen nachhaltigen Eindruck es bei den beteiligten Kindern hinterlassen hatte. Die Kinder berichteten so lebendig und ausführlich davon, dass dies für alle Beteiligten ein echter „Gänsehautmoment" war. Die

Schulleiterin war sehr beeindruckt, wie viel und wie detailreich sich die beteiligten Kinder an das Wochenende erinnern konnten und wie glücklich sie über die Fortführung des Angebotes waren. Unser gemeinsamer Eindruck war: Die theoretische Planung konnte gut in die Praxis umgesetzt werden und unsere gesetzten Ziele wurden vollständig erreicht.

„Tanzender Koch" als Vorbild

Auch Schulkoch Kuruparan Nethirarajah nahm an dem zweitägigen Tanz-workshop teil. Der Koch, den die Kinder alle nur liebevoll „Herr Kuba" nennen, stammt aus Sri Lanka und kam mit fünf Jahren nach Deutschland. „Ich weiß aus eigener Erfahrung, wie die Kinder sich hier fühlen", betont er. Viele Jahre hat er sich Geld in einer Tanzschule verdient. Auch heute noch gibt er Tanzkurse in Hip Hop und Breakdance. An der Grundschule Styrum bietet er dazu regelmäßig Workshops in der OGS an.

„Gerade die Jungs können dabei gut ihren Frust ablassen", sagt er. „Aber sie lernen auch, sich gegenseitig zu stützen und aufeinander zu achten." Bei Schulfesten tritt Nethirarajah mit seinen Tanzgruppen auf – und erntet viel Beifall. „Das stärkt das Selbstbewusstsein gerade der Kinder, die es sonst im Leben nicht einfach haben", sagt er. Für sie ist der „tanzende Koch" längst zu einer wichtigen Vertrauensperson in der Schule geworden. „Wenn es Streit gibt, kommen die Kinder oft zu mir, damit ich schlichte", erzählt der Tanzlehrer.

Was ist nach Ihrer Einschätzung notwendig, um bedarfsgerechte Angebote für die geflüchteten Kinder machen zu können?

Möglichkeiten zum „Andocken" suchen

Aus unserer Erfahrung in der Zusammenarbeit mit den verschiedenen Schulen, gibt es immer wieder die Möglichkeit, Projekte bedarfsgerecht an den Schulstandorten „anzudocken". Hierzu braucht es in der Regel eine gute Kooperation zwischen Schule, Träger und weiteren Beteiligten. Oft sind auch zusätzliche finanzielle Mittel hilfreich – wie zum Beispiel die Finanzierung des Tanz-Projektes durch die Stiftung „Jugend mit Zukunft" oder die Förderung des Landes NRW bei der Anschaffung der Laptops und der Lernsoftware.

Freiräume nutzen

Entscheidend war jedoch, dass wir den Freiraum im Diakonischen Werk hatten, zu planen, mit welchen Angeboten wir Kinder und

Jugendliche an den Schulstandorten neben den regulären Projekten erreichen können. Voraussetzung war, dass wir als Träger im Sozialraum durch weitere Angebote verankert sind. Hilfreich waren auch die guten Kontakte zu weiteren Trägern, die z.B. durch die Bereitstellung der Räumlichkeiten außerhalb der Schule zu einem besonderen Ambiente beigetragen haben. Wir durften nämlich in den Räumlichkeiten eines Schlosses tanzen – ein wahrhaft zauberhaftes Ambiente – wie die Kinder beschrieben.

Ziel unserer Arbeit ist es immer, innerhalb der Regelangebote und Regeldienste weitere Projekte für Kinder, Jugendliche und Erwachsene zu integrieren. So können Kinder und Jugendliche aus geflüchteten Familien auch an anderen Angeboten im Diakonischen Werk teilnehmen – zum Beispiel an den Angeboten der Familienstation, in der Kinder und Jugendliche an mittlerweile zwei Standorten Lernförderung und Nachhilfe erhalten.

Niedrig-schwellige Angebote

Aus unserer Sicht können viele Kinder und Jugendliche niederschwellig erreicht werden, die ansonsten solche Angebote nicht in Anspruch nehmen würden.

Anhang

Literaturempfehlungen: Eine Auswahl

Einblick in die Praxis einer Schule für junge Geflüchtete
In ihrem Jahresbericht, werden die drei Schulen, die nach dem SchlaU-Prinzip arbeiten sehr anschaulich vorgestellt. Ausgehend von der Beschreibung der gesellschaftlichen Situation und den Zielgruppen werden verschiedene Herangehensweisen vorgestellt. Da diese Schule täglich viele Anfragen von Einrichtungen und Schulen nach Know-how erhält, wurden Lehrmaterial und Fortbildungsangebote entwickelt. Weitere Hinweise: http://www.schlau-schule.de/

→ Trägerkreis junge Flüchtlinge e.V (Hrsg.) (2016): Jahres- und Wirkungsbericht 2015, München.
www.schlau-schule.de/uploads/Jahresbericht%202015_ final.pdf (28.07.2016)

Bildungsbericht
Der nationale Bildungsbericht von 2016 analysiert schwerpunktmäßig den Zusammenhang Bildung und Migration. Er bilanziert darin die Entwicklung der letzten 10 Jahre und formuliert die aktuellen Herausforderungen.

→ Autorengruppe Bildungsberichterstattung (Hrsg.) (2016): Bildung in Deutschland, Ein indikatorengestützter Bericht mit einer Analyse zu Bildung und Migration. Bielefeld. W. Bertelsmann Verlag

Informationen zum Schulrecht
Ausführliche Informationen zu den Schulgesetzen finden Sie in der Veröffentlichung des Mercator Instituts: „Neu zugewanderte Kinder und Jugendliche im deutschen Schulsystem" von 2015. Grundlage dieser Veröffentlichung ist eine Studie, in der erstmals systematisch alle Informationen über neu zugewanderte Kinder und Jugendliche und ihre Einbindung in das Schulsystem zusammengestellt und analysiert wurden. Die ExpertInnen bleiben aber

nicht bei der Anaylse stehen, sondern geben klare Handlungsempfehlungen für die AkteurInnen auf den verschiedenen Ebenen
der Schule und der Bildungspolitik.

→ Massumi, Mona, von Dewitz, Nora, et al. (2015): Neu zuge-
wanderte Kinder und Jugendliche im deutschen Schulsystem.
Bestandsaufnahmen und Empfehlungen. Hrsg.: Mercator-
Institut für Sprachförderung und Deutsch als Zweitsprache,
Zentrum für LehrerInnenbildung der Universität zu Köln.
www.mercator-institut-sprachfoerderung.de/fileadmin/
Redaktion/PDF/Publikationen/MI_ZfL_Studie_Zugewanderte
_im_deutschen_Schulsystem_final_screen.pdf (28.07.2016)

Die Lebenssituation von Kindern aus ihrer eigenen Sicht
Die Studie von World Vision Deutschland und der Hoffnungsträger Stiftung (in Zusammenarbeit mit dem Universitätsklinikum
Hamburg-Eppendorf und der Goethe Universität Frankfurt) lässt
Kinder selbst zu Wort kommen statt über sie zu reden: Wie ging
es ihnen auf der Flucht? Wie geht es ihnen jetzt? Wie erleben sie
Deutschland? Für diese Studie wurden Kinder selbst befragt, dabei
war es von besonderem Interesse, nicht nur die Verletzlichkeiten
sondern auch die Ressourcen der Kinder mit Fluchterfahrungen
wahrzunehmen. So ist eine eindrucksvolle und anschauliche Veröffentlichung entstanden, die die unterschiedlichen Perspektiven
verschiedener Kinder nebeneinander darstellt und in Beziehung
zueinander und zur gesellschaftlichen Lage in Deutschland setzt.
Abschließend werden Handlungsempfehlungen an Politik, Ver-
waltung und die Gesellschaft zum Wohl der Kinder gegeben.

→ World Vision Deutschland und Hoffnungsträger Stiftung
(Hrsg.) (2016): Kindern mit Fluchterfahrungen zuhören – Eindrücke von Schutzsuchenden Kindern und ihre Perspektiven
auf Vergangenheit, Gegenwart und Zukunft, Friedrichsdorf.
Die Studie kann bei World Vision bestellt werden. Sie steht
aber auch zum Download bereit:
www.worldvision-institut.de/_downloads/allgemein/World
Vision_Fluchtstudie2016_web.pdf (28.07.2016)

Empfehlungen von Websites und Portalen

Basisinformationen zum Asylrecht und zum Asylverfahren: sind informativ und übersichtlich auf der Seite des Bundesamtes für Migration und Flüchtlinge dargestellt. Dort sind die formalen Regelungen zu finden, die die aktuelle Gesetzeslage wiedergeben:

- *www.bamf.de/DE/Migration/AsylFluechtlinge/Asylverfahren/ Verfahrensablauf/verfahrensablauf-node.html*

Darüber hinaus gehende Informationen und Beratung gibt es bei den Flüchtlingsräten, die es in jedem Bundesland gibt. Diese stellen sowohl landesspezifische Materialien zur Verfügung als auch eine Übersicht über spezialisierte Beratungsstellen. Ihrem Selbstverständnis nach sind sie „unabhängige Vertretungen der in den Bundesländern engagierten Flüchtlingsselbstorganisationen, Unterstützungsgruppen und Solidaritätsinitiativen." Sie sind „vernetzt und Mitglied in der Bundesweiten Arbeitsgemeinschaft für Flüchtlinge PRO ASYL. Die Landesflüchtlingsräte sehen es als staatliche Aufgabe an, Flüchtlingen unter seriöser Beachtung ihrer Fluchtgründe und humanitären Nöte, großzügige Aufnahme, effektiven Schutz, nachhaltige Integration und eine selbst bestimmte Zukunftsperspektive einzuräumen." Über einen zentralen Link finden Sie zu den Flüchtlingsräten in den Bundesländern:

- *www.fluechtlingsrat.de/*

Informationen zu Fluchtursachen und Fluchtwegen: Um einen Einblick in die vielfältigen weltweiten Ursachen für die Flucht von Menschen zu bekommen, empfehlen wir den Internetauftritt von Brot für die Welt:

- *www.brot-fuer-die-welt.de/weltgemeinde/gemeinde/ fluechtlinge.html*

Auch der UNHCR stellt hierzu eine Fülle von Material zur Verfügung:

- *www.unhcr.de/unhcr.html*

Arbeitsmaterialien und hilfreiche Tipps

Eine nahezu endlose Fülle an Materialien stehen für die Arbeit mit jungen Geflüchteten, aber auch für die rassismuskritische, die interkulturelle Arbeit und die Antidiskriminierungsarbeit zur Verfügung. Wir empfehlen Ihnen hier keine einzelnen Seiten sondern verweisen auf das Jugendhilfeportal (www.jugendhilfeportal.de), das über seine Suchfunktion eine Fülle von Materialien, die gerade für die Kinder- und Jugendhilfe hilfreich sind, zur Verfügung stellt.

Die Autorinnen und Autoren

Sarah Böhm, geb. 1989, M. A. Afrikastudien, arbeitet bei der St. Johannis gGmbH in Dessau-Roßlau als Leitung des Bereichs Migration.

Manuela Diegmann, geb. 1977, Dipl.-Pädagogin, ist als Projektleitung im Schulprojekt LOOP bei der St. Johannis gGmbH in Halle/Saale tätig.

Andreas Foitzik, geb. 1964, arbeitet im Projekt IKÖ[3] (AMIF-Fonds), Bereich Praxisentwicklung des Fachdienstes Jugend, Bildung, Migration der BruderhausDiakonie Reutlingen, Mitglied des Netzwerks rassismuskritische Migrationspädagogik Baden-Württemberg (www.rassimsuskritik-bw.de).

Dr. Boris Friele, geb. 1969, Diplom-Psychologe, ist seit zehn Jahren in der sozialpädagogischen Arbeit mit jungen MigrantInnen und in der psychosozialen Versorgung traumatisierter Geflüchteter in Berlin tätig.

Gardisi, Maryam, geb.1979, Kulturwissenschaftlerin, Projektleiterin des Projektes „FLOW – Für Flüchtlinge! Orientierung und Willkommenskultur" bei der Gemeindediakonie Lübeck e.V.

Birgit Hirsch-Palepu, geb. 1965, ist von Beruf Diplom-Sozialarbeiterin. Sie leitet die Abteilung Soziale Dienste und ist stellvertretende Geschäftsführerin im Diakonischen Werk im Evangelischen Kirchenkreis Mülheim an der Ruhr.

Judith Jünger, geb. 1969, Europäische Ethnologin und Kulturwissenschaftlerin, ist bei der Bundesarbeitsgemeinschaft Evangelische Jugendsozialarbeit als Referentin für Jugendmigrationsarbeit tätig.

Susanne Käppler, geb. 1964, ist Referentin für Mädchensozialarbeit und Gender Mainstreaming in der Bundesarbeitsgemeinschaft Evangelische Jugendsozialarbeit.

Barbara Klamt, geb. 1964, lebt in München. Sie ist freiberuflich tätig im Bereich Fortbildung, Moderation und Organisationsentwicklung, vor allem in der Jugendsozialarbeit.

Kristina Krüger, geb. 1967, Dipl.Sozialpädagogin, ist Referentin für Kinder- und Jugendhilfe im Diakonischen Werk Hamburg mit den Arbeitsschwerpunkten Jugendarbeit, Jugendsozialarbeit und Kooperation Jugendhilfe und Schule.

Christine Lohn, geb. 1967, ist Referentin bei der Diakonie Deutschland (Bundesverband). Ein Schwerpunkt ihrer Tätigkeit ist das Arbeitsfeld Kinder- und Jugendhilfe in Schule.

Helena Sauter, geb. 1994, Studierende der Sozialen Arbeit, ist bei der BruderhausDiakonie, Fachdienst Jugend Bildung Migration tätig, Projekt: Flüchtlingsberatungsstelle chai in Kirchheim/Teck.

Prof. Dr. Nausikaa Schirilla, geb. 1956, Studium der Philosophie, Soziologie und Pädagogik, ist Professorin für Soziale Arbeit, Migration und Interkulturelle Kompetenz an der Katholischen Hochschule in Freiburg.

Jessica Schleinkofer, geb. 1984, arbeitet bei der Landesarbeitsgemeinschaft Jugendsozialarbeit Bayern als Leitung des Projektes „Umweltbildung/Bildung zur Nachhaltigkeit in der Jugendsozialarbeit".

Michael Schütz, geb. 1963, ist Referent für soziale Arbeit bei SchlaU, Themen: soziale Arbeit mit Geflüchteten, Unterstützung im Asylverfahren.

Christine Schubart, geb. 1969, hat die Geschäftsführung des Sozialkritischen Arbeitskreises Darmstadt e. V. inne, Themenschwerpunkte: Mädchenarbeit, gendersensible Kinder- und Jugendarbeit, Bildungs- und Freizeitprojekte, Qualitätsentwicklung.

Barbara Seeber, geb. 1968, Diplom-Sozialpädagogin, ist Mitarbeiterin im Fachdienst Jugend, Bildung, Migration der BruderhausDiakonie Reutlingen.

Claudia Scibold, geb. 1965, ist Referentin bei der Bundesarbeitsgemeinschaft Evangelische Jugendsozialarbeit. Ihre Arbeitsschwerpunkte sind Bildungsfragen in der Jugendsozialarbeit, Kooperation Jugendsozialarbeit und Schule und Schulsozialarbeit.

Gabriele Sester, geb. 1964, Sozialwissenschaftlerin, Projektleiterin des Projektes „FLOW – Für Flüchtlinge! Orientierung und Willkommenskultur" bei der Gemeindediakonie Lübeck e.V.

Michael Tüllmann, geb. 1951, ist Dipl. Sozialpädagoge und Diakon mit Schwerpunkt Gemeinwesenarbeit, Leiter des „Projektes Religions- und kultursensible Pädagogik" im Rauhen Haus, Hamburg.

Burkhardt Wagner, geb. 1974, ist Landesreferent für migrationsbezogene Jugendsozialarbeit und Jugendmigrationsdienste bei der Evangelischen Jugendsozialarbeit Bayern e.V.

Dr. Barbara Weiser, geb. 1968, ist Juristin beim Caritasverband für die Diözese Osnabrück e.V.

Gisela Würfel, geb. 1955, ist stv. Geschäftsführerin der Bundesarbeitsgemeinschaft Evangelische Jugendsozialarbeit. Ihre Arbeitsschwerpunkte sind neben grundlegenden Themen der Jugendsozialarbeit die Öffentlichkeitsarbeit und die Lobbyarbeit für den Verband.

Bildnachweise

Seite 17: © Burkhardt Wagner

Seite 29: © Jürgen Jünger

Seite 31: © Michael Dreier

Seite 35: © Gemeindediakonie Lübeck, Jugendmigrationsdienst

Seite 40: © Jürgen Jünger

Seite 52: © Stephan Dieck

Seite 66: © Dieter Schütz/pixelio

Seite 73: © Dieter Schütz/pixelio

Seite 86: © Bundesarbeitsgemeinschaft Evangelische Jugendsozialarbeit

Seite 92: © Tim Reckmann/pixelio

Seite 105: © BruderhausDiakonie, Fachdienst Jugend, Bildung, Migration

Seite 113: © Trägerkreis Junge Flüchtlinge e. V.

Seite 126: © Bundesarbeitsgemeinschaft Evangelische Jugendsozialarbeit

Seite 128: © Hans Steimle

Seite 136: © Bundesarbeitsgemeinschaft Evangelische Jugendsozialarbeit

Seite 145: © Ahmed Alkoud

Seite 153: © Gemeindediakonie Lübeck e.V., Projektleitung FLOW –
Für Flüchtlinge! Orientierung und Willkommenskultur

Seite 155: © Ahmed Alkoud

Seite 166: © Trägerkreis Junge Flüchtlinge e. V.

Seite 173: © JMD Altenkirchen (Stefanie Lörsch)

Seite 179: © BruderhausDiakonie, Fachdienst Jugend, Bildung, Migration

Seite 187: © Thorben Wengert/pixelio.de

Seite 192: © Jessica Schleinkofer

Seite 193: © Jessica Schleinkofer

Seite 198: © Jessica Schleinkofer

Seite 202: © HotRoad Film & Videoproduktion

Seite 207: © Diakonisches Werk im Evangelischen Kirchenkreis an der Ruhr